国家出版基金资助项目
"十四五"时期国家重点出版物出版专项规划项目
现代土木工程精品系列图书

寒区建设工程理论与技术系列

高寒区富水环境地铁站建造关键岩土技术

Key Geotechnical Technologies for Construction of Subway Stations in Water-rich Environments in Alpine Cold Regions

凌贤长　唐　亮　王绍君　著

哈尔滨工业大学出版社
Harbin Institute of Technology Press

内 容 简 介

本书以地铁工程为应用背景,针对高寒区富水环境地铁工程施工安全与冻害防控问题,采用现场监测、室内试验、理论分析、数值模拟等手段,聚焦高寒区"土－结"体系多场耦合分析理论、地铁隧道止水与冻害防控方法、高寒区隧道洞口深基坑变形控制技术等,系统查明高寒区富水环境地铁隧道洞口及其毗邻深基坑工程施工工作状态与稳定性状、病害主控因素和预防措施,致力于提出可靠的高寒区富水环境地铁建造关键技术。

本书内容覆盖了土木与交通等学科及工程应用领域,既可以作为岩土工程、地下(隧道)工程、交通土建工程、寒区工程及矿山建筑与采矿工程等方向技术人员的参考书,也可作为高等院校相关专业研究生的教学参考书和本科生的教材。

图书在版编目(CIP)数据

高寒区富水环境地铁站建造关键岩土技术/凌贤长,唐亮,王绍君著.—哈尔滨:哈尔滨工业大学出版社,2025.1

(现代土木工程精品系列图书.寒区建设工程理论与技术系列)

ISBN 978-7-5767-0729-8

Ⅰ.①高… Ⅱ.①凌… ②唐… ③王… Ⅲ.①寒冷地区-地下铁道车站-岩土工程 Ⅳ.①U231.4

中国国家版本馆 CIP 数据核字(2023)第 048636 号

策划编辑	王桂芝
责任编辑	王晓丹 孙 迪 林均豫
出版发行	哈尔滨工业大学出版社
社　　址	哈尔滨市南岗区复华四道街10号 邮编150006
传　　真	0451-86414749
网　　址	http://hitpress.hit.edu.cn
印　　刷	辽宁新华印务有限公司
开　　本	720 mm×1 000 mm 1/16 印张 21.75 字数 402 千字
版　　次	2025年1月第1版 2025年1月第1次印刷
书　　号	ISBN 978-7-5767-0729-8
定　　价	118.00元

(如因印装质量问题影响阅读,我社负责调换)

国家出版基金资助项目

寒区建设工程理论与技术系列

编审委员会

名誉主任　沈世钊
主　　任　梅洪元
副 主 任　巴恒静　范　峰　郑文忠　谭忆秋　金　虹
编　　委　(按姓氏拼音排序)
　　　　　　常　卫　陈　禹　戴鸿哲　高士军
　　　　　　葛　勇　何忠茂　金雨蒙　冷　红
　　　　　　李炳熙　李　亮　凌贤长　刘　京
　　　　　　刘哲铭　罗　鹏　孟祥海　莫华美
　　　　　　苏安双　唐　亮　王　飞　王　伟
　　　　　　王　英　王昭俊　武　岳　席天宇
　　　　　　徐慧宁　张国龙　张清文　张亚宁
　　　　　　赵旭东　周志刚　朱卫中

总　序

　　寒区具有独特的气候特征,冬季寒冷漫长,且存在冻土层,因此寒区建设面临着极大的挑战。首先,严寒气候对人居环境及建筑用能产生很大影响;其次,低温环境下,材料的物理性能会发生显著变化,施工难度加大;另外,冻土层的存在使地基处理变得复杂,冻融循环可能导致地面沉降,影响建(构)筑物及其他公共设施的安全和耐久性。因此,寒区建设不仅需要考虑常规的建设理念和技术,还必须针对极端气候和特殊地质条件进行专门研究。这无疑增加了工程施工的难度和成本,也对工程技术人员的专业知识和经验提出了更高的要求。"寒区建设工程理论与技术系列"图书正是在这样的背景下撰写的。该系列图书基于作者多年理论研究和工程实践,不仅系统阐述了寒区的环境特点、冻土的物理特性以及它们对工程建设的影响,还深入探讨了寒区城市气候适应性规划与建筑设计、材料选择、施工技术和维护管理等方面的前沿理论和技术,为读者全面了解和掌握寒区建设相关技术提供帮助。

　　该系列图书的内容和特点可概括为以下几方面:

　　(1)以绿色节能和气候适应性作为寒区城市规划和建筑设计的驱动。

　　如何在营造舒适人居环境的同时,实现节能低碳和生态环保,是寒区建设必须面对的挑战。该系列图书从寒区城市气候适应性规划、城市公共空间微气候调节及城市人群与户外公共空间热环境、基于微气候与能耗的城市住区形态优化设计、建筑形态自组织适寒设计、超低能耗建筑热舒适环境营造技术、城市智慧供热理论及关键技术等方面,提出了一系列创新思路和技术路径。这些内容可帮助工程师和研究人员设计出更加适应寒区气候环境的低能耗建筑,实现低碳环保的建设目标。

(2)以特色耐寒材料和耐寒结构作为寒区工程建设的支撑。

选择和使用适合低温环境的建筑材料与耐寒结构,可以提高寒区建筑的耐久性和舒适性。该系列图书从负温混凝土学、高抗冻耐久性水泥混凝土、箍筋约束混凝土柱受力性能及其设计方法等方面,对结构材料的耐寒性、耐久性及受力特点进行了深入研究,为寒区建设材料的选择提供了科学依据。此外,冰雪作为寒区天然产物,既是建筑结构设计中需要着重考虑的一种荷载形式,也可以作为一种特殊的建筑材料,营造出独特的建筑效果。该系列图书不仅从低矮房屋雪荷载及干扰效应、寒区结构冰荷载等方面探讨了冰雪荷载的形成机理和抗冰雪设计方法,还介绍了冰雪景观建筑和大跨度冰结构的设计理论与建造方法,为在寒区建设中充分利用冰雪资源、传播冰雪文化提供了新途径。

(3)以市政设施的稳定性和耐久性作为寒区高效运行的保障。

在寒区,输水管道可能因冻融循环而破裂,干扰供水系统的正常运行;路面可能因覆有冰雪而不易通行,有时还会发生断裂和沉降。针对此类问题,该系列图书从寒区地热能融雪性能、大型输水渠道冻融致灾机理及防控关键技术、富水环境地铁站建造关键岩土技术、极端气候分布特征及其对道路结构的影响、道路建设交通组织与优化技术等方面,分析相应的灾害机理,以及保温和防冻融灾害措施,有助于保障寒区交通系统、供水系统等的正常运行,提高其稳定性和耐久性。

综上,"寒区建设工程理论与技术系列"图书不仅是对现阶段寒区建设领域科研成果的凝练,更是推动寒区建设可持续发展的重要参考。期待该系列图书激发更多研究者和工程师的创新思维,共同推动寒区建设实现更高标准、更绿色、更可持续的发展。

中国工程院院士
2023 年 12 月

地铁工程是城市地下空间开发利用的重要引擎。我国建设和规划的地铁等轨道交通很多处于寒冷地区。东北地区作为典型的高寒地区,降水充沛,且场地多含丰富的浅表地下水,反复冻融灾害发育频繁,势必给地铁建设带来严重的安全隐患和巨大的冻害防控挑战。国内外针对冻土工程的研究由来已久。国内20世纪50年代末开始研究土体冻胀问题,经过了半个多世纪研究,在冻胀机理、冻胀预测和防冻胀技术等方面已取得很大进展。近些年,我国寒冷地区交通工程建设日益发展,相应交通岩土工程研究愈发活跃。

国内外研究人员针对高寒区隧道工程先后提出几种主要的隧道冻胀破坏理论,并据此研发了多种隧道冻害防治方法。然而,高寒区地铁建设方兴未艾,隧道冻害问题长期未受重视。此外,国内外针对富水环境下基坑失效机制与稳定性分析理论、支挡结构设计方法等方面已做了大量工作。但是,高寒富水环境下基坑工程相应问题研究几乎处于空白,因此对冻结期基坑加固措施与稳定性控制等方面的研究一直在探索中寻求发展。在高寒区富水环境地铁工程的建设过程中,暴露出越来越多的新问题。地铁工程主要包括隧道和车站两大部分。现行工法针对地铁隧道采用单一防水方法和洞门保温门帘措施,针对越冬车站深基坑仅在坑底进行保温,而裸露侧墙依靠锚索等支挡体系进行稳定性控制等,难以切实保障高寒区富水环境地铁建造的冻害高效防控,业已成为严重制约我国高寒区地铁发展的瓶颈。

实践表明,高寒区地铁隧道洞口及毗邻区域衬砌冻裂问题突出,管片接缝处的冬季施工渗漏水问题严峻,车站深基坑稳定性防控问题显著,严重影响地铁建设安全,每年造成地铁附加建设和维护费用上亿元。现行规范未对高寒区富水环境地铁建造的冻害防控给出有效建议,同时国内外对高寒区富水环境地铁建造理论与技术缺乏深入研究。鉴于此,为了切实推进我国高寒地区地铁建设蓬勃发展,本书围绕交通强国建设,以高寒区富水环境地铁工程为工程背景,着眼高寒区富水环境复杂场地条件,针对高寒区地铁建造风险高效防控的重大需求,聚焦地铁建造过程导致主要冻害的根源,充分考虑"水—热—力—化"主要驱动力对地铁建设的复杂作用,系统开展高寒区富水环境地铁建造关键技术研究,在分析理论、评价方法和施工关键技术等方面汇集了系统性创新成果,以致力于解决制约高寒区地铁建设安全和正常运营的问题,进一步完善高寒区地铁建造止水防冻害分析理论与关键技术,从而为高寒区富水环境地铁工程质量提高、进度加快和造价降低等提供可靠的技术保障,为降低地铁养护维修、冻害防治的成本和难度提供科学依据。本书共11章,全面系统展示了各项研究成果。

本书出版获得了国家自然科学基金重点项目、国家自然科学基金项目、黑龙江省头雁计划项目、黑龙江省应用技术研究与开发计划项目、哈尔滨工业大学重庆研究院专项科研经费、国家重点实验室开放基金项目,以及企业委托项目等10余项资助。课题组的研究生和成员在防冻害分析理论与关键技术等方面,做了大量成效显著的研究与实践工作,研究成果在工程中日益获得较多成功应用。在此,一并表示感谢!

由于高寒区富水环境地铁站建造是一项复杂技术,相关的研究与实践工作仍在发展中,加之作者水平有限,本书难免存在疏漏及不足之处,欢迎专家与读者指正。

作 者

2024年10月

目 录

第1章 绪论 ··· 001
    1.1 高寒区富水环境地铁施工冻害问题 ··························· 003
    1.2 高寒区富水环境地铁施工冻害形式 ··························· 004
    1.3 地铁施工冻害发生机制 ·· 005
    1.4 高寒区富水环境地铁施工冻害防控技术 ···················· 012

第2章 粉质黏土冻胀特性试验 ··································· 017
    2.1 引言 ·· 019
    2.2 开放系统冻融－胀缩试验装备 ································ 019
    2.3 粉质黏土冻胀试验与结果 ·· 034
    2.4 重要认识与启示 ·· 047

第3章 高寒区地铁隧道土－结构相互作用模型试验 ··· 049
    3.1 引言 ·· 051
    3.2 模型试验相似设计理论 ·· 051
    3.3 模型试验设计方案 ·· 052
    3.4 洞口段模型试验结果 ·· 057
    3.5 洞身段模型试验结果 ·· 061

3.6 重要认识与启示 ·· 064

第4章 高寒区地铁隧道衬砌－土体多场耦合模型 ················· 065
4.1 引言 ··· 067
4.2 高寒区土体水－热－力耦合数值模型 ····································· 067
4.3 土－结体系水－热－力－能量耦合数值模型 ························ 073
4.4 土－结体系多场耦合模型可靠性验证 ····································· 079
4.5 重要认识与启示 ··· 086

第5章 高寒区地铁隧道纵裂主控因素识别与发育模式 ········· 089
5.1 引言 ··· 091
5.2 衬砌纵向裂隙主控因素识别 ·· 091
5.3 衬砌冻害发育数值模型 ··· 098
5.4 衬砌冻害判别准则 ··· 099
5.5 浅埋隧道衬砌冻害裂隙发育模式 ·· 111
5.6 深埋隧道衬砌冻害裂隙发育模式 ·· 116
5.7 重要认识与启示 ··· 121

第6章 高寒区富水环境地铁隧道冻害防控复合技术 ············· 123
6.1 引言 ··· 125
6.2 基于相变储能材料的可逆式隧道调温防冻排水技术 ············ 125
6.3 隧道防冻害止水－防渗－保温一体化技术 ···························· 132
6.4 重要认识与启示 ··· 137

第7章 高寒区地铁管片接缝复合式密封垫防水 ····················· 139
7.1 引言 ··· 141
7.2 欧拉－拉格朗日耦合算法 ··· 141
7.3 复合式密封垫防水失效分析数值模型 ····································· 143
7.4 数值模型可靠性验证 ··· 148
7.5 复合式密封垫与普通密封垫性能对比 ····································· 165
7.6 复合式密封垫防水机理 ··· 168
7.7 重要认识与启示 ··· 177

第8章 高寒区地铁管片接缝密封垫长期性能评价 ················· 179
8.1 引言 ··· 181
8.2 复合式密封垫二次防水效应 ·· 181

8.3 复合式密封垫防水性能影响因素 ……………………………………… 189
8.4 复合式密封垫长期防水性能评估 ……………………………………… 195
8.5 重要认识与启示 ………………………………………………………… 198

第9章 高寒区地铁管片接缝多元防水技术 …………………………………… 199
9.1 引言 ……………………………………………………………………… 201
9.2 密封垫 $NH_2-MIL-125$/环氧纳米复合黏结剂 ……………………… 201
9.3 管片缝新型复合密封垫 ………………………………………………… 209
9.4 重要认识与启示 ………………………………………………………… 216

第10章 高寒区水热迁移机制下地铁站基坑冻胀特性 ……………………… 217
10.1 引言 …………………………………………………………………… 219
10.2 高寒区冻结期冻土水-热-变形耦合方法 …………………………… 219
10.3 高寒区冻结期地铁站基坑冻胀分析与变形控制 …………………… 237
10.4 高寒区冻结期地铁站基坑冻胀变形防控机制 ……………………… 246
10.5 基于地下水热能的深基坑装配式充气膜节能保温系统 …………… 246
10.6 重要结论与启示 ……………………………………………………… 250

第11章 高寒区地铁站基坑预应力锚索失效与安全评价 …………………… 251
11.1 引言 …………………………………………………………………… 253
11.2 地铁站基坑预应力锚索拉力现场监测方案 ………………………… 253
11.3 地铁站基坑预应力锚索拉力监测结果与预测 ……………………… 258
11.4 冻融环境预应力锚索失效模式与深基坑局部大变形关联性 ……… 270
11.5 基于旋转-滑移机制的基坑安全性评价方法 ……………………… 292
11.6 高寒区深基坑抗冻拔自调节预应力锚固技术 ……………………… 298
11.7 重要结论与启示 ……………………………………………………… 300

参考文献 …………………………………………………………………………… 301

名词索引 …………………………………………………………………………… 307

附录 部分彩图 …………………………………………………………………… 311

第 1 章

绪 论

本章首先提出高寒区富水环境地铁施工存在的冻害问题,接着从地铁隧道和地铁车站基坑两个方面明确高寒区富水环境地铁施工的冻害形式,从多场耦合作用下土体冻胀理论、隧道衬砌冻胀特性,以及越冬基坑支护结构冻胀稳定性三个方面归纳地铁施工冻害机制研究现状,最后总结现有高寒区富水环境地铁施工的冻害防控技术。

第1章 绪 论

1.1 高寒区富水环境地铁施工冻害问题

我国是世界第三冻土大国,多年冻土区与季节冻土区广泛分布于东北三省、内蒙古、新疆、西藏和青海等地区。近年,我国高寒区地铁工程建设快速发展,俄罗斯和加拿大等高纬度国家也加快建设地铁工程。截至2021年12月31日,我国城市轨道交通运营里程达8 708 km。其中,多年冻土区与季节冻土区运营里程达2 683.4 km,占比高达31%。"十四五"规划指出,国家将重点开展东北和西部地区的基础设施建设,推动完善城市轨道交通在内的交通网络建设。随着全球气候变化加剧,地铁工程冻害问题引起学者广泛关注。与一般地区相比,在寒冷地区修建城市地铁面临更为复杂的技术难题,主要表现在地铁隧道洞口和车站基坑的支护结构的防冻害能力方面。冻害的出现不但给地铁隧道支护结构带来不同程度的损坏,而且影响行车限界,形成地铁隧道运营安全隐患,极大弱化地铁隧道的使用功能。此外,施工过程中土体冻胀作用在支护结构上产生较大的载荷,形成局部裂缝或整体变形,极易引起支护结构破坏,甚至失效。

高寒区富水环境地铁安全建造方面的研究仍存在明显不足。为有效评估和保障在建高寒区地铁工程的安全性,围绕高寒区冻土场地条件,定位地铁工程建设中隧道和车站支护结构,采用室内试验、现场勘察、数值模拟、理论解析和工程实践等多种手段,系统揭示高寒区地铁隧道衬砌冻裂模式,发展基于多场耦合分析模型的地铁隧道衬砌失效模式判别方法,发明高寒区富水环境地铁隧道冻害防控复合技术;揭示隧道管片缝复合式密封垫四阶段防水失效模式,建立密封垫长期防水性能预测方法,研发基于新型防水材料与结构型式的高寒富水环境隧道管片缝冬季施工多元防水技术;阐释深基坑预应力锚索呈现冻结期"多阶跃迁"和春融期"一阶突变"的典型失效模式,发展冻胀力累积效应和锚拉力突变的锚索预应力失效判别准则,建立融合旋转—滑移机制的深基坑预应力锚索锚固安全评价方法,发明越冬深基坑多维冻害与稳定性控制技术。

研究成果具有重要的科学意义和实际意义,拥有良好的推广应用前景。不仅能够用于高寒区城市地铁施工安全分析与冻害防控,也为其他类型隧道工程(如公路和铁路隧道)、深基坑支护工程的冻害防控提供有益参考与技术支撑。另一方面,有利于提高我国高寒区城市地铁多场耦合分析理论的研究水平和安全应急处理能力,保障我国高寒区地铁工程抗冻性能与安全运营水平。

1.2　高寒区富水环境地铁施工冻害形式

1.2.1　地铁隧道冻害

高寒区富水环境条件下,地铁隧道极易发生渗水、挂冰、开裂等病害。对于高寒区地铁隧道而言,冻结范围内的土体—衬砌体系中的液态水会凝结成冰,引发不同程度的冻害问题,严重的将会导致隧道衬砌结构发生形变甚至破坏。当春融期来临以后,原本处于冻结状态的孔隙冰又融化成水,从衬砌裂隙处渗出,形成严重的渗水病害,使衬砌承载能力显著降低,危及地铁安全运营。根据调查,除了温差大以外,隧道排水系统不通畅和衬砌背后围岩大量积水也是诱发隧道冻害的主要原因。因此,高寒区地铁隧道的冻害防治需要重视排水问题,如果能将衬砌背后围岩中的地下水排除,则冻害将大幅减轻。

1.2.2　地铁车站基坑冻害

高寒深季节冻土区的地铁车站基坑工程量大且工期较长,未全面施工结束的深基坑进入5~6个月冬歇期,称为越冬基坑。深基坑暴露在-20~-30 ℃的低温环境中长达2~3个月,土体受冻胀作用体积膨胀,此时土压力远小于冻胀力,冻结期基坑侧壁土体冻胀力占据主导地位。加之冻结期降雪频繁,基坑土体含水量较高,且防护措施不够完善,导致基坑冻胀事故频发。如果基坑周围的土体含水率较高,且没有适当的防护措施,基坑周边地表、基坑侧壁和底部土体的冻胀作用可能引发支护结构破坏、坡面破坏、混凝土面板冻胀开裂和基坑顶部裂缝等,严重可导致基坑支护结构的破坏甚至基坑坍塌,进而诱发周边建筑物或管线的开裂和变形,造成严重的工程事故。

1.3　地铁施工冻害发生机制

1.3.1　多场耦合作用下土体冻胀理论

高寒区冻害问题的复杂与特殊之处在于土体的冻胀融沉特性与主体结构的温度响应特性，其根本问题在于多孔介质多场耦合问题的求解。

1. 土体冻胀理论与多场耦合模型

冻土是由土颗粒、未冻水、冰和空气组成的四相体系，各相之间的耦合互馈作用十分复杂。Taber 等通过开展苯饱和土壤的冻胀试验（试样中无水），发现即使不存在原位冻结，试样依旧会发生冻胀现象，首次将土体冻胀现象归因于原位冻结与水分迁移过程的共同作用。这一发现使得研究人员开始从水分迁移的角度深入研究土体冻胀机制。1961 年，Everett 等提出了第一冻胀理论，该理论认为孔隙尺寸是衡量土体冻胀敏感性的最重要因素，且毛细吸力是冻土中水分迁移过程的主要驱动力，表达式为

$$u_i - u_w = \frac{2\sigma_{iw}}{r_{iw}} \tag{1.1}$$

式中　u_i——孔隙冰压力，Pa；

　　　u_w——孔隙水压力，Pa；

　　　$u_i - u_w$——吸力，Pa；

　　　σ_{iw}——冰水界面的表面张力，N/m；

　　　r_{iw}——冰水界面的曲率半径，m。

第一冻胀理论（毛细理论）认为冰透镜体只在冻结锋面生长，致使采用该理论的冻胀力计算结果远小于实际值。为准确计算冻胀力数值，研究人员将关注点转移到冰透镜体分布及发育过程。1978 年，Miller 等构建了第二冻胀理论，首次将最暖冰透镜体与冻结锋面之间的区域定义为冻结缘，并提出"复冰机制"描述冻土中冰的运动过程，实现了冻结缘范围内冰透镜体分布情况的模拟。基于上述认识，Harlan、Jame、Taylor、Guymon 等早期研究人员建立了冻土水－热耦合分析框架的基本控制方程，描述了冻土中水分迁移和热量传递的耦合过程。以 Harlan 的水动力模型为例，该模型综合考虑了冰水相变与渗流过程对热量传递过程的影响。对于一维问题，其水－热耦合控制方程为

$$\rho_w \frac{\partial}{\partial z}\left(k \frac{\partial H}{\partial z}\right) = \rho_w \frac{\partial \theta_w}{\partial t} + \rho_i \frac{\partial \theta_i}{\partial t} \tag{1.2}$$

$$c \frac{\partial T}{\partial t} - \frac{\partial}{\partial z}\left(\lambda \frac{\partial T}{\partial z}\right) + \rho_w c_w \frac{\partial (v_w T)}{\partial z} = L \rho_i \frac{\partial \theta_i}{\partial t} \tag{1.3}$$

式中 ρ_w—— 水密度，kg/m³；

ρ_i—— 冰密度，kg/m³；

θ_w—— 体积含水率；

θ_i—— 体积含冰率；

k—— 导水率，m/s；

H—— 总压力水头，m；

c—— 混合土体的体积比热容，J/(m³·℃)；

λ—— 混合土体的有效导热系数，W/(m·℃)；

c_w—— 水的质量比热容，J/(kg·℃)；

v_w—— 水流速，m/s；

L—— 水的相变潜热，约 334 kJ/kg。

根据模型应用场景的改变，上述方程组亦可选择孔隙水压力、孔隙率及饱和度等参数作为因变量。由于早期计算机运算能力不足，且计算工具缺乏，直到 20 世纪 80 年代末，科研人员才将成冰机制与冻胀机理引入冻土水－热耦合框架，进而将冻土水－热－力耦合模型应用于理论研究和工程实践。

2. 土体冻融变形计算方法

通过对比第一冻胀理论与第二冻胀理论可知，冰透镜体分布情况模拟的精确度极大影响冻胀力计算结果精确度。为此，科研人员在上述冻土水－热耦合框架的基础上，以冰透镜体的分布预测方法与判别标准为突破口，发展了一系列冻土水－热－力耦合模型。

（1）刚性冰模型。

1985 年，O'Neill 和 Miller 基于第二冻胀理论建立了刚性冰模型，该模型将正冻土视为颗粒集合体，在冻结过程中土颗粒向暖端迁移，冰向冷端迁移，故采用冰的迁移速率表征冰镜体生成过程，表达式为

$$V_i = \frac{1}{\gamma_i} v(x_w) + \frac{\Delta \rho}{\rho_i} \frac{d}{dt} \int_{x_b}^{x_w} I dx \tag{1.4}$$

式中 γ_i—— 冰重度，kN/m³；

v—— 未冻水流速，m/s；

$\Delta \rho$—— 水与冰的密度差，kg/m³；

x_w——土体暖端坐标,m;

x_b——最暖冰透镜体坐标,m。

该模型计算精度较高,但数值实现方式较复杂。为提高该模型适用性,Fowler 等与 Peterson 等开发了一系列简化版本。我国研究人员也针对刚性冰模型进行了一系列优化,曹宏章等通过修正分凝冰形成判据,建立了考虑局部热、力平衡的饱和土水-热-力耦合模型。Sheng 等对原始刚性冰模型进行简化,开发了经典 PC-Heave 模型。

(2) 孔隙率函数模型。

孔隙率函数最初由 Blanchard 等提出,直接描述孔隙率随温度变化情况,表达式为

$$\dot{n} = -aTe^{bT} \tag{1.5}$$

式中 $\dot{n}$——孔隙变化率,1/s;

T——温度,℃;

a 和 b——材料常数。

后续研究中,Michalowski 和 Zhu 对孔隙率函数进行修正,通过引入温度梯度和外载荷,实现了不同应力状态下冻胀变形的预测,表达式为

$$\dot{n} = \dot{n}_m \left(\frac{T-T_0}{T_m}\right)^2 e^{1-\left(\frac{T-T_0}{T_m}\right)^2} \left|\frac{\partial T}{\partial l}\right| / g_T e^{-\frac{|\overline{\sigma}_{kk}|}{\zeta}} \tag{1.6}$$

式中 T——温度,℃;

$\dot{n}_m$——最大孔隙变化率,1/s;

T_m——最大孔隙变化率时的温度,℃;

T_0——冻结温度,通常取为 0℃;

g_T——最大孔隙变化率时的温度梯度,℃/mm;

$\overline{\sigma}_{kk}$——第一应力不变量;

ζ——拟合参数。

Michalowski 和 Zhu 构建的孔隙率函数采用"最大孔隙变化率所对应的温度"及"最大孔隙变化率时的温度梯度"对冰透镜体的生长过程进行控制。该方法避免了冻结锋面相关参数的选取问题,适用求解二、三维数值计算问题。

(3) 分凝势模型。

Konrad 和 Morgenstern 认为冻胀是一个水分途径未冻区与冻结缘向正在生长的冰透镜体迁移的过程,即冰透镜体的形成归因于水分迁移。由此构建分凝势理论与分凝势模型,该模型基于液态水流速与温度梯度之间的正比关系建立,

其比例系数为"分凝势",表达式为

$$v_0 = SP_0 \cdot \text{grad } T \tag{1.7}$$

式中　SP_0——零外载荷状态下的分凝势,$mm^2/(s \cdot ℃)$。

当考虑上覆载荷影响,分凝势改写为

$$SP = SP_0 \cdot e^{-aP_e} \tag{1.8}$$

式中　P_e——上覆载荷,Pa;

　　　α——土体常数。

将分凝冻胀量与原位冻胀量相加可得饱和土体的总冻胀量,表达式为

$$\frac{dh}{dt} = 1.09 SP \cdot G_f + 0.09 n \frac{dX}{dt} \tag{1.9}$$

式中　h——冻胀量,mm;

　　　SP——分凝势,$mm^2/(s \cdot ℃)$;

　　　G_f——冻结区域温度梯度,℃/mm;

　　　n——孔隙冰体积与冻结区体积之比;

　　　X——冻结深度,mm。

基于此,Nxion 等构建考虑热传递过程的冻土冻胀预测模型为

$$\frac{dh}{dt} = \frac{1.09 SP \cdot G_f}{1 + \dfrac{L \cdot SP}{k_f}} \tag{1.10}$$

式中　k_f——冻土导热系数,$W/(m \cdot ℃)$。

由上述可知,分凝势模型的精度与运算效率满足工程需求,但需要满足的基本假定条件也较多,主要包括:

① 冰透镜体范围内,广义克劳修斯－克拉珀龙方程(generalized Clausius-Clapeyron equation)成立。

② 冻结缘各处的水力传导度相同。

③ 冻结缘内温度呈线性分布。

④ 冻结缘内冰压力为零。

这些假定条件也对模型计算条件带来了限制,即分凝势模型在求解时需要给定一个稳定的温度梯度。随着计算机技术的提升,更多科研人员选择采用含水量的变化衡量冻胀量,直接采用水－热耦合过程得到的液态水流速对冻胀量进行计算,本质上应归属于分凝势理论范畴。

(4)Takashi 模型。

上述模型均未充分考虑冻结速率的影响。为此,Takashi 首次将冻胀比 ξ 与

冻结方向的有效应力及冻结速率建立联系,提出了经典 Takashi 模型。Takashi 模型基本冻胀比计算公式为

$$\xi = \xi_0 + \frac{\sigma_0}{\sigma}\left(1 + \sqrt{\frac{U_0}{U}}\right) \tag{1.11}$$

式中　　ξ——冻胀比(冻胀体积增量与初始体积的比值);

　　　　σ——冻结方向的有效应力,kPa;

　　　　U——冻结速率,m/s;

　　　　ξ_0, σ_0, U_0——与土性相关的常数,取自《土工测试方法和说明》(JGS Q 171—2003)。

该模型具有计算参数易获取、变量计算方法简便等优势,适用于实际工程的设计与病害的预测。在过去的 40 年内,该模型已累计应用于日本的 40 万 m^2 工程项目中,并列为土体冻胀敏感性的评价指标。

1.3.2　隧道衬砌冻胀特性与开裂破坏

为了系统研究高寒区地铁隧道衬砌开裂破坏问题,多场耦合问题中的裂隙模拟方法成为研究重点。与衬砌自身温度场、渗流场与应力场之间的耦合互馈效应相似,衬砌混凝土的应力场及损伤之间亦存在耦合关系。当衬砌内部能量释放率达到混凝土临界能量释放率时,衬砌将发生开裂。衬砌本身的弹性应变能将随着衬砌开裂而释放,进而影响衬砌应力场。此外,衬砌裂隙的产生亦会对衬砌自身渗透性产生影响,从而引起孔隙水压力与有效应力的变化。

断裂力学法和连续损伤力学法可精确描述裂隙尖端形貌,或可全面预测裂隙发育过程,但均存在一定的局限性,即无法计算裂隙的萌生及分叉汇合,以及裂隙尖端描述不充分,且存在高估损伤区域面积等问题。为此,开发了一种新的裂隙模拟方法:断裂力学相场法。该方法综合了上述两种方法的优势,可以在模拟材料损伤过程的基础上对裂隙形态进行描述。相场法作为一种解决界面演化问题的数值模拟方法,最初应用于模拟凝固过程的固液界面发育,直到 20 世纪 90 年代才被正式应用于弹性体的脆性断裂模拟。通常来讲,断裂力学相场法需包含一个连续的场变量,该场变量可以将材料的完全破坏状态与未破坏状态以平滑过渡的方式进行区分,表征尖锐裂隙的不连续分布特性。断裂力学相场法可以模拟三维实体裂隙的萌生、扩展、合并及分支等过程,且无须给定其余的判定准则。从求解方式来讲,断裂力学相场法是基于 Francfort 和 Marigo 建立的断裂力学变分原理建立的,其本质是对经典 Griffith 脆性断裂理论的扩展。

Francfort 和 Marigo 变分原理认为,当不考虑外力功时,弹性体的总势能由弹性应变能和裂隙表面能组成,表达式为

$$w(E,\Gamma) = w_e(E,\Gamma) + w_c(\Gamma) = \int_{\Omega\setminus\Gamma} w_e(E,\Gamma)\,d\Omega + \int_{\Gamma} g_c\,dS \quad (1.12)$$

式中　$w_e(E,\Gamma)$——储存在物体内的弹性应变能;

$w_c(\Gamma)$——裂隙的产生所需要的裂隙表面能;

g_c——裂隙表面能密度。

为对上式进行有效计算,Bourdin 等通过引入相场变量 $d(0\sim 1)$ 和弥散裂隙宽度 l,采用对相场与位移场的总势能取最小值的方法,将 Griffith 断裂准则转换为偏微分方程形式,从而首次将相场法应用于断裂力学领域。Bourdin 等整理所得的公式(1.12)正则化形式为

$$w^l = w_e + w_c^l = \int_{\Omega} \left\{ g(d) w_e(E) + \frac{g_c}{4l}\left[(d-1)^2 + 4l^2 |\nabla d|^2 \right] \right\} d\Omega \quad (1.13)$$

式中　$g(d)$——用于表征材料刚度削减程度的退化函数。

早期断裂力学相场法存在无法避免纯压缩损伤,以及闭合裂隙的材料侵入等违背物理现象的计算错误。为了解决这一问题,科研人员提出了两类能量分割方法,将退化函数仅作用于损伤(受拉)区域。其一为 Amor 等提出的球量-偏量分割法,核心思想为将应变张量视为应变球张量和应变偏张量的组合。通过对出现体积膨胀与形变的区域进行刚度退化处理,实现材料裂隙发育的模拟。其次是主应变空间分解法,该方法于 2010 年由 Miehe 等提出,其原理在于将弹性应变能直接分解为受拉弹性应变能和受压弹性应变能两部分,并将退化方程作用在受拉弹性应变能部分。基于上述两种能量分割方法构建的相场法模型被称为各向异性断裂力学相场模型,虽然在裂隙模拟方面具有更高的合理性,但也极大程度提高了控制方程组的非线性。目前,增加各向异性断裂力学相场模型收敛性的方法主要为 Bourdin 等提出的稳定系数法,该方法通过引入稳定系数 k_l 增强位移场数值解的光滑度。

作为典型的流固耦合问题,水压致裂过程裂隙发育的模拟技术受到了众多研究人员的关注。Bourdin 最先将断裂力学相场法应用于水力压裂过程的模拟。随后,科研人员通过将断裂力学相场法与宏观多孔介质理论(多孔介质理论 TPM、Biot 孔隙弹性理论)相结合,开发了一系列适用于各种岩层条件的水力压裂数值模型。

动力断裂行为模拟方面,Pillai 等通过引入材料属性的宏观分布特性,采用

断裂力学相场法实现了对各向异性岩土体水力压裂问题的模拟。Ehlers 和 Luo 将相场法嵌入多孔弹性理论中,通过引入可以反映裂隙流状态的裂隙张开度指标,实现动态水力压裂的模拟。Pise 等通过构建岩土体骨架塑性准则与相场变量之间的关系,将传统仅考虑孔隙弹性的水力压裂相场法模型扩展至孔隙塑性领域。热裂隙与化学裂隙模拟方面,Miehe 等将断裂力学相场法与多孔介质多场耦合作用相结合,实现热响应裂隙的模拟。Wang 等通过构建热-力耦合相场模型剖析了固体材料绝热剪切带的形成与发展规律。Klinsmann 等采用断裂力学相场法将锂离子迁移、应力场及裂隙扩展过程直接耦合,对锂离子电池中储能粒子的断裂问题进行了详细研究。

1.3.3 越冬基坑支护结构冻胀稳定性

近年,众多学者研究冻胀对基坑及支护的影响,发现冻胀作用的影响效应不可忽略。管枫年等在国内外关于水平冻胀力的理论与试验的基础上,深入研究冻结期支护结构冻胀力分布规律,归纳挡土墙防冻害的设计关键在于削减冻因和增大挡土墙断面,并总结防冻害设计方法。赵坚提出了适用于季冻区挡土墙防冻设计方法、载荷效应组合、冻胀力计算及验算挡土墙稳定性和整体强度的方法。梁波等通过分析 L 型挡墙受力机制,提出了粗颗粒填土忽略冻胀作用的土压力设计阈值,并将现场监测土压力分布与理论值对比,探究冻胀力对土压力的影响。孙建军基于哈尔滨地铁 1 号线某实际深基坑工程,研究了支护桩受冻胀力影响的受力及其变形规律。

然而,地质、气温及支护形式等因素对冻胀作用的影响尚未研究透彻,且计算冻胀作用均是在各类假设成立的前提下,土压力及冻胀力计算结果与真实情况存在一定差距。周磊分析了冻结期土体冻胀变形及与支护结构的相互作用关系,测得冻结期土体水热变化规律,提出冻结温度、温度梯度和未冻水含量对冻深、水平冻胀力影响显著。王艳杰详细分析了基坑水平冻胀力受温度、支护结构刚度、初始含水率、补水条件和基坑深度等因素作用的效果。沈琪和孙超选用有限差分软件 FLAC3D 模拟冻胀循环作用对基坑悬臂桩支护的影响,重点分析了正负温条件下冻胀力和桩体水平位移演变规律。林园榕探讨了坑顶分别铺设厚度为 4 cm 的草帘 EPS 保温板和 XPSR 保温板时减小水平冻胀力的效果,并提出最优防冻措施。邵莹研究了深基坑在冻结期,基坑周边土体、地下连续墙及坑底土体温度演化规律,确定冻胀力影响范围。

1.4 高寒区富水环境地铁施工冻害防控技术

1.4.1 隧道洞口冻害防控技术

国内,吕康成在《隧道防排水指南》中介绍了注浆、疏、堵、排、拆除重做等方式治理隧道冻害的详细施工做法。李蓉结合青藏昆仑山隧道渗漏水灾害,进行了灌浆技术试验,治理了高寒隧道施工缝处水害。潘红桂分析"电伴热"系统在高寒区隧道灾害治理中的前景及优劣。张文达提出以治水为主、保温和提高围岩强度为辅的综合防治手段治理病害,具体方式为"电伴热带＋保温层＋排水盲管＋橡胶波纹板"。此外,国内通过抵御水分和温度,设置防寒泄水洞、深埋中心水沟和防冻隔热层等治理高寒区隧道灾害。国外,全球冻土面积最大的国家俄罗斯形成以采暖为主要手段的隧道防灾害体系。北欧等国家则通过防水、防冻棚和铺设保温石棉的方式进行治理。日本充分利用地形特点,主动引出地下热量并配合衬砌覆盖保温材料进行治理。高寒区隧道冻害防治措施主要分为加热保温法、隔热保温法和防寒门3类。

(1) 加热保温法。

加热保温法又称主动保温法,主要有电加热法和暖气加热法。加热保温法为防治高寒区隧道冻害的有效方法,可用于已经发生冻害的隧道的紧急处理。加热保温法已经成为日本、北欧等发达国家普遍采用的方法。该方法在我国的应用案例较少,新疆南疆线奎先隧道冻害治理时在防寒水沟中埋设了电加热装置,甘肃七道梁公路隧道采用了锅炉暖气管道供热。

(2) 隔热保温法。

隔热保温法又称被动保温法,主要思路是防止围岩中的热量在冬季大量逸出,并保持冬季围岩的温度在0 ℃之上,从而防止冻害的发生。主要手段为在衬砌表面或二次衬砌与初期支护之间敷设保温层,保温层由低导热系数的材料制成。隔热保温法主要有表面隔热保温法和复合式衬砌保温法两种形式。表面隔热保温法在二次衬砌表面敷设保温层,此法作为已经发生冻害的隧道整治中常用的手段,在新建隧道中由于工程造价、工期等原因较少采用。复合式衬砌保温法是新建隧道冻害防护的常用方法,通常在初期支护施工完毕后,紧接着敷设保温层和防水层,最后浇筑二次衬砌,利用二次衬砌的围护作为保温层保护,省去专门的保温层保护措施。我国采用表面隔热保温法的高寒区隧道见表1.1。

表1.1 我国采用表面隔热保温法的高寒区隧道

隧道名称	最大冻深	保温材料	保温层形式	建成年份
大坂山隧道	南坡3 m 北坡4.5 m	4 cm 无机玻璃钢保护罩 3 cm 硅酸铝防水保温层 3 cm 硬质聚氨酯保温层	表面隔热法	1998
二郎山隧道	1.5 m	5 cm 聚氨酯 6 mm 纤维增强硅酸钙防水板	表面隔热法	2006
巴朗山隧道	1.2 m	5 cm 硅酸铝纤维保温板	表面隔热法	2016
西藏高原嘎隆拉隧道	5 m	4 cm 高性能泡沫混凝土 6 cm 聚酚醛保温材料	表面隔热法	2010
阿尔格勒特山隧道	1.8 m	4 cm 硬质聚氨酯泡沫 4 cm 干法硅酸铝纤维	表面隔热法	2013

(3)防寒门。

防寒门也为一种常见的地铁隧道冻害防治手段,通常在地铁隧道进出口安装防寒门,平时开启,寒冷季节关闭。防寒门很大程度上阻挡了寒冷空气进入地铁隧道,达到保温防寒的目的。防寒门最大的优点是施工方便,我国东北地区多个隧道使用该方法。青海省227国道大坂山公路隧道地处青藏高原地区,年平均气温仅为−3.1 ℃,无论隧道是否敷设保温层,敷设何种形式的保温层,其围岩都会发生大面积冻胀。为了解决大坂山的冻害问题,施工方尝试了多个方案,最终决定在隧道进出口设置防寒门,随后几年内都没有发生严重的冻害问题,大坂山隧道的冻害防治问题最终得到解决。但是,防寒门关闭后会阻塞交通,一般只适用于人口稀少的偏远地区,对于车流量大的隧道不宜使用该方法。

1.4.2 地铁站基坑越冬冻害防控技术

地铁车站越冬基坑在土体冻结过程中受水平冻胀力的影响严重,且易造成桩锚支护段顶部的开裂,有必要提出有效的抑制水平冻胀力措施,防控措施如下:

(1)排水和隔水措施。

土体的冻胀是由于冰水相变引起,控制土体水分含量成为预防冻胀的关键措施,在基坑开挖过程中应该采取有效的排水和隔水措施防止冻胀发生概率。排水主要是降低地下水位,切断外来水分的补给,从而减少水分的迁移。降低地下水位可采取管井、真空井点等措施,同时可根据情况采用隔水帷幕防止水分补给。隔水主要为了防止地表水和坑内积水。在地表可以采用混凝土硬化防止融化的积雪和地表水的下渗,同时在地表设置排水、疏水措施,防止地表水向基坑内渗流。

(2)保温措施。

引起土体冻胀的最主要外因为外界气温的变化,所以保温也是非常重要的措施。土体保温分为主动保温和被动保温两种。主动保温利用人工方法向土体内补充热量,避免基坑的冻结。被动保温则利用保温材料降低土体温度的下降速率,延迟冻结形成。相对而言,被动保温成本低,施工方便,在工程实践中应用最多。工程中使用的保温材料应满足导热率小、承载能力好、防水性能优、价格低廉等特点,常用的保温材料有泡沫保温板、草垫和石棉板等。近年来,聚苯乙烯泡沫保温板由于其保温性能良好、抗压强度高,在工程实践中应用广泛。

(3)理化法。

土体冻胀由土中水分的冻结引起,因此可以通过降低土中水分的冰点减弱冻胀的影响。向土体中加入可溶性无机盐,如氯化钠、氯化钾等,使土体变成盐渍土,可以降低冻结温度。加入无机盐同时影响土粒与水分的作用,改变了水分的迁移能力。

(4)换填法。

在基坑表层将冻胀土体换填为弱冻胀土或者非冻胀土是在工程中防止冻害的常用措施。根据《冻土工程地质勘察规范》(GB 50324—2014),把土体中粒径小于 0.05 mm 的土粒含量大于 6% 的土体称为冻胀土,把土体中粒径小于 0.05 mm 的土粒含量小于 6% 的土体称为非冻胀土,即粗砂、中砂和砂砾为非冻胀土。表层换填措施原理为当换填土体的粒径较大时,其吸附能力有限,难以形成毛细结构,从而使得冻结过程中土体中的水分迁移减弱,达到减小冻胀作用的效果。

(5)应急处理。

一旦越冬基坑由于冻胀产生较大变形和破坏就需要采取应急措施,主要包括坑外挖土卸载和坑内堆载。坑外挖土卸载是在基坑外侧受冻胀影响大的范围内挖土,从而构成横向沟槽,减小土体间的冻胀作用,进而减小结构受力变形。坑内堆载是在基坑内部受冻胀影响大的范围内,使用机械运土进行堆载,从而形成反向压力,减小支护结构的变形,保证基坑的稳定和安全。对于铺设保温层措施和基坑表层换填非冻胀土两种防冻胀措施而言,铺设保温层措施的防冻胀效果明显优于换填非冻胀土的效果。在实际工程中,铺设保温层措施更加经济可行和容易操作,因此推荐在实际工程中使用铺设保温层措施以实现抑制水平冻胀。

第 2 章

粉质黏土冻胀特性试验

本章以我国高寒区地铁隧道工程为背景,研制适用冻融粉质黏土多物理场试验研究的开放系统冻融—胀缩试验系统,开展高寒冻融区饱和粉质黏土冻胀试验,研究土体冻结阶段温度分布特征和冻胀发展规律。

2.1 引　言

高寒冻土区环境温度变化会引起土的冻胀现象，对高寒区地铁隧道工程的修建与运营产生了不同程度的影响。因此，在高寒区地铁隧道工程设计和使用过程中，需要考虑冻胀作用对地铁隧道结构的不利影响。基于我国高寒区地铁隧道发展工程背景，研制开放系统下土体冻融－胀缩试验系统。选取典型地铁隧道洞口处为土样采集点，开展土样冻胀试验，实时监测土体冻结过程中土体内温度和试件表面冻胀量，研究土体冻结阶段土体中温度分布特征和冻胀发展规律。

2.2　开放系统冻融－胀缩试验装备

2.2.1　试验系统

采用传统冻胀试验仪时，粉质黏土冻胀试验中存在冻结约束作用，采用上部冻结法或下部冻结法均无法很好地予以消除，且在有荷冻胀试验中上述效应更加显著，对试验结果的影响不容忽视，如何减阻是试验中需要解决的关键问题。同时，粉质黏土对含水率变化的响应敏感，对水分给排系统监测精度和灵敏度提出了更高要求，且试样含水率的环境扰动效应需加以控制。鉴于此，针对传统单向冻胀试验仪的设计不足，本书研制开放系统土体冻融－胀缩试验系统，其基本构成如图 2.1 所示。试验系统由可伸缩环形冻结室、温度控制系统、水分给排系统、宽范围单向加载系统和数据采集与分析系统 5 部分构成。此系统能够连续监测测试样品的竖向位移、试样断面不同位置温度和试样暖端的水分给排情况，并且适应不同高度试样的测试。

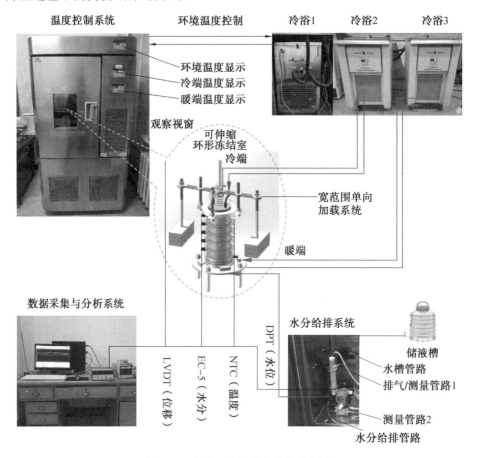

图 2.1 冻融－胀缩试验系统示意图

2.2.2 可伸缩环形冻结室

传统冻结室包括带孔亚克力冻结室侧壁、上盖板、底座和紧固装置。通过 4 根 φ10 mm 螺纹钢杆、上盖板、翼形螺母和密封圈，使冻结室侧壁下部与底板间紧密贴合，达到底部密封效果，如图 2.2 所示。传统冻结室存在以下弊端：

①试验装配过程烦琐。

②连接方式影响保温层与冻结室外侧壁面的有效贴合。

③螺杆紧固方式易造成冻结室侧壁受力不均，产生局部应力集中造成冻结室损坏，以及其底部密封失效。

④在降低传感器阻碍效应与保证与土体充分接触的密封性之间较难平衡。

⑤在冻胀试验中存在显著的冻结约束效应,引发冻结室内接触面产生较大侧摩阻力,阻碍程度与冻结室内径尺寸和内壁特性相关,无法有效降低。

鉴于上述弊端,传统冻结室已不适用研究复杂冻融环境下的粉质黏土冻胀特性试验,因此本书研制了一种适用于粉质黏土冻融试验的可伸缩环形冻结室,并且从试验可操作性和稳定性的角度进行优化。新型冻结室包括内、外套筒各1个,上盖板1个和底座1个。内部套筒由5层环状有机玻璃构成,内径为102 mm,壁厚为10 mm,上部4个圆环高度为20 mm,底部圆环高度为45 mm。

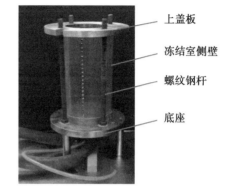

图 2.2　传统冻结室

环形冻结室在试验中使用非常灵活,可根据冻结试样尺寸和试样上部空间需求进行配置。圆环中部设置传感器矩形安置槽(高度4 mm、长度20 mm),圆环靠近顶部和底部处设置传感器圆形安置槽(φ4 mm),可满足各类常用传感器的尺寸,安置槽构造细节如图2.3所示。温度传感器插入圆形安置槽,入样深度宜为试样直径的1/10。湿度传感器插入矩形安置槽,入样深度宜为试样直径的1/5。在有限范围内的可伸缩性是这种冻结室的主要特点,通过控制密封圈的弹性变形范围,使冻结室具有一定的伸缩性,进而在试验中释放冻胀和膨胀约束效应,结构细节如图2.3所示。基于《液压气动用O形橡胶密封圈 沟槽尺寸》GB/T 3452.3—2005的设计原则,采用OmniSeal RACO弹簧蓄能密封圈,利用弹簧的线弹性,使各圆环间容许变形为±1 mm,进而冻结室侧壁沿轴向的总变形量为±5 mm,上部圆环区间在采用气压加载时借助蓄能密封圈的结构特点来增加腔体的密封性。同时,在冻结室内套筒外侧设置一个兼顾限位和加固作用的外套筒,外套筒下部的4个带斜面的旋转凸台与底座中的卡槽相配合,如图2.4所示。通过调配,试验组装中经一次旋转即可获得内部套筒各环间的必要容许弹性变形。外套筒上部与上盖板之间设置长度为1 cm的具有限位功能的螺纹微调节区域,螺距为0.5 mm。考虑制冷系统工作振动对试样竖向位移测量的影响,在冻结室底座处设置阻尼支座,如图2.4所示。

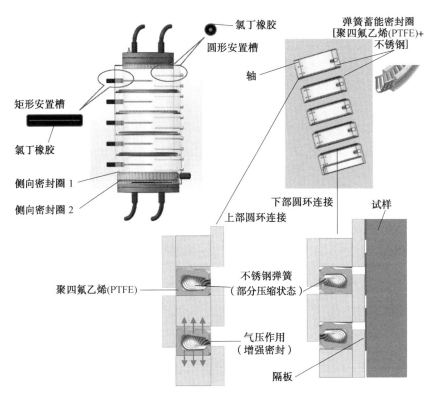

图 2.3 安置槽构造细节

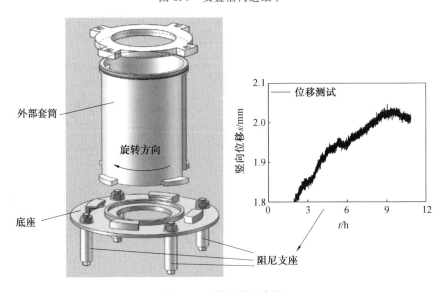

图 2.4 冻结室外部套筒

2.2.3 温度控制系统

(1)温度传感器的选择与标定。

粉质黏土冻融试验的温度范围无须很大,一般为-30~30 ℃即可。测试土体中任意时刻的温度值均要求瞬态获取,避免采样时间带来的误差,因此采用接触式负温度系数(NTC)热敏电阻。其特点是具有高度非线性,电阻温度系数范围宽、灵敏度高,3~5 s即可获得测试物体的温度值。由于冻融试验的试件尺度较小,过大的温度传感器探头在一定程度上会改变试件的性能且破坏其结构,进而影响试件的热环境与冻融过程。此外,较大的温度传感器探头也因反复冻融循环等长时间复杂工况作用而极易损坏。因此,使用长度2 cm的针状NTC热敏电阻外壳,其中后段1 cm处于冻结室侧壁中,前段1 cm中设有NTC热敏电阻丝,由环氧树脂胶固,在保证与土体充分接触的情况下不对试样结构产生明显影响。温度传感器在存放和反复使用中容易产生温度漂移,试验前需重新标定,以得到精确的温度计算回归公式。

NTC热敏电阻的电阻温度特性具有强非线性,如图2.5所示。其电阻温度特性公式为

$$R_{\text{NTC}} = A e^{B/T_{\text{Kelvin}}} \quad (2.1)$$

式中 R_{NTC}——NTC热敏电阻阻值,Ω;

T_{Kelvin}——被测物体温度,K;

A、B——拟合参数。

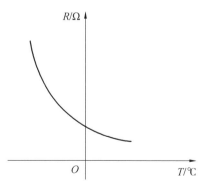

图2.5 NTC热敏电阻温度特性

对式(2.1)两侧取自然对数,有

$$\ln R_{\text{NTC}} = \ln A + B/T_{\text{Kelvin}} \quad (2.2)$$

在 $1/T_{Kelvin} \sim \ln R_{actual}$ 坐标系中，B 为斜率，$\ln A$ 为截距，可得 T_{Kelvin} 公式为

$$T_{Kelvin} = B/\ln R_{actual} - \ln A \qquad (2.3)$$

采用热敏电阻非线性拟合回归公式，根据式(2.1)至(2.3)的热敏电阻温度特性公式，明确物理意义为

$$T = P_3 T_{Celsius}^2 + P_4 T_{Celsius} + P_5 \qquad (2.4)$$

$$T_{Celsius} = T_{Kelvin} - 273.15$$

$$T_{Kelvin} = P_2/\ln R_{actual} - \ln P_1 \qquad (2.5)$$

式中　T——负温度系数热敏电阻非线性拟合温度数值，℃；

　　　$T_{Celsius}$——二等标准温度计测量得到的温度值，℃；

　　　T_{Kelvin}——二等标准温度计测量得到的温度值，K；

　　　R_{actual}——负温度系数热敏电阻的真实阻值，Ω，即表头实际测量得到的电阻阻值 R 与导线电阻 R_d 的差值，$R_{actual} = R - R_d$；

　　　P_1 和 P_2——根据热敏电阻温度特性拟合得到的参数，P_1 为 A，P_2 为 B，P_3、P_4 和 P_5 为根据热敏电阻非线性拟合得到的参数。

此外，试验中采用高精度冷浴槽、国家二等标准温度计(量程为 -30~20 ℃，精度为 0.1 ℃)、6 位半的安捷伦 34970A 数字万用表，基于上述方法对 NTC 热敏电阻进行标定。

(2) 系统温度控制设计。

温度控制系统包括边界温度控制装置、测试土体上端和下端的循环液恒温端头(即冷板和暖板)、环境温度控制箱、冻结室和管路保温控制。该试验装置为模拟自然发生的自地面向下的降温冻胀过程和升温融沉过程，确定测试土体的上端为升温降温端、下端为恒温正温端。采用两台 BH8105 恒温冷浴作为边界温度控制装置，温度控制精度为 ±0.05 ℃，分别对测试土体的上端在恒定温度下降温或升温、下端恒定为某一较低的正温，冷板和暖板均为铜制。进入冷板和暖板腔体的制冷液沿着预制的 U 形弯曲管路流动，以确保测试土体两端的热量传递在整个接触面内尽可能均匀。管路的入口、出口分别与边界温度控制装置中的循环液出入口直接相连，管径为 20 mm。

冷板和暖板的温控测试结果如图 2.6 所示。连接管路为 2 m 时冷板和暖板的温控曲线如图 2.6(a)所示，可见阶梯式降温效果良好，在 -10~-5 ℃ 的温控范围内该设备的制冷效果最好，能够保证较小的波动度和较高的温度控制稳定性。冷板和暖板在稳定阶段的设定值和测试值如图 2.6(b)和(c)所示，可见冷板和暖板的实测值与设定值存在一定误差。随着冷板设定温度的降低和暖板设定

温度的增加,温度误差会不断增大且并无线性关系,这是循环液管路热损耗的必然结果。减小循环液管路长度,降低管路保温材料导热系数,将比例积分微分PID控制中监测和反馈温度信号的传感器置于冷板和暖板内部,可减小误差。冷媒选择对较低温度冻胀试验的温控效果影响较大,采用低温防冻液作为冷媒时,随温度的降低,防冻液的黏度会显著增大,在−15 ℃左右时会对其流动产生影响,制冷效率显著下降,而在确定安全性的前提下,采用无水乙醇溶液是较优选择,在−20 ℃或更低的温度下,无水乙醇仍可保持良好的流动性。

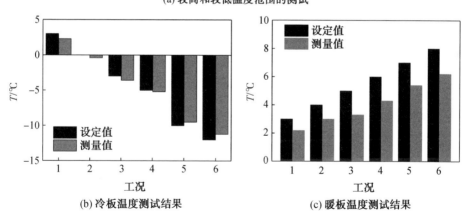

图 2.6　冷板和暖板的温控测试结果

环境温度控制箱采用BH8215-F土体冻融循环试验环境箱,温度波动度为0.5 ℃,可容纳1个试样及其配套装置进行试验。环境温度控制箱的空间约0.36 m³,冷板和暖板与箱体内部的热交换会对环境温度产生一定影响。冷板温度分别为−10 ℃和−5 ℃时在冻结稳定阶段(50~70 h)环境温度的控制情况如图 2.7 所示。研究发现环境温度呈周期性变化,均值和幅度较稳定,冷板温度降低会影响稳定冻结期的环境温度均值,这一现象在密闭实验空间内无法避免。此外,为减小仪器中试样侧向保温层厚度且保证试样内部具有线性温度梯度,需采用较低的环境温度以减少试样的侧向换热。考虑到冷板温度对环境温度的影响,需注意防止水分补给管路冻结。试验中环境温控箱内部平均温度维持在2~3 ℃,同时处于环境温度控制箱内的水分补给管路应包裹1 cm厚橡塑保温卷材。

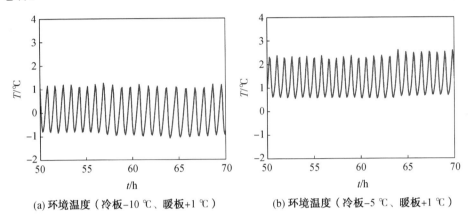

(a) 环境温度(冷板-10 ℃、暖板+1 ℃)　　(b) 环境温度(冷板-5 ℃、暖板+1 ℃)

图 2.7　冻胀试验中的环境温度测试

冻结室的侧向保温对于研究冻结试样的冷生构造十分关键。一些研究工作为了观察冷生构造的变化过程不得不暴露部分冻结室侧壁,或采用中空有机玻璃冻结室侧壁,这些方式均会对冷生构造的发展产生不可避免的不利影响。采用中空有机玻璃冻结室侧壁的试验情况如图 2.8(a)所示,可见侧向保温效果欠佳。本试验侧重准确研究粉质黏土冻胀特性,不对试样冷生构造变化过程进行直接观察,因而采用橡塑保温材料对冻结室进行全封闭保温。经大量试验总结可知,4 cm 厚度以上的各类常规保温材料即可满足冻结室侧向保温需求,能获得水平状冷生构造,且不会占据较大的环境箱空间,如图 2.8(b)所示。

此外,冻结室中还存在轻微的"冷桥"效应,即持续的冷板制冷会通过冻结室侧壁影响暖板的温度控制,使其在试验过程中有微幅的温度降低且随冷端温度的降低而加剧。在暖板初始温度为 0.9 ℃、冷板稳定温度为 -9.7 ℃ 的情况下,24 h 后"冷桥"效应导致暖板温降为 0.37 ℃,如图 2.9 所示。

(a) 冻结室保温不足的情况　　　　　　(b) 冻结室保温层厚度为4 cm

图2.8　冻结室保温

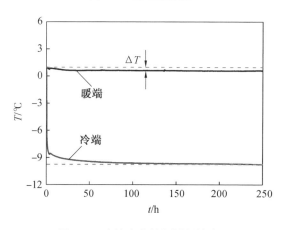

图2.9　冻结室中的"冷桥"效应

2.2.4　水分给排系统

补水系统主要包括马氏补水瓶无压补水装置、补水槽及其进出口、铜基球形粉末板、透明软管、球阀和液位调节装置等。补水槽置于暖板之上，以保证补给水分在进入测试土体前具有和暖板相同的温度，其上为直径100 mm、厚度3 mm的铜基球形粉末透水板，补水槽中布置不锈钢立柱，增强了铜基透水板的抗弯性能，防止较大载荷作用下多孔透水板发生变形。橘黄软管用于冲刷排出透水板底部气体，并兼顾补水槽排水使用。

马氏补水瓶用于控制测试土样无压力补水液面的高度，原理如图2.10所示。在平衡水位线 1 处,水分补给管的 A 点和大气连接管的 B 点总水头相等,假定平衡水位线 1 处的位置水头为 0,可知

$$\frac{p}{\rho_w g} + h_w = \frac{p_a}{\rho_w g} \tag{2.6}$$

式中　p_a——大气压强,Pa;

　　　p——马氏补水瓶内的气体压强,Pa;

　　　h_w——马氏补水瓶内 B 点和 C 点之间的液体高度,m;

　　　ρ_w——水的密度,kg/m³;

　　　g——重力加速度,N/kg。

当水分通过水位线 1 处的 A 点和铜基球形粉末板向测试土样内补水时,马氏补水瓶中的液面由 C 点下降到 C',同时气体通过大气连接管由 B 点进入瓶内,使瓶内液体达到新的平衡态,即

$$\frac{p'}{\rho_w g} + h'_w = \frac{p_a}{\rho_w g} \tag{2.7}$$

式中　p'——马氏补水瓶内新平衡态下的气体压强,Pa;

　　　h'_w——马氏补水瓶内 B 点和 C' 点之间的液体高度,m。

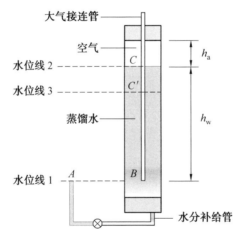

图 2.10　马氏补水瓶原理

马氏补水瓶中,大气连接管下部末端 B 点的位置决定了土体中无压平衡水位的位置,调节 B 点的位置即可灵活调节控制水位的高度,使粉质黏土冻胀试验中试样的饱和、补水水位调节等操作易于实施。为此,研制了一款基于静水压力监测的马氏补水瓶结构,包括两端封闭的量筒、储液槽、排气管(管 1)、水分补给

管(管2)、大气连接管(管3)、补水/排水管(管4)、球阀和透明软管若干,如图2.11所示。采用量筒作为马氏补水瓶的瓶身,量程为100 mL。考虑到冻胀试验的实际补水体量,在保证测量精度的前提下,最大量程不宜超过1 L。对储液槽的结构形式无特殊要求,安置位置须高于马氏补水瓶瓶体。马氏补水瓶顶部排气管(管1)、大气连接管(管3)均为$\phi 3$ mm有机玻璃管,水分补给管(管2)、补水/排水管(管4),则采用透明软管并通过快速接头连接,方便在试验前检查和排出管内气泡,保证补排水通畅,避免补水和排水量的测量误差。顶部排气管与冲刷泵连接,以待测试粉质黏土的补水端口为出口,对整个水分给排系统进行清洗。

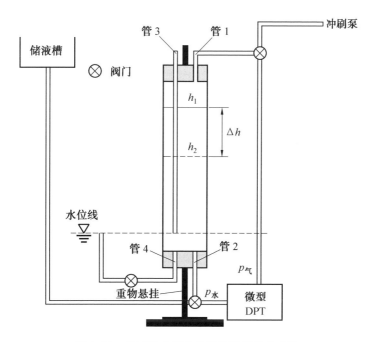

图2.11 基于静水压力监测的无压补水系统

使用时,通过记录马氏补水瓶内因水位高度变化而引起的压差变化,推算出水分给排量。在上述马氏补水瓶的基础上,在管1和管2之间连接高精度差压传感器,即微型DPT(different pressure transducer,DPT),如图2.11所示。差压传感器一端压强为马氏瓶内上部气压,另一端为瓶内液面高度到传感器端部的静水压强与瓶内气压之和,因此差压传感器的输出端即为瓶内液体变化产生的压强变化值。在液面下降或上升的过程中,瓶内上部气体的压强始终不发生变化，这种连接方式可有效消除气压不断变化的影响。高精度微型 DPT 传感器可以捕捉到冻融试验过程中水分迁移的微小波动。同时，这种基于 DPT 的测试方法在不改变 DPT 性能的情况下，可通过增加瓶体长径比的方式显著提高水分给排测试系统的灵敏度。

此外，配备的液位调节装置对准确控制开放系统冻融试验中的无压水头位置非常关键，通常仅仅 1 mm 的水位差就会导致试验的可重复性大打折扣。在基于静水压力监测的无压补水系统中，马氏补水瓶给排水数据获取的准确度与其瓶体的垂直度息息相关。因此，为确保精确控制水位位置和马氏补水瓶瓶体垂直度，需要围绕液位调节装置开展优化设计。

该水分给排系统提供一种固定式升降台装置，如图 2.12(a)所示，包括手动机械模式和电机传动模式两种，马氏补水瓶瓶体固定在升降台之上。该方式优点在于位移控制精确，缺点在于升降台水平度和马氏补水瓶垂直度调整烦琐。因此可配合瓶体拍照方式，通过双摄像头立体成像，进行畸变矫正与立体校正。该系统提供的另一种基于"悬挂法"的液位调节装置如图 2.12(b)所示。在对称布置马氏补水瓶管路且在瓶体下方施加配重后，将马氏补水瓶悬挂安装于双圆环区域内，通过悬垂保证马氏补水瓶的垂直度，采用螺纹调节的方式精确控制液位，其精度在 0.1 mm 量级。该装置无须考虑整体水平度和垂直度，每次试验时不必反复调节，缩短了试样调节时间。理论上，整个试验过程中，要求测试土体补水水位极其接近土单元下底面而又不浸泡其下端，这是一种理想状态但不易实现，并且这种临界状态会受到透水板孔隙张力影响，看似液面在同一位置，但

(a) 固定式升降台座

(b) "悬挂法"液位调节装置

图 2.12　液位调节装置

水的状态并不自由。因此,试验中通常浸泡试样底部 2~3 mm,不宜过多,以达到自由补水的状态,较高的初始试样底部水位会增加试样初始条件的稳定时间,并增大对试样的非必要扰动。

微型 DPT 采用的是 Rosemount 3051 差动式电容膜盒传感器,具有 0.04% 的范围参考精确度,工作温度为 $-40\ ℃$,在受到压力变化时,中心测量膜片产生一定位移而形成电容差信号,经转换输出为二线制直流信号,范围为 4~20 mA。基于静水压力监测的无压补水系统标定试验设备如图 2.13 所示。经对基于静水压力监测的无压补水系统标定,可知输出电流增量与累计补水量的关系,如图 2.14 所示。标定系数为 33.16 mL/mA,测量精度达到 0.01 mL,线性度良好。相比于水位拍照监测来估算补水量的方法,静水压力监测法对水位变化的识别更加敏感,如图 2.15 所示。

图 2.13 基于静水压力监测的无压补水系统标定试验设备

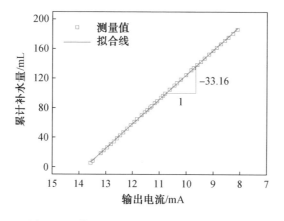

图 2.14 输出电流增量与累计补水量的关系

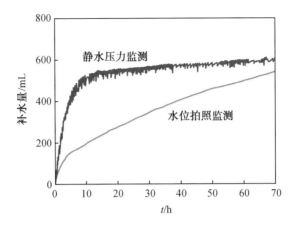

图 2.15 水位拍照监测和静水压力监测的测试结果

2.2.5 宽范围单向加载系统

宽范围单向加载系统包括配重加载模式和气压加载模式。在上覆载荷较小时采用配重加载装置,在上覆载荷较大时采用气压加载装置。配重加载架包括横梁和竖杆(ϕ8 mm),横梁在保证抗弯刚度的前提下尽可能减重,以满足低载荷作用时的加载需求,横梁悬臂的中部设置限位圆孔,通过上盖板上固定的竖杆对其限位,以提高加载架稳定性,如图 2.16 所示。单个配重块质量为 0.5 kg、1.0 kg、2.0 kg 和 3.0 kg 等若干种规格,可加载最大质量为 60 kg。配重加载装置的优点在于长期加载状态十分稳定,但加载量级较小且路径单一。气压加载装置包括小型压力体积控制器 1 套、气泵及储气罐 1 套和置于冷板之上的气压

图 2.16 配重加载装置

加载腔1个。自制压力体积控制器实物图和结构大样如图 2.17 所示。仪器的压力量程为 1 MPa，体积量程为 200 mL，可对载荷进行较精确的控制，实现在试样顶部施加任意大小载荷，该装置载荷大于 50 kPa 时稳定性更优。

(a) 气压加载装置实物图

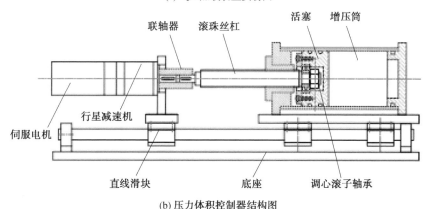

(b) 压力体积控制器结构图

图 2.17　气压加载装置

2.2.6　数据采集与分析系统

数据采集与分析系统主要用于试样断面温度、竖向位移、水分给排的数据采集和分析。数据采集系统由供电系统、信号采集集成系统、信号分析处理系统和上位机终端组成。供电系统由可变直流电源构成，通常采用 12 V 或 24 V，AC/DC 转换器的稳定性直接决定数据采集的准确性。信号采集集成系统包括 NTC 热敏电阻传感器、京海泉 LVDT 位移传感器、Rosemount 3051 差压传感器、M 系列 6289 PCI 板卡和 SCB-68A 接线模块，对试样温度、竖向变形、水分补给情况进行跟踪动态采集。上位机中，基于 LabVIEW 平台搭建信号分析处理系统，试验数据采集频率设计为5～15 min/次,对于粉质黏土冻胀试验,前30 min内,采集频率为5～10 s/次,之后采用5～15 min/次即可。

2.3 粉质黏土冻胀试验与结果

2.3.1 试验方案

土体冻胀问题是制约高寒区地铁隧道工程建设和使用年限的主要原因,冻结过程中土体冻胀发展与材料参数、温度载荷、上覆应力及补水条件等紧密相关,当环境因素不同时土体的冻胀特性也不同。为分析土体冻胀的影响因素和发展规律,基于研发的开放系统冻融-胀缩试验系统,开展饱和粉质黏土单向冻胀试验。

(1)土试样初始状态及试件制备。

依据《土工试验方法标准》(GB/T 50123—2019),首先焖置24 h后制备预定含水率的土样,控制试件干密度为1 670 kg/m³,试件压实完成后脱模,标准试件尺寸:直径 ϕ×高 H=10 cm×15 cm。

(2)冷端温度。

试验冻结过程中,试件冷端温度由初始状态2 ℃逐级降温到0 ℃、−5 ℃、−10 ℃和−15 ℃,每阶段72 h,暖端温度保持2 ℃,如图2.18所示。试样冷端、暖端温度由循环冷浴控制,箱体温度由恒温箱控制,箱体温度控制在−2 ℃。试件自上而下埋设6支温度传感器,距顶面依次为0 mm、30 mm、60 mm、90 mm、120 mm和150 mm。

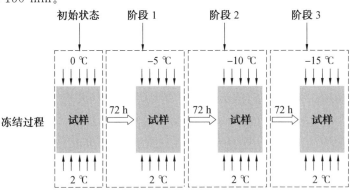

图2.18 冻结过程试件温度加载示意图

(3) 上覆初始压力。

考虑地铁隧道洞口处埋深,确定 0 MPa、0.015 MPa、0.028 MPa、0.041 MPa 和 0.054 MPa 为上覆应力的 5 个施加等级。加载装置重 53.7 N,附加载荷分别为 100 N、200 N、300 N 和 400 N。

(4) 补水方式。

为了消除重力对补水的影响,更好地模拟自然情况下的自由补水,实现冻结过程中的无压补水,采用马氏瓶补水系统模拟开放系统冻结过程中无压补水条件。依据上述变量选取结果,完成 5 个冻胀试验试件,试件初始含水率为最优含水率 14%,压实系数为 0.87。饱和粉质黏土单向冻胀试验工况见表 2.1。

表 2.1 冻胀试验工况表

试样编号	上覆应力 σ_v/MPa	每阶段冻结时间 t/h
FT1	0	72
FT2	0.015	72
FT3	0.028	72
FT4	0.041	72
FT5	0.054	72

2.3.2 试验步骤

试件安装步骤如下:

① 将制备好的试件推入事先在内壁均匀涂抹凡士林的有机玻璃筒内。该有机玻璃筒内部尺寸为直径 $\phi \times$ 高 $H = 10 \text{ cm} \times 20 \text{ cm}$,壁厚为 1 cm。沿有机玻璃筒的母线等间距布置 5 个直径为 2 mm 的孔,作为热敏电阻预埋孔。

② 将热敏电阻通过有机玻璃筒壁预留孔插入试件内部,并将有机玻璃筒固定于底座上。

③ 保温材料紧密缠绕于有机玻璃筒外,冷端端头放置在土样上表面,并将位移传感器固定于冷端端头上。

④ 调节马氏补水瓶内的水位使之与试样底面相平,闭合试验箱箱门。

⑤ 加载装置固定于冷端端头 24 h 后,按照设定温度调节冷浴控制面板上的温度设置,启动冷浴对试样进行恒温预冷,启动采集系统进行数据自动采集,每 5 min 采集一次试件表面位移及土体内各测点温度数据。

⑥ 恒温 24 h 后,调整冷端端头温度至设计冻结温度,开启补水系统。

2.3.3 试验结果

(1)试件内部温度场。

由于上覆载荷较小,对土体温度场的特性影响很小,所以同一种土在不同上覆载荷条件下的温度场特性几乎完全一致。所以,仅取 0 MPa 上覆应力条件下土体内温度场进行分析。试件中各深度处的温度不同,随时间的改变温度变化趋势一致,但稳定时间不同,如图 2.19 所示。冻结过程中,当试件冷端和暖端的热量达到平衡时,试件内温度趋于稳定。试件内部温度稳定后,当深度增加时,温度变化幅度减小。冷端温度变化过程中,与试件冷端距离越小,温度变化越快,趋于稳定状态的时间越短。这是由于随着试件冷端温度的变化,热量在传递过程中逐渐被吸收和耗散,导致温度梯度随深度的增大而减小;热量传递的时效性决定了下层材料温度改变的滞后性。

冻结过程中,按照土体的冻结程度可将试件从上到下划分为已冻土、正冻土和未冻土,正冻土和未冻土之间不断移动的界面称为冻结锋面。冻结锋面与孔隙水的冻结温度所构成的等温线相重合,因此,可以将 0 ℃ 等温线等效为冻结锋面。冻结深度是指地表到平衡的冻结锋面的深度(不包括冻胀量),根据土体冻结过程中温度分布随时间变化情况,通过插值法得到冻结深度与时间的变化规律。

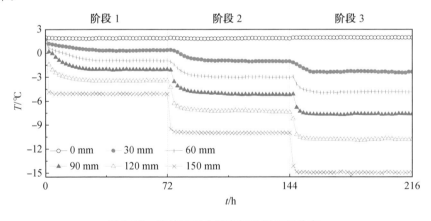

图 2.19 冻结过程中温度场时间空间分布

给定冷端温度后,冻结深度 h_f 随冻结持续时间的增长不断增大,冻结速率 U 随冻结过程的发展逐渐减小,如图 2.20 所示。土体内部温度平衡后,冻结深度与温度分布在同一时刻达到稳定状态,此时冻结锋面不再移动,冻结速率减小到

0，冻结深度达到最大值。冻结稳定后，冻结锋面所在位置处的土体同时受到来自顶端的负温和来自底端的正温的热量，二者相等，这是冻结锋面不再移动、冻深稳定的内在原因。

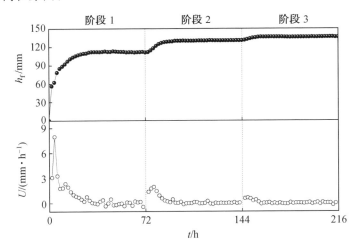

图 2.20　冻胀过程中冻结深度和冻结速率随时间变化曲线

(2) 试件表面冻胀量。

试验过程中，当土体温度降到冻结温度以下时，土中的液态水开始相变。水结晶成冰的过程中将会产生强大的结晶压力，从而引起土体表面抬升现象，称之为冻胀。饱和粉质黏土在各级外载荷压力下试样顶端冻胀量 $S(t)$ 随时间的发展过程如图 2.21 所示。随着冷端温度 T_c 下降，进入下一个冻结阶段后，冻胀量略有增加。不同上覆应力作用下，冻胀发展趋势相似。当冻结结束时（$t=216$ h），上覆应力为 0 MPa、0.015 MPa、0.028 MPa、0.041 MPa 和 0.054 MPa 的试件相应冻胀量分别为 43.39 mm、36.78 mm、30.43 mm、26.25 mm 和 23.46 mm。结果表明，土体冻胀量随 σ_v 的增大而减小，其原因在于 σ_v 的增大抑制了未冻水向冷端的迁移。冻结过程中，随时间的推移，试件从顶端向下逐步冻结并产生冻胀变形，温度分布稳定后，冻胀量继续增大，直至冻胀速率为 0 时，冻胀量和冻胀速率均不再改变，此时冻胀量达到最大值。

阶段 1、阶段 2 和阶段 3 的冻胀增量分别标记为 ΔS_1、ΔS_2 和 ΔS_3，冻胀深度增加量分别标记为 $\Delta h_{f,1}$、$\Delta h_{f,2}$ 和 $\Delta h_{f,3}$。不同阶段、不同上覆应力作用下，试件表面冻胀增量及土层冻深增加量随时间的变化过程分别如图 2.22 和图 2.23 所示。可知，不同阶段试件表面冻胀增量变化趋势一致，均包含两个区域：快速增长区域，该区域试件表面冻胀增量快速增长；缓慢增长区域，该区域冻胀增量一

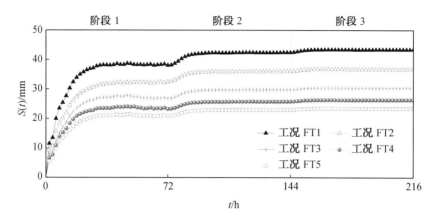

图 2.21 饱和冻胀试验试件表面冻胀量变化过程

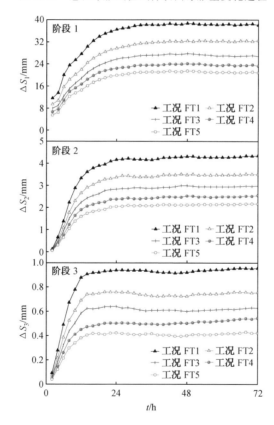

图 2.22 冻胀增量变化过程

时间曲线变得平缓,冻胀增量增长缓慢。冻胀增量快速增长阶段与冻深增加量的增长区域对应,该区域冻结锋面迅速向暖端前进,饱和土原位冻胀及不连续分凝冰的形成使得冻胀增量快速增大;冻胀增量缓慢增长阶段与冻深增加量的稳定区域对应,该区域冻胀增量以缓慢的速率增长。

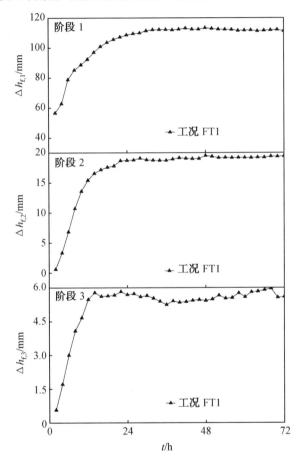

图 2.23 冻结深度增加量变化过程

(3)冻胀分层。

当饱和粉质黏土的温度低于冻结温度时,一部分孔隙水会冻结成孔隙冰;且在冰与土颗粒外表面之间存在一层未冻水膜。冻土中,未冻区的液态水会向已冻区迁移,补充已冻区因冻结作用而减少的液态水,并进一步相变为孔隙冰。随着冻结过程的发展,孔隙冰会逐渐生长并最终互相联结,在与热传导垂直的方向形成冰透镜体。事实上,现场及室内试验中观察到的土体表面冻胀量都是由于分凝冰透镜体的形成。k_0 状态下冻胀试验显示,在冻结锋面和冰透镜体暖端之间存在一个低含水量、低导水率、没有冻胀的区域,被称为冻结缘。冰透镜体是分层存在的,不连续地分布在冻结缘上部的冻结区域。

当 $T_c = -5\ ℃$、$t = 72\ h$(阶段 1),冻深增加量和试件表面冻胀增量趋于稳定,第一层冰透镜体(若干离散冰透镜体集合)及冻结缘形成,如图 2.24(a)所示。试件上表面(接触面 0)与冻结锋面(接触面 1)之间的区域为已冻区,定义其为土层 1。土层 1 冻结过程中的冻胀量为 ΔS_1,冻深为 $\Delta h_{f,1}$。

冷端温度降低,即 $T_c = -10\ ℃$ 时(阶段 2),冻结锋面向试件暖端方向发展,如图 2.24(b)所示。土层 1 冻结缘内分凝温度降低,根据冻结缘理论,此时未冻水含量及渗透系数迅速降低,未冻水难以再通过冻结缘进入第一层土层,第一分凝冰层由于没有水分补给则停止生长。因此当试件表面冷端温度降低时,第一土层将不再产生冻胀增量。温度场稳定时,冻结锋面不再向暖端迁移,此时冻结锋面(接触面 2)与接触面 1 间的区域定义为土层 2。通过计算得到土层 2 的冷端温度为 $-1.6\ ℃$,随着冻结过程的发展,液态水相变形成聚集的孔隙冰,从而形成第二分凝冰透镜体层(若干离散冰透镜体集合)。因此,试件在经历阶段 2 的冻结过程中,表面冻胀增量由土层 2 产生,土层 1 在阶段 2 中不再贡献冻胀增量。土层 2 冻结过程中的冻胀量为 ΔS_2,冻深为 $\Delta h_{f,2}$。

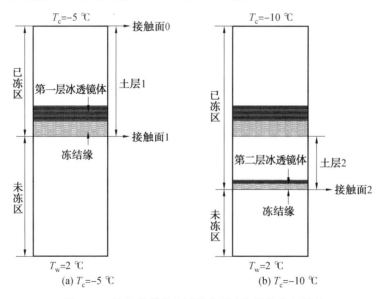

图 2.24 饱和粉质黏土试件表面冻胀增量产生原理

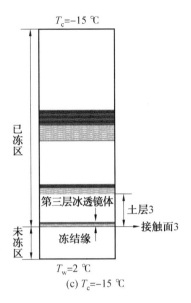

续图 2.24

同理,当 $T_c=-15$ ℃(阶段 3),试件表面冻胀增量由冷端温度为 -0.6 ℃的土层 3 产生,如图 2.24(c)所示。土层 3 冻结过程中的冻胀量为 ΔS_3,冻深为 $\Delta h_{f,3}$。冻结过程结束时($t=216$ h),试件表面冻胀量可以近似地假定为土层 1、土层 2、土层 3 所产生的冻胀量的和。

(4)土层冻胀率。

土体冻结过程中,冻胀量随着时间不断变化。然而当冻结深度不同时,冻胀量大的土体,其冻胀敏感性不一定比冻胀量小的土体强。因此,定义单位冻结深度内的冻胀量来描述土体的冻胀敏感性。单位冻结深度内的冻胀变形称为冻胀率,则土层 1、土层 2 和土层 3 的冻胀率分别为

$$\varepsilon_1 = \frac{\Delta S_1}{\Delta h_{f,1}} \tag{2.8}$$

$$\varepsilon_2 = \frac{\Delta S_2}{\Delta h_{f,2}} \tag{2.9}$$

$$\varepsilon_3 = \frac{\Delta S_3}{\Delta h_{f,3}} \tag{2.10}$$

土层冻结过程中产生的冻胀量及冻胀率与冷端温度、暖端温度和上覆应力等参数有关。因此,土体的冻胀特性是环境和材料共同作用的结果。土层冻胀率随冻结时间变化如图 2.25 所示。进一步计算得到,各土层冻胀率随土层内部

温度梯度的变化关系,如图 2.26 所示。不同上覆应力作用下土层的冻胀率与冻结时间及温度梯度的发展趋势相同,冷端温度越低,土层表面冻胀率越大。

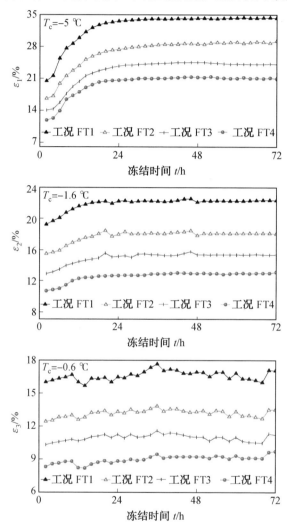

图 2.25 土层冻胀率变化过程

(5)分层土冻胀率。

基于 FT1~FT4 试验资料,参考 Takashi 冻胀率预估模型,建立土层冻胀率的经验预估模型,并确定模型参数。1978 年 Takashi 基于室内冻胀试验研究,提出单向冻结条件下的土体冻胀率预估模型(Takashi model)。Takashi 模型根据

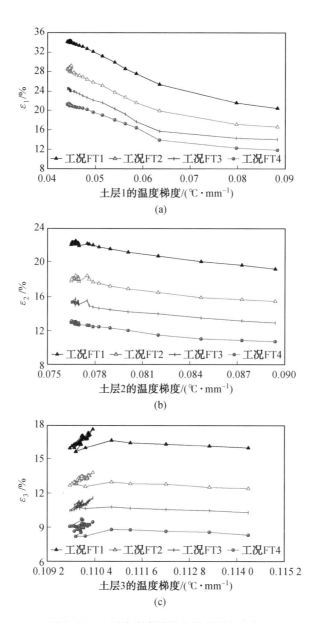

图 2.26　土层冻胀率随温度梯度变化过程

土体冻结过程中受到的上覆应力和冻胀速率推算土体的冻胀率,涉及的参数包括上覆应力、冻结速率和三个土体试验参数,表达式为

$$\varepsilon = \varepsilon_0 + \frac{\sigma_0}{\sigma_v}\left(1 + \sqrt{\frac{U_0}{U}}\right) \tag{2.11}$$

式中　ε——冻胀率(土体冻胀体积增量 ΔV 与初始时体积 V_0 的比值)；

　　　σ_v——冻结方向的有效应力，kPa；

　　　U——冻结速率，mm/h；

　　　ε_0，σ_0，U_0——通过试验获得的与土种类有关的常数。

U 和 σ_v 对于冻胀率确定十分关键。由式(2.11)可知，土体冻结过程较快，冻结的速率 U 较大，则冻胀率较小。若上覆应力趋于无穷小，则冻胀率趋于无穷大。因此，Takashi 模型只适用于上覆应力介于 98 kPa 至 1 470 kPa 之间土体冻胀率的求解。可见，该模型对冻胀率影响因素的考虑不充分，对冻胀率的预估存在缺陷。

冻胀率与冷端温度和温度梯度直接相关。土体冻结速率及温度梯度变化过程如图 2.27 所示，温度梯度表达式为

$$\operatorname{grad} T_n = (T_0 - T_c)/h_f \tag{2.12}$$

式中　T_0——土层 n 冻结锋面处温度，℃，取 $T_0 = 0$ ℃；

　　　T_c——土层 n 冷端温度，℃；

　　　h_f——土层 n 冻深，mm。

冻结速率定义为冻结中冻结锋面的移动速度。冻结速率变化趋势与温度梯度的发展趋势一致。因此，土体中的温度梯度是该阶段土体冻结的主要驱动力。参考瞬时冻结速率与瞬时温度梯度的关系，采用温度梯度替换 Takashi 模型中的冻结速率。然后，参考冷端温度和温度梯度对土层冻胀率影响的分析结果，将冷端温度和温度梯度引入 Takashi 模型，并对上覆应力项进行修正，建立冻胀率的经验预估模型，表达式为

$$\varepsilon_n = X_1 + \frac{X_3}{(\sigma + X_2)\sqrt{\operatorname{grad} T_n}} + X_4 \sqrt{\operatorname{grad} T_n} \tag{2.13}$$

式中　X_1、X_2、X_3 和 X_4——与冷端温度相关的参数；

　　　$\operatorname{grad} T_n$——土层 n 的温度梯度，℃/mm；

　　　ε_n——第 n 土层冻胀率。

将 FT1～FT4 试验过程中各个土层冻胀率代入方程(2.13)，得

第一土层：

$$\varepsilon_1 = -0.123 + \frac{9.9}{(\sigma + 103.2)\sqrt{\operatorname{grad} T_1}} + 0.053\sqrt{\operatorname{grad} T_1} \tag{2.14}$$

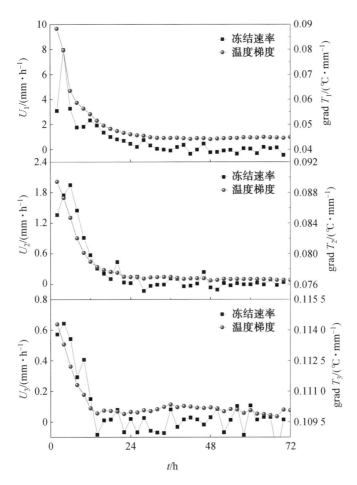

图 2.27 冻结速率与温度梯度相关性

第二土层：
$$\varepsilon_2 = -0.125 + \frac{9.6}{(\sigma+104.5)\sqrt{\text{grad }T_2}} + 0.05\sqrt{\text{grad }T_2} \quad (2.15)$$

第三土层：
$$\varepsilon_3 = -0.126 + \frac{9.6}{(\sigma+105)\sqrt{\text{grad }T_3}} + 0.05\sqrt{\text{grad }T_3} \quad (2.16)$$

基于图 2.27 中数据点，用最小二乘法求得
$$X_1 = -0.0006T_c - 0.13 \quad (2.17a)$$
$$X_2 = 0.4T_c + 105.14 \quad (2.17b)$$

$$X_3 = -0.076 T_c + 9.5 \quad (2.17c)$$

$$X_4 = -0.0007 T_c + 0.05 \quad (2.17d)$$

式中 T_c——土层冷端温度,℃。

在 FT5 冻胀试验基础上,验证冻胀率经验预估模型的可靠性。不同土层实测冻胀率和预估冻胀率的结果如图 2.28 所示,数据点大部分分布在 45°直线附近,说明计算结果接近真实值,可以判定:冻胀率经验预估模型的计算结果是合理的。

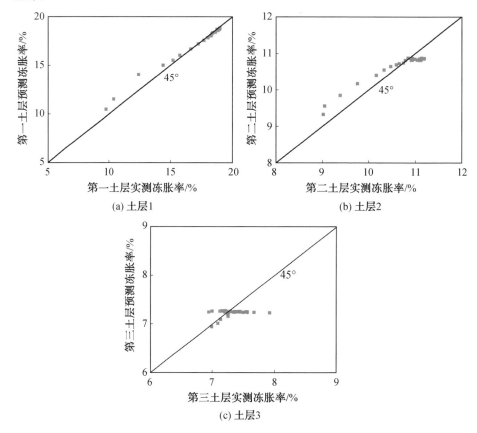

图 2.28 分层土的冻胀率模拟值与测量值对比

当 $\sigma_v = 0$,即土层上覆压应力为 0 时,土层冻胀率 ε_n 最大,称为土层的自由冻胀率,以 $\varepsilon_{n,\max}$ 表示,由式(2.13)得

$$\varepsilon_{n,\max} = X_1 + \frac{X_3}{X_2 \sqrt{\operatorname{grad} T_n}} + X_4 \sqrt{\operatorname{grad} T_n} \quad (2.18)$$

$$X_1 = -0.000\,6T_c - 0.13 \quad (2.19\text{a})$$

$$X_2 = 0.4T_c + 105.14 \quad (2.19\text{b})$$

$$X_3 = -0.076T_c + 9.5 \quad (2.19\text{c})$$

$$X_4 = -0.000\,7T_c + 0.05 \quad (2.19\text{d})$$

式中 n——土层数；

T_c——土层 n 的冷端温度，℃；

grad T_n——土层 n 的温度梯度，℃/mm。

将 $\varepsilon_n = 0$ 时，土层表面上覆初始竖向压应力称为土层最大冻胀压应力，用 $\sigma_{n,\max}$ 表示，由式(2.13)得

$$\sigma_{n,\max} = \frac{-X_3}{X_1\sqrt{\text{grad }T_n} + X_4 \text{grad }T_n} - X_2 \quad (2.20)$$

$$X_1 = -0.000\,6T_c - 0.13 \quad (2.21\text{a})$$

$$X_2 = 0.4T_c + 105.14 \quad (2.21\text{b})$$

$$X_3 = -0.076T_c + 9.5 \quad (2.21\text{c})$$

$$X_4 = -0.000\,7T_c + 0.05 \quad (2.21\text{d})$$

式中 T_c——土层 n 的冷端温度，℃；

grad T_n——土层 n 的温度梯度，℃/mm。

2.4 重要认识与启示

本章研制了适用冻融粉质黏土多物理场试验研究的开放系统冻融－胀缩试验系统，开展了高寒冻融区饱和粉质黏土冻胀试验，获得了冻结过程中的温度分布特征和冻胀发展规律，分析了上覆应力和冷端温度对冻胀发展过程的影响。主要结论如下：

(1)基于对现有冻胀试验仪器和试验方法优点与不足的认识，研制了一种适用于冻融粉质黏土多物理场试验研究的开放系统——冻融－胀缩试验系统，优化了冻结室、温控系统、给排系统、加载系统、数据采集与分析系统等主要模块。

(2)上覆应力对冻胀发展及土体水分迁移起抑制作用，对温度分布的影响很小，因此取 0 MPa 上覆应力条件下土体内温度场进行分析可得，试件中各深度处温度随时间的变化趋势一致，但稳定时间不同。随着深度的增大，冷端温度对土体温度的影响作用逐渐减小，温度梯度也随着深度的增大而减小。与试件冷端

距离越小，温度变化越快，达到稳定状态所需的时间越短。热量传递的时效性决定了下层土体温度改变的滞后性。

(3)基于试验结果，分析了饱和正冻土的温度分布规律、冻胀发展规律及影响因素。结合冻结缘理论，提出饱和粉质黏土冻胀分层方法。冻结过程中试件表面冻胀量是自上而下的土层1、土层2和土层3分别产生的冻胀量依次累加，揭示了冻结速率与温度梯度的相关性，据此引入温度梯度参数替代传统的冻结速率参数，修正建立了用于饱和粉质黏土的冻胀率经验预估的Takashi模型，基于试验结果验证了饱和粉质黏土冻胀率经验预估模型的可靠性和合理性。

第 3 章

高寒区地铁隧道土－结构相互作用模型试验

本章针对高寒区地铁隧道土－结构相互作用特性，建立包括试验台、温控系统和数据采集系统的隧道冻胀模型试验装置，选取冻结深度、衬砌土压力和衬砌内力分布规律等指标，研究冻胀作用下洞口段与洞身段土－结构相互作用的变化规律。

第3章 高寒区地铁隧道土－结构相互作用模型试验

3.1 引　　言

冻胀作用下,高寒区地铁隧道衬砌承载能力显著降低,形成危及运营安全的衬砌裂隙,有必要深入研究高寒区地铁隧道土－结构相互作用演化规律,剖析衬砌承载能力及纵向裂隙发育模式。然而,现有模型试验多关注温度场、水分场及冻胀力等土体相关指标,并不能真实反映衬砌承载能力。尤其针对冻胀作用下高寒区地铁隧道洞口段与洞身段服役性能差异性的研究相对匮乏,尚未得到较为统一的研究结论。因此,针对高寒区地铁隧道土－结构相互作用特性,选取冻结深度、衬砌土压力和衬砌内力分布规律等指标,研究冻胀作用下洞口段与洞身段土－结构相互作用变化规律,为建立高寒区结构－岩土体水分场－温度场－应力场－断裂能量场耦合模型奠定试验基础。

3.2 模型试验相似设计理论

以温度场和应力场作为主要研究对象,对模型试验进行相似设计。结合试验设备实际情况,确定尺寸缩比为25,其余相关参数据此推得到,见表3.1。

表3.1　模型试验参数相似设计

参数	定义	关系	缩尺
尺寸	$C_l = l_p / l_m$	$C_l = C_l$	25
位移	$C_\delta = \delta_p / \delta_m$	$C_\delta = C_l$	25
应力	$C_\sigma = \sigma_p / \sigma_m$	$C_\sigma = C_l C_\gamma$	25
应变	$C_\varepsilon = \varepsilon_p / \varepsilon_m$	$C_\varepsilon = C_\delta C_l$	1

续表 3.1

参数	定义	关系	缩尺
密度	$C_\gamma = \gamma_p / \gamma_m$	$C_\gamma = C_\sigma / C_l$	1
弹性模量	$C_E = E_p / E_m$	$C_E = C_\sigma / C_\varepsilon$	25
泊松比	$C_\nu = \nu_p / \nu_m$	$C_\nu = C_\varepsilon$	1
时间	$C_t = t_p / t_m$	$C_t = C_l^2$	625
温度	$C_t = T_p / T_m$	$C_T = C_T$	1
导热系数	$C_\lambda = \lambda_p / \lambda_m$	$C_\lambda = C_t$	1
潜热	$C_q = \lambda_q / L_q$	$C_q = C_\lambda$	1
水头	$C_H = H_q / H_m$	$C_H = C_H$	1
渗透系数	$C_k = k_q / k_m$	$C_k = C_U$	1

3.3 模型试验设计方案

3.3.1 模型材料

试验主要关注隧道土体温度场分布及衬砌应力变化情况。试验材料配制要点在于土体与衬砌材料导热系数、试验土体颗粒级配,以及衬砌材料强度。试验原型隧道围岩风化等级为四级,属强风化类别。依据《公路隧道设计规范 第一册 土建工程》英文版[JTG 3370.1—2018(EN)],四级风化围岩参数见表 3.2。

表 3.2 四级风化围岩建议物理力学参数

参数	密度 ρ/ (kg·m^{-3})	弹性模量 E/ MPa	泊松比 ν	内聚力 c/ MPa	内摩擦角 ϕ/ °
四级围岩	2 000~2 300	1 300~6 000	0.3~0.35	0.2~0.7	27~39

由于原型隧道围岩较为复杂,故采用土-石混合物材料作为模型围岩材料。配置材料包括 13% 的水、32% 的沙子、12% 的砾石和 43% 的黏土。原型隧道衬砌材料为 C25~C30 喷射混凝土,综合考虑模型试验衬砌强度及导热性能需求,

本次模型衬砌选用石膏基材料筑造,石膏、水和黏土的质量比为 1∶1.2∶0.6,模型衬砌及土体的热力学参数见表 3.3。

表 3.3 模型试验材料热力学参数

参数	密度 ρ/ (kg·m^{-3})	导热系数 λ/ (W·m^{-1}·℃$^{-1}$)	比热容 c/ (J·kg^{-1}·℃$^{-1}$)	潜热 L/ (J·kg^{-1})	弹性模量 E/ MPa	泊松比 ν
衬砌	1 850	0.86	1 220	—	980	0.3
模型土体	2 000	1.25	839	—	26	0.3
水	1 000	0.56	4 180	333 000	—	—

3.3.2 试验系统

试验系统包括试验台、温度控制系统及数据采集系统。模型试验系统布置图如图 3.1 所示。所用土箱长 1.7 m,高 0.98 m,宽 1.3 m。试验过程中,试验系统持续放置于步入式冷库中以保持稳定的环境温度。隧道模型放置于试验台正中央,埋置深度为 300 mm。除去保温层厚度,隧道模型可放置空间长度为 1 m。试验台两侧布设网状补水槽,补水槽方向与隧道模型平行,试验开始前可通过补水槽对箱内土体进行持续补水,保证土体处于全局富水状态。

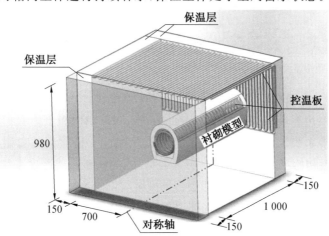

图 3.1 模型试验系统布置图(单位:mm)

(1)温度控制系统。

温度控制系统由侧面温度边界控制系统、内侧温度边界控制系统、顶部温度边界控制系统以及衬砌浇筑模具 4 部分组成,如图 3.2 所示。每个温度控制系统均由铜质排管制成,通过包有保温棉的软管与低温循环箱连接,箱内冷却液选用 95% 的工业酒精,以实现边界条件的温度控制。与土体接触的温控系统背部均布设等面积保温板,保温板厚度为 150 mm。铜质排管制作成密集栅状排管,并在其上安装散热片。采用低温循环箱自动调节冷却速率,经调试铜管的最低温度可以达到 $-20\ ℃$。

(a) 侧面温度边界控制系统

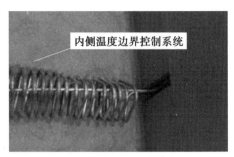

(b) 内侧温度边界控制系统

(c) 顶部温度边界控制系统

(d) 衬砌浇筑模具

图 3.2 温度控制系统

试验温度边界条件包括衬砌内表面、地面、洞口侧面和土体底面温度边界条件。为使温控系统的冷却速率保持稳定,试验前所有试验部件在制冷室中保存 3 d,控制试验初始温度为 8.5 ℃。试验过程中,需将步入式冷库系统的环境温度调节到 0.5 ℃,并在试验箱所有侧表面外安装 150 mm 厚保温层,使侧面温度边界为绝热边界。此外,试验系统底部边界温度受环境温度控制。

(2)数据采集系统。

试验所用传感器包括热敏电阻、应力传感器和电阻应变片。单一测试断面的热敏电阻布设位置如图 3.3(a)所示。应变片布设于 0°(拱顶)、30°、60°(拱肩)、90°(边墙)、120°(膝部)、150°(拱脚)和 180°(仰拱)位置处,且于衬砌内外表面对称布设,如图 3.3(b)所示。应力传感器布设在应变片旁边,用以测试衬砌所受法向土压力。应力测试断面与侧壁温度边界之间的距离为 250 mm。

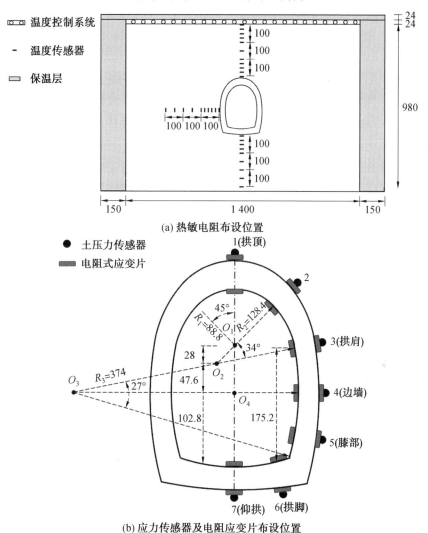

(a) 热敏电阻布设位置

(b) 应力传感器及电阻应变片布设位置

图 3.3 测试系统布设方式(单位:mm)

3.3.3 试验工况

针对洞口段与洞身段 2 类典型高寒区地铁隧道断面,研究高寒区隧道冻胀过程中的温度场及衬砌响应,按照如下步骤进行试验:

步骤 1:衬砌模型筑造。衬砌模型模板由间距 40 mm 的内外两层组成。为方便脱模,内外衬砌模板均设置为4块拼接形式,内表面预先铺设疏水布,降低脱模难度的同时,保证衬砌表面光滑。衬砌成型并脱模后,于衬砌外表面均匀涂抹防水涂料,防止试验过程中浸水损伤。待衬砌表面涂料干燥后,用防水胶粘贴电阻应变片。

步骤2:试验箱保温层及洞口温度控制系统安装。对温度控制系统进行调试后,首先将衬砌下部土体填入试验箱中。衬砌土体质量需提前根据目标密度进行计算,随后分三层填入试验箱,每层需进行均匀压实并注入一定量清水。当衬砌下方土体达到设计高度时,安装仰拱下方的温度和应力传感器。然后,依次将洞口侧壁温度控制系统和安装好内壁温度控制系统的衬砌模型放入试验台。另外,衬砌内壁温度控制系统的冷却液连接管路布设在侧壁保温层中。

步骤3:传感器安置。待传感器布置完成且黏结剂干燥后,需对传感器有效性进行检查。数据采集系统检测无误后,在试验箱内部填入余下土体,填筑方式与步骤2保持一致。随后,在试验箱顶部布设顶部温度控制系统,并连接所有冷却液连通管路。待通路检查无误后,于试验箱侧壁注水槽注满清水。静置3 d使试验箱内部土体趋于富水饱和状态。

步骤4:边界温度控制。待安置好试验系统各部件后,将步入式冷库系统环境温度调节至8.5 ℃。静置3 d,使试验系统整体初始温度达到8.5 ℃,且整体含水量均匀。达到初始温度条件后,将步入式冷库环境温度调整至0.5 ℃,此时模型试验箱底部边界温度亦为0.5 ℃。待环境温度稳定后,开启低温循环箱进入试验阶段,控温板温度变化情况如图3.4所示。其中,洞口段试验开启衬砌内表面、地表及洞口侧壁控温板,洞身段试验仅开启衬砌内表面与地表控温板。

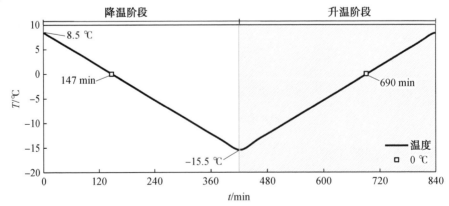

图3.4 实测边界温度

3.4 洞口段模型试验结果

3.4.1 冻胀深度演化规律

冻胀过程中,洞口段各特征点土体冻胀深度变化时程曲线如图 3.5 所示。图中黑色线型代表冻结深度,点"O"代表冻胀深度的测量起点,图中升温－降温过程代表着边界温度的升降。由图 3.5(a)与图 3.5(b)可知,地表与拱顶间的土体于 580 min 时处于完全冻结状态。边墙外侧冻胀深度时程曲线如图 3.5(c)所示,边墙外侧土体最大冻结深度为 123 mm;由图 3.5(d)可知,仰拱外侧冻胀深度发展规律不同,仰拱外侧冻结深度小于 50 mm。冻胀深度在不同位置的发生时间几乎相同,但发展趋势不同。因此,不同部位的冻害处置应结合冻胀深度发展趋势进行单独设计。

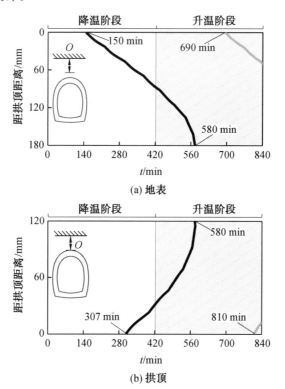

图 3.5 洞口段各特征点土体冻胀深度变化时程曲线

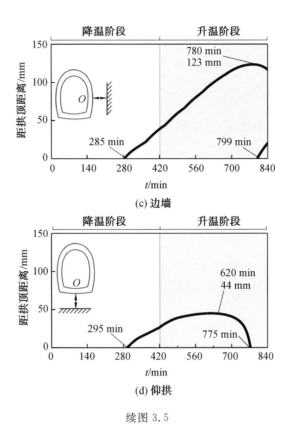

(c) 边墙

(d) 仰拱

续图 3.5

3.4.2 衬砌响应演化规律

衬砌各特征点冻胀压力变化情况如图 3.6 所示。由图可见,冻胀压力呈周期性变化,各特征点变化趋势相似。综合对比衬砌各处冻胀压力可知:点 4(边墙)冻胀压力最大,点 6 冻胀压力相对最小。点 1 至点 3 的冻胀压力相似。另外,点 4(边墙)冻胀压力发生时间最早,增加速率最大,增加时间最长。可初步判断边墙在冻胀过程中易遭受严重冻害,后续将从衬砌内力的角度对此结论进一步论证。点 4(边墙)于 320 min 开始出现冻胀力,670 min 时增至 210 kPa;随着边界温度升高,冻胀力增长速度减慢。点 1、4、7 的冻胀力在土体融化前便已经开始减小,即使土体已完全冻结,点 1 和点 4 的冻胀压力仍保持增长。

冻结作用导致衬砌峰值法向土压力明显增大,致使冻胀后,衬砌各处保留一定的残余冻胀力。其中,边墙处残余冻胀力最大。各特征点峰值法向土压力分布特征如图 3.7 所示。冻胀后最大峰值法向土压力和最小峰值法向土压力之比为 5.1,远高于冻结前的 3.4,可见冻胀作用加剧了法向土压力分布的不均匀性。

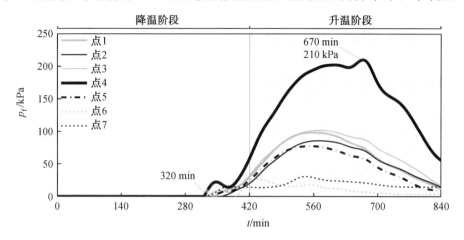

图 3.6　衬砌各特征点冻胀压力时程曲线

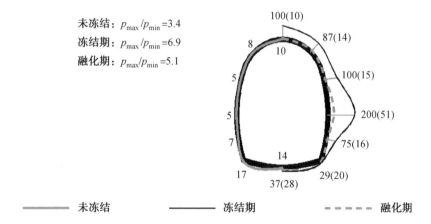

图 3.7　衬砌各特征点峰值法向土压力分布特征(单位:kPa)

冻胀作用下衬砌各特征点轴力 N 的演化规律如图 3.8 所示。冻胀后点 2 和点 1(拱顶)的衬砌轴力最大,点 5 的衬砌轴力最小。在点 4(边墙)处衬砌轴力为负,表明冻胀力影响下,边墙处衬砌材料处于受拉状态。

冻胀作用下衬砌各特征点弯矩 M 的演化规律如图 3.9 所示。正弯矩(衬砌向内弯曲)出现在点 3 和点 5。0 弯矩的位置出现在仰拱附近。值得注意的是,衬砌最大的负弯矩出现在点 4,表明该处出现了较大的向外弯曲。冻结期内,当点 1 的法向土压力由 0.01 MPa 增加到 0.10 MPa 时,最大正弯矩由 15.8 N·mm 增加到 1 538.7 N·mm,最大正弯矩的位置从点 3 移到点 5。融化

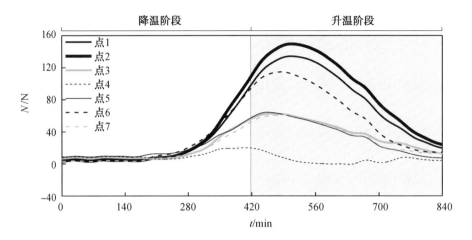

图 3.8 衬砌各特征点轴力时程曲线

期内,当点 1 的法向土压力由 100 kPa 降至 10 kPa 时,最大正弯矩位置仍在点 5,其数值由 1 538.7 N·mm 降至 462.4 N·mm。可见,冻胀可诱发隧道洞口衬砌的永久变形,且该变形在点 4 和点 6 处更为严重。

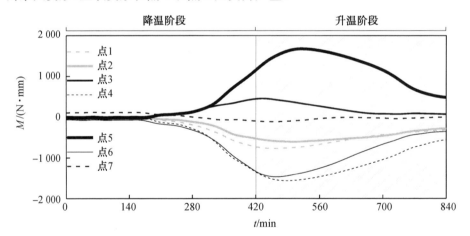

图 3.9 衬砌各特征点弯矩时程曲线

第 3 章 高寒区地铁隧道土－结构相互作用模型试验

3.5 洞身段模型试验结果

3.5.1 冻胀深度演化规律

冻胀过程中洞身段各特征点土体冻胀深度变化时程曲线如图 3.10 所示。与洞口段不同,洞身段地表与拱顶间的土体未见完全冻结状态。地表下土体达到峰值冻结深度的时间为 810 min,这意味着即使边界温度处于负温状态,衬砌外冻结深度的减小仍未受到边界正温的影响,而取决于边界温度的增减。综合对比洞身段拱顶、边墙及仰拱外冻结深度可知,洞身段衬砌外各处冻胀深度发展规律基本一致,仅可观测到单纯的冻结深度发展与退化,且隧道下半部分土体会更早出现冻结深度,可达到的峰值冻结深度更大。洞身段各处峰值冻结深度明显小于洞口段各处峰值冻结深度,可见洞口段受冻害影响的程度大于洞身段。

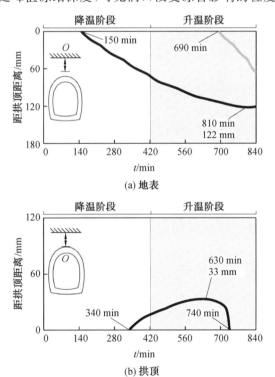

图 3.10 洞身段各特征点土体冻胀深度变化时程曲线

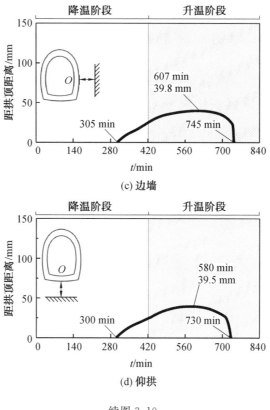

续图 3.10

3.5.2 衬砌响应演化规律

如图 3.11 所示,洞身段冻胀力变化情况与洞口段冻胀力变化情况类似,均呈现周期性变化,且最大冻胀力位于边墙处,最小冻胀力位于拱脚与仰拱处。洞身段最大冻胀力仅为 63.6 kPa,远小于洞口段冻胀力;而洞身段冻胀力的发生时间也比洞口段冻胀力晚 40 min,换算到原型条件约为 17 d。洞身段土体在冻胀结束后不存在未解冻区域,所以冻胀结束时各处冻胀力消失。冻胀作用下洞身段衬砌轴力演化规律如图 3.12 所示。各处均未出现轴力为负的情况,即衬砌各处均处于受压状态。相较于洞口段衬砌轴力分布情况,洞身段衬砌轴力远小于洞口段,且各处轴力差值较小,分布更为均匀。另外,最大轴力位置随冻胀的发生转移至点 6。

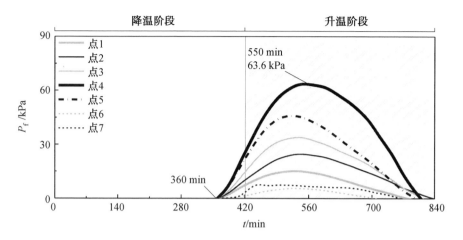

图 3.11　衬砌各特征点冻胀压力时程曲线

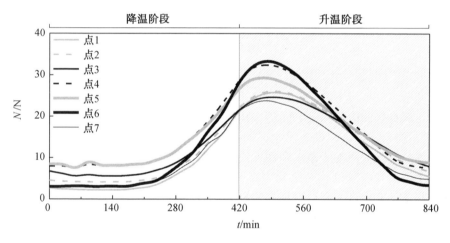

图 3.12　衬砌各特征点轴力时程曲线

冻胀作用下洞口段衬砌弯矩演化规律如图 3.13 所示。可见点 4、点 5 和点 7 处弯矩数值一直为正值(衬砌向内弯曲)。点 3 处弯矩在降温阶段为正值,且随边界温度降低而持续增大。衬砌其余位置全程处于向外弯曲状态,最大负弯矩出现在点 6 处。与洞口段相比,洞身段衬砌弯矩数值较小,且衬砌绝大多数位置处于向内弯曲状态。可见,在高寒区隧道的设计与维护中,需重视洞口段与洞身段衬砌服役性能之间的差异。

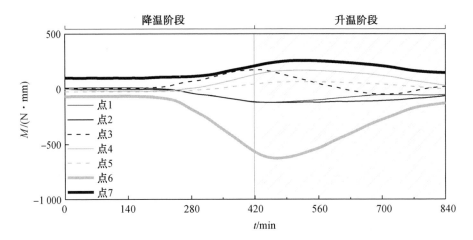

图 3.13 衬砌各特征点弯矩时程曲线

3.6 重要认识与启示

基于冻胀作用下多孔介质多场耦合分析模型试验,研究高寒区地铁隧道洞口段与洞身段的冻胀深度、冻胀力及隧道衬砌内力分布规律,主要结论如下:

(1)洞口段冻结深度的发生时间早于洞身段,且对于每个截面而言,拱顶冻结深度的发生时间晚于边墙和仰拱处冻结深度的发生时间。洞口段拱顶与地表间的土体会在冻胀过程中达到完全冻结状态,且后续融化阶段未能完全解冻。冻结深度的变化未受到边界正温的影响,而直接取决于边界温度的增减。

(2)冻胀力与边界温度的变化密切相关,冻胀加剧了法向土压力分布的不均匀性。一般来说,点 4(边墙)冻胀力发生时间最早、增加速度最快、增加时间最长。衬砌上的点 4(边墙)更容易遭受严重冻害。

(3)随着冻胀力的周期性发展,衬砌轴力变化明显,冻胀力的出现增强了轴力分布的不均匀性。与初始应力条件相比,洞口段的最大轴力位置从点 5 转移到点 2 处,而冻胀后洞身段最大轴力位置位于点 6 处。另外,边墙处的材料处于受拉状态,而洞身段未见此现象。

(4)冻胀后洞口段衬砌的点 3 与点 5 向内弯曲,其他位置向外弯曲。冻胀后洞身段衬砌弯矩绝对值较小,点 4、点 5 和点 7 处衬砌向内弯曲,点 1、点 2 和点 6 处衬砌向外弯曲,点 3 处弯矩在降温阶段为正值,但在升温阶段开始降低,并于冻胀末期转变为负值弯矩。

第 4 章

高寒区地铁隧道衬砌－土体多场耦合模型

本章聚焦土体水—热—力耦合特性与混凝土冻胀作用下的多场耦合特性,从分凝冻胀角度出发,考虑土体内部水分迁移状态对土体冻胀特性的影响,建立土体水—热—力三场耦合模型。通过考虑衬砌混凝土的多孔介质多场耦合特性,引入断裂力学相场法,建立高寒区地铁隧道土体—衬砌体系水—热—力—断裂能量场耦合模型,并基于模型试验结果,验证该模型对高寒区地铁隧道工程温度场、应力场、衬砌内力及裂隙发育过程的求解精度。

第4章 高寒区地铁隧道衬砌-土体多场耦合模型

4.1 引　　言

模型试验结果表明,冻胀作用显著影响高寒区地铁隧道衬砌承载力,且易致隧道边墙处发生严重破坏。基于此,建立高寒区多孔介质多场耦合分析模型,并通过相场法将衬砌断裂能量场引入该模型,实现高寒区地铁隧道土体-衬砌体系水-热-力-断裂能量场的耦合分析,在无预设裂隙的前提下自主判别冻胀过程中衬砌裂隙的发育过程。重点考虑冰分凝作用,将传统分凝区域判别方法及分凝冻胀机理与水分迁移速率相结合,研究地下水分迁移对高寒区地铁隧道破坏模式的影响机制,弥补传统分凝势理论仅考虑温度梯度对分凝势影响的弊端。通过考虑混凝土冻胀条件下的成冰机制与孔压增长机制,区分衬砌受外载荷破损与自身孔压增长破损。最后,基于模型试验结果、现场试验结果验证模型的可靠性,为后续衬砌开裂模式研究奠定理论基础。

4.2 高寒区土体水-热-力耦合数值模型

4.2.1 基本假定

模型基本假定:① 忽略土体固体颗粒的变形;② 温度变化主要受热传导的影响;③ 冻结区土体孔隙内部完全由水和冰填充,无气体;④ 土衬体系具有弹性;⑤ 孔隙中流体可压缩且具有黏性。

4.2.2 控制方程

(1)水分迁移方程。

水分在土体中的迁移方程可以写成

$$\frac{\partial \theta_u}{\partial t} + \frac{\rho_i}{\rho_w} \frac{\partial \theta_i}{\partial t} = -\nabla \cdot v_w - \frac{\partial \varepsilon_v}{\partial t} \tag{4.1}$$

式中　　θ_u——体积未冻水含量；

　　　　t——时间，s；

　　　　ρ_i——冰的密度，kg/m³；

　　　　ρ_w——水的密度，kg/m³；

　　　　θ_i——体积含冰量；

　　　　∇——哈密顿算子；

　　　　v_w——液态水流速，m/s；

　　　　ε_v——土体体应变，代表固结过程对水分迁移的影响。

未冻结状态下，θ_u 为总含水量。冻结状态下，θ_u 可以描述为

$$\theta_u = a \mid T \mid^b \tag{4.2}$$

式中　　a, b——经验常数。

考虑基质势与温度势影响，根据达西定律，v_w 可表达为

$$v_w = -(k_{L\varphi} \nabla \varphi + k_{L\varphi} \nabla z + k_{LT} \nabla T) \tag{4.3}$$

式中　　$k_{L\varphi}$——基质势引发的水力传导度，m/s；

　　　　k_{LT}——温度引发的水力传导度，m²/(K·s)；

　　　　φ——基质势，m；

　　　　z——重力势，m。

k_{LT} 可定义为

$$k_{LT} = k_{L\varphi} \varepsilon \tag{4.4}$$

$$\varepsilon = \varphi G_{wT} \frac{1}{\eta_0} \frac{d\eta}{dT} \tag{4.5}$$

$$\eta = 75.6 - 0.1425T - 2.38 \times 10^{-4} T^2 \tag{4.6}$$

式中　　G_{wT}——增强因子，取值为 7；

　　　　η——表面张力，kg/s²；

　　　　η_0——25 ℃ 时的表面张力，取值为 0.071 89 kg/s²。

将式(4.4)代入式(4.3)可得

$$v_w = -k_{L\varphi} \nabla \cdot (\varphi + z + \varepsilon T) \tag{4.7}$$

第4章 高寒区地铁隧道衬砌-土体多场耦合模型

因此,式(4.1)可以写为

$$\frac{\partial \theta_u}{\partial t} + \frac{\rho_i}{\rho_w}\frac{\partial \theta_i}{\partial t} = k_{L\varphi}\nabla \cdot (\nabla \varphi + \varepsilon \nabla T) + \frac{\partial k_{L\varphi}}{\partial z} - \frac{\partial \varepsilon_v}{\partial t} \qquad (4.8)$$

基于V-G模型,正温下的土体有效饱和度与饱和水力传导度可由下式得到:

$$S = \frac{\theta_u}{n} = (1 + |\alpha\varphi|^{\frac{1}{1-m}})^{-m} \qquad T > 0 \qquad (4.9)$$

$$k_{L\varphi} = k_s\sqrt{S}\,[1-(1-S^{\frac{1}{m}})^m]^2 \qquad T > 0 \qquad (4.10)$$

式中　S——有效饱和度;

　　　k_s——饱和水力传导度,m/s;

　　　m——经验参数。

基于假定,冻结状态下有效饱和度为1,通过引入阻抗因子Q,土体水力传导度为

$$k_{L\varphi} = \begin{cases} k_s S^l [1-(1-S^{\frac{1}{m}})^m]^2 & T > 0 \\ 10^{-\Omega Q} k_s & T_m \leqslant T \leqslant 0 \end{cases} \qquad (4.11)$$

式中　T_m——处于增长状态的冰透镜体的最高温度,取值为$-0.6\,^\circ\!\mathrm{C}$;

　　　Ω——经验参数;

　　　Q——阻抗因子,其数值为体积含冰量与总体积含水量之比。

(2) 热传导方程。

基于Michalowski等的研究,考虑冰水相变的传热过程可由下式描述:

$$c\frac{\partial T}{\partial t} = \nabla \cdot (\lambda \nabla T) + L\rho_i \frac{\partial \theta_i}{\partial t} \qquad (4.12)$$

式中　c——土体体积比热容,J/(m³·K);

　　　T——温度,℃;

　　　λ——导热系数,W/(m·K)。

土体体积比热容可由下式表示为

$$c = \theta_u \rho_w c_w + \theta_i \rho_i c_i + \theta_k \rho_s c_s \qquad (4.13)$$

式中　c_w、c_i和c_s——分别为水、冰和土颗粒比热容,J/(kg·K);

　　　ρ_s——土颗粒密度,kg/m³;

　　　θ_k——固体颗粒体积含量。

类似地,冻土导热系数亦与土体各组分导热系数有关,可通过如下指数加权平均模型描述为

$$\lambda = \lambda_w^{\theta_w} \lambda_i^{\theta_i} \lambda_s^{\theta_s} \quad (4.14)$$

式中 λ_w、λ_i 和 λ_s——分别为水、冰和土颗粒导热系数，W/(m·K)。

将式(4.8)代入式(4.12)，冻结状态土体热传导方程为

$$c^* \frac{\partial T}{\partial t} = \nabla \cdot (\lambda^* \nabla T) + L\rho_w \frac{\partial k_{L\varphi}}{\partial z} - L\rho_w \frac{\partial \varepsilon_v}{\partial t} \quad (4.15)$$

$$C^* = C + L\rho_w \frac{\partial \theta_u}{\partial T} \quad (4.16)$$

$$\lambda^* = \lambda + L\rho_w k_{L\varphi} \left(\frac{\partial \varphi}{\partial T} + \varepsilon \right) \quad (4.17)$$

式中 c^*——土体的等效体积比热容，J/(m³·K)；

λ^*——等效导热系数，W/(m·K)。

(3) 土体变形方程。

土体力学平衡方程为

$$\sigma_{ij} - F = 0 \quad (4.18)$$

式中 σ_{ij}——总应力；

F——体力，在此为重力。

总应力由有效应力、孔隙水压力及孔隙冰压力组成，其表达式为

$$\sigma'_{ij} = \sigma_{ij} - (p_w + p_i) \quad (4.19)$$

式中 σ'_{ij}——有效应力；

p_w——孔隙水压力，与基质势的关系为 $p_w = -\rho_w g\varphi$；

p_i——孔隙冰压力。

未冻结状态下，孔隙冰压力为0，基质势与孔隙水压力由V-G模型计算，即

$$(1 + |\alpha\varphi|^{\frac{1}{1-m}})^{-m} = \frac{\theta_u}{n} \quad T > 0 \quad (4.20)$$

冻结状态下，孔隙冰压力不为零，孔隙水压力由V-G模型与克劳修斯-克拉珀龙方程联立求解：

$$S = \frac{\theta_u}{n} = \left\{ 1 + \left[\frac{-\left(1 - \frac{\rho_i}{\rho_w}\right)p_w - \rho_i L \ln \frac{T+273.15}{273.15}}{\left(1 + \frac{\rho_i}{\rho_w}\right)p_w - \rho_i L \ln \frac{T+273.15}{273.15}} \right]^{\frac{1}{1-m}} \right\}^{-m} \quad T < 0$$

(4.21)

$$p_i = \left(\frac{\rho_i}{\rho_w}\right)p_w - \rho_i L \ln \frac{T+273.15}{273.15} \quad (4.22)$$

土体总应变增量($\Delta\varepsilon$)包括冻胀引起的应变增量和修正的双线性弹性应变增

量，其表达式为

$$\begin{cases}\Delta\varepsilon_{11}=\dfrac{1}{E}[\Delta\sigma'_{11}-\mu(\Delta\sigma'_{22}+\Delta\sigma'_{33})]+\zeta\Delta n_t\\ \Delta\varepsilon_{22}=\dfrac{1}{E}[\Delta\sigma'_{22}-\mu(\Delta\sigma'_{11}+\Delta\sigma'_{33})]+\dfrac{1}{2}(1-\zeta)\Delta n_t\\ \Delta\varepsilon_{33}=\dfrac{1}{E}[\Delta\sigma'_{33}-\mu(\Delta\sigma'_{11}+\Delta\sigma'_{22})]+\dfrac{1}{2}(1-\zeta)\Delta n_t\\ \Delta\varepsilon_{12}=\dfrac{2}{E}(1+\mu)\tau'_{12}\\ \Delta\varepsilon_{23}=\dfrac{2}{E}(1+\mu)\tau'_{23}\\ \Delta\varepsilon_{31}=\dfrac{2}{E}(1+\mu)\tau'_{31}\end{cases} \quad (4.23)$$

式中　μ——冻土泊松比；

　　　E——弹性模量；

　　　τ——剪应力；

　　　ζ——无量纲系数，假定孔隙增长为各向同性，ζ取值为1/3；

　　　Δn_t——冻胀引发的孔隙增量。

后续将确定由冻胀引起的应变增量。

① 冻结期土体变形方程。

从工程实践角度来看，冻结区可分为两部分(图4.1)：其一为原位冻结区，该区域温度低于冰透镜体；其二为分凝冻结区，其温度高于冰透镜体。

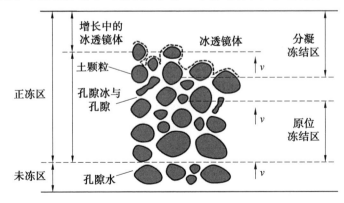

图4.1　模型冻胀机理(O'Neill 和 Miller)

分凝冻结区由不断生长的冰透镜和冻结缘组成。考虑到原位冻结区中水力

传导度近乎于 0,本章只考虑分凝冻结区中发生的体积膨胀。冻胀引起的应变增量(孔隙率增量)为

$$\Delta n_t = 1.09(\theta_0 + \Delta \theta_w - \theta_u) + \theta_u - n \qquad (4.24)$$

式中　θ_0——初始含水量;

　　　$\Delta \theta_w$——水分迁移量;

　　　n——土体孔隙率。

考虑土体分凝冻胀形式,冻结区土体内水分迁移量为

$$\Delta \theta_w = \frac{\Lambda_{sp}}{v_{sp}} v_w \Delta t \qquad (4.25)$$

式中　Λ_{sp}——处于冰分凝温度区间的土体体积,m^3;

　　　v_{sp}——分凝冻结区体积,m^3。

② 融化期土体变形方程。

类比公式(4.20),计算融化过程中土体变形量需给定冻土融沉作用引发的应变增量,基于 Zhang 的研究,采用如下公式对融沉诱发的应变增量进行计算:

$$\Delta n_s = \frac{\lambda e^{-\eta_1 \theta_i} - \kappa e^{-\eta_2 \theta_i}}{1+n} \frac{dp_w}{P - p_w} \qquad (4.26)$$

式中　Δn_s——融沉诱发的应变增量;

　　　λ——常温土体标准固结线斜率;

　　　n——土体孔隙率;

　　　κ——常温土体再压缩曲线斜率;

　　　P——外载荷;

　　　η_1,η_2——土体常数。

4.2.3　数值实现

基于 ABAQUS 有限元软件实现多孔介质多场耦合模拟,联合调用 UMATHT、UEXPAN 和 USDFLD 子程序,将模型嵌入 ABAQUS 中。其中 UMATHT 实现多孔介质材料热力学本构关系定义,用于求解热传导方程,确定传热特性。USDFLD 用于定义场变量及状态变量,将其定义为输出变量的函数,同时实现子程序之间的数据传递。USDFLD 用于计算导水率、未冻水含量和含冰量。UEXPAN 将应变增量定义为状态变量的函数,由此确定多孔介质内各组分体积分数,图 4.2 详细描述了不同子程序之间参数的传递过程。

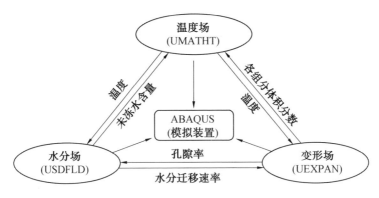

图 4.2 自定义子程序调用流程

4.3 土－结体系水－热－力－能量耦合数值模型

4.3.1 基本假定

模型基本假定为：① 温度变化主要受热传导的影响；② 衬砌具有弹性，其刚度与损伤程度有关；③ 孔隙中流体可压缩且具有黏性。

4.3.2 控制方程

（1）水分迁移方程。

相比于土体的形变机理，混凝土的变形主要是固体骨架热胀冷缩作用与混凝土孔隙内部压力变化作用引起的。引用 Zuber 建立的胶凝材料流固耦合模型中的质量守恒方程描述混凝土衬砌内部水分迁移过程为

$$\left(\frac{n_L S_{wL}}{K_w} + \frac{n_L S_{iL}}{K_i} + \frac{b - n_L}{K_s}\right)\frac{\partial p_w}{\partial t} = \nabla \cdot \left(\frac{k_L}{\eta} \nabla p_w\right) + S - b\frac{\partial \varepsilon_v}{\partial t} \quad (4.27)$$

式中　S_{wL}——混凝土孔隙内液态水饱和度；

S_{iL}——孔隙内固态冰饱和度；

n_L——衬砌混凝土孔隙率；

K_w——液态水压缩模量；

K_i——冰压缩模量；

K_s——混凝土骨架压缩模量；

p_w——孔隙水压力，kPa；

t—— 时间，s；

k_L—— 渗透系数，m/s，此部分考虑裂隙影响；

η—— 液态水动力黏度系数；

b——biot 系数，$b = 1 - K_0/K_s$；

K_0—— 混凝土自身压缩模量；

ε_v—— 体应变。

式(4.27)中 S 为源项，表达为

$$S = \left(\frac{1}{\rho_i} - \frac{1}{\rho_w}\right)\frac{\partial \theta_{iL}}{\partial t} + [n_L S_w \alpha_w + n_L S_i \alpha_i + (b - n_L)\alpha_s]\frac{\partial T}{\partial t} \quad (4.28)$$

式中　θ_{iL}—— 混凝土体积含冰量；

α_w—— 液态水线膨胀系数；

α_i—— 冰线膨胀系数；

α_s—— 混凝土骨架线膨胀系数。

式(4.28)右侧第一项代表结冰过程产生的孔隙水压力，第二项代表体积膨胀过程所产生的孔隙水压力。

考虑到土体与混凝土冻结过程中结冰过程的差异性，采用胶凝材料孔隙含冰量计算方法进行建模。含冰量随时间变化表达为

$$\frac{\partial \theta_{iL}}{\partial t} = \left(1 - 2\frac{t_a}{R_{peq}}\right)\frac{\partial \phi_n}{\partial r}\frac{\partial R_{peq}}{\partial T}\frac{\partial T}{\partial t} \quad (4.29)$$

式中　t_a—— 孔壁未冻水膜厚度，m；

ϕ_n—— 累计孔隙含量；

R_{peq}—— 可结冰孔隙的最小半径，m。

针对常规混凝土胶凝材料，给出混凝土孔壁未冻水膜厚度、累计孔隙含量对孔隙半径的偏导数表达式，以及可结冰孔隙的最小半径与时间的关系为

$$t_a = \frac{1.97}{|T|^{\frac{1}{3}}} \quad (4.30a)$$

$$\frac{\partial \phi_n}{\partial r} = 4.94^{-6} + \frac{9.37^{-4}}{1 + (R_{peq}/95.80985)^{2.27832}} \quad (4.30b)$$

$$R_{peq} = \frac{64}{|T|} + t_a \quad (4.30c)$$

因此得到

$$\frac{\partial R_{peq}}{\partial T} = -\frac{64}{|T|^2} - \frac{0.657}{|T|^{\frac{4}{3}}} \quad (4.31)$$

第4章 高寒区地铁隧道衬砌-土体多场耦合模型

混凝土孔隙冰饱和度可由体积含冰量计算,进而计算得到孔隙水饱和度。

(2) 热传导方程。

基于 Michalowski 等的研究,考虑冰水相变的传热过程可描述为

$$c_L \frac{\partial T}{\partial t} = \nabla \cdot (\lambda_L \nabla T) + L\rho_i \frac{\partial \theta_{iL}}{\partial t} \tag{4.32}$$

式中 c_L ——衬砌混凝土体积比热容,J/(m³·K);

λ_L ——衬砌混凝土导热系数,W/(m·K)。

混凝土体积比热容计算方法与土体体积比热容计算方法相同,表示为

$$c_L = \theta_{uL}\rho_w c_w + \theta_{iL}\rho_i c_i + \theta_{kL}\rho_{sL} c_{sL} \tag{4.33}$$

式中 c_w、c_i 和 c_{sL}——分别是水、冰和混凝土骨架比热容,J/(kg·K);

ρ_{sL} ——固体颗粒密度,kg/m³;

θ_{kL} ——固体颗粒体积含量。

类似地,混凝土导热系数亦与其各组分导热系数有关,可通过指数加权平均模型描述为

$$\lambda_L = \lambda_{wL}^{\theta_{uL}} \lambda_{iL}^{\theta_{iL}} \lambda_{sL}^{\theta_{kL}} \tag{4.34}$$

式中 λ_{wL}、λ_{iL} 和 λ_{sL}——分别为水、冰和混凝土骨架导热系数。

(3) 基于相场法的高寒区结构裂隙问题变分理论。

假定高寒区地铁隧道衬砌混凝土为各向同性的均质多孔介质,孔隙内部水压力受温度波动呈现周期性变化,且混凝土骨架在温度的影响下发生周期性热应变。在土体压力、衬砌自重及冻胀力的影响下,衬砌混凝土内部受力亦会发生改变。因此,对于高寒区隧道衬砌体系,如下式所示,忽略惯性效应,系统总能量 Ψ 包含:弹性应变能 Ψ_ε、断裂能 Ψ_f、外力功 Ψ_{ext}、孔压诱发的能量变化,以及混凝土骨架热应力诱发的能量变化。

$$\psi(u, p^*, T, \Gamma) = \underbrace{\int_{\Omega \backslash \Gamma} \psi_\varepsilon(\varepsilon_L) \, d\Omega}_{\psi_\varepsilon} - \underbrace{\int_\Omega b \, p_w \cdot (\nabla \cdot u) \, d\Omega}_{\text{pressure-related term}} + \underbrace{\int_\Gamma G_c \, d\Gamma}_{\psi_f}$$

$$\underbrace{-\underbrace{\int_{\Omega_t} b_0 \cdot u \, d\Omega}_{\text{body force}} - \underbrace{\int_{\partial \Omega_t} f_t \cdot u \, dS}_{\text{boundary force}}}_{\Psi_{ext}} \tag{4.35}$$

式中 $\psi_\varepsilon(\varepsilon_L)$ ——考虑温度效应的衬砌单位体积弹性应变能;

b ——衬砌多孔介质体系 Biot 系数;

G_c ——临界能量释放速率;

Γ ——弥散裂隙面;

ψ_f —— 表面能密度函数；

b_o —— 体力；

f_t —— 边界上的面力。

衬砌混凝土弹性应变张量为

$$\varepsilon_{L\text{total}} = \frac{1}{2}(\nabla \boldsymbol{u} + \nabla \boldsymbol{u}^\text{T}) \tag{4.36}$$

式中　$\boldsymbol{u}$ —— 位移梯度张量。

热应变张量为

$$\boldsymbol{\varepsilon}_L^\text{T} = \alpha^L \Delta T \boldsymbol{I} \tag{4.37}$$

式中　α^L —— 线膨胀系数；

$\boldsymbol{I}$ —— 单位张量。

因此，考虑温度效应的弹性应变张量为

$$\boldsymbol{\varepsilon}_L = \boldsymbol{\varepsilon}_{L\text{total}} - \boldsymbol{\varepsilon}_L^\text{T} \tag{4.38}$$

依据广义胡克定律，未破损时温度效应下衬砌单位体积的弹性应变能为

$$\psi_\varepsilon(\boldsymbol{\varepsilon}_L) = \frac{\lambda}{2}(\text{tr}(\boldsymbol{\varepsilon}_L))^2 + \mu_m \text{tr}(\boldsymbol{\varepsilon}_L^2) \tag{4.39}$$

式中　λ, μ_m —— 拉梅常数；

tr —— 迹函数。

求解上述方程时，考虑到式(4.35)包含弥散裂隙面 Γ，增大了用变分法对式(4.35)进行求解的难度，故引入相场 $\phi(x,t) \in (0,1)$ 以描述裂隙扩展过程。$\phi=0$ 意味该区域完好无缺，$\phi=1$ 意味该区域完全破损，表达式为

$$\phi(x) = \exp\left(-\frac{|x-a|}{l_0}\right) \tag{4.40}$$

式中　x —— 位置；

a —— 裂隙所处位置；

l_0 —— 长度尺度的正则化参数，与弥散裂隙的宽度有关，但并不代表真实的裂隙宽度。

当 $l_0 \to 0$ 时，弥散裂隙趋近离散裂隙。此外，模型需满足孔隙尺寸远小于 l_0 条件。对于二维各向同性多孔介质问题，式(4.35)右侧第四项的表面能密度表示为

$$\Psi_f = \int_\Gamma G_c \text{d}S \approx \int_\Omega G_c \left(\frac{\phi^2}{2l_0} + \frac{l_0}{2}|\nabla \phi|^2\right) \text{d}\Omega \tag{4.41}$$

在相场法中，裂隙的发展归因于弹性应变能的演化。为避免材料在纯压缩

载荷下经历极大的损伤,以及裂隙面闭合时材料的侵入问题,采用主应变空间分割法描述弹性应变能密度为

$$\boldsymbol{\varepsilon}_{L\pm} = \sum_{a=1}^{d} \langle \boldsymbol{\varepsilon}_{La} \rangle_{\pm} \boldsymbol{n}_a \otimes \boldsymbol{n}_a \tag{4.42}$$

式中　$\boldsymbol{\varepsilon}_{L\pm}$——抗拉和抗压应变张量;

$\boldsymbol{\varepsilon}_{La}, \boldsymbol{n}_a$——主应变及其方向,且有$\langle \boldsymbol{\varepsilon}_{L\pm} \rangle_{\pm} = (\boldsymbol{\varepsilon}_{L\pm} \pm | \boldsymbol{\varepsilon}_{L\pm} |)/2$。

将应变张量代入式(4.39),得到弹性应变能的受拉(+)及受压(-)部分为

$$\psi_{\varepsilon}^{\pm}(\boldsymbol{\varepsilon}_L) = \frac{\lambda}{2} \langle \mathrm{tr}(\boldsymbol{\varepsilon}_L) \rangle_{\pm}^2 + \mu \mathrm{tr}(\boldsymbol{\varepsilon}_{L\pm}^2) \tag{4.43}$$

至此,可以得到式(4.35)右侧第一项的弹性应变能表达式,结合 Borden 假定,弹性应变能的压缩部分不影响裂隙的扩展。因此,考虑温度效应的弹性应变能为

$$\Psi_{\varepsilon} = \int_{\Omega \setminus \Gamma} \psi_{\varepsilon}(\boldsymbol{\varepsilon}_L) \, \mathrm{d}\Omega = \int_{\Omega} [g(\phi) \psi_{\varepsilon}^{+}(\boldsymbol{\varepsilon}_L) + \psi_{\varepsilon}^{-}(\boldsymbol{\varepsilon}_L)] \, \mathrm{d}\Omega \tag{4.44}$$

式中　$g(\phi)$——退化函数,用于表征衬砌破损时材料刚度的削减。

考虑材料裂隙面闭合后,裂隙两侧处于不相互侵入的挤压状态,故模型仅刚度折减受拉部分的弹性应变能分量。退化函数具有以下性质:

$$g(0) = 1 \text{;} \quad g(1) = 0 \text{;} \quad g'(0) = 0 \tag{4.45}$$

条件一代表未产生裂隙时,弹性能保留。条件二代表材料完全开裂时,受拉部分弹性能消失。

为提高模型收敛性,在经典退化函数基础上引入稳定系数对式(4.45)进行描述:

$$g(\phi) = (1-k)(1-\phi)^2 + k \tag{4.46}$$

式中　k——用于确保数值稳定性的稳定系数,取值为10^{-9}。

将式(4.41)、式(4.44)代入式(4.35),得到

$$\begin{aligned} L = & \int_{\Omega} [g(\phi) \psi_{\varepsilon}^{+}(\boldsymbol{\varepsilon}_L) + \psi_{\varepsilon}^{-}(\boldsymbol{\varepsilon}_L)] \, \mathrm{d}\Omega - \int_{\Omega} b_L p_w \cdot (\nabla \boldsymbol{u}) \, \mathrm{d}\Omega \\ & + \int_{\Omega} G_c \left[\frac{\phi^2}{2 l_0} + \frac{l_0}{2} \nabla \phi \cdot \nabla \phi \right] \mathrm{d}\Omega - \int_{\Omega_t} b_o \cdot \boldsymbol{u} \, \mathrm{d}\Omega - \int_{\partial \Omega_h} f_t \cdot \boldsymbol{u} \, \mathrm{d}S \end{aligned} \tag{4.47}$$

随后,将某一时刻裂隙的开裂与扩展视作求式(4.47)能量函数极小值的过程,对式(4.47)求变分得

$$\delta L = \int_{\partial \Omega_h} \left[(\boldsymbol{\sigma}^e_{Lij} - b_L\, p_w\, \delta_{Lij})\, m_j - f_{ti} \right] \delta u_i\, \mathrm{d}S - \int_{\Omega} \left[(\boldsymbol{\sigma}^e_{Lij} - b_L\, p_w\, \delta_{Lij})_{,j} + b_{ti} \right] \delta u_i\, \mathrm{d}\Omega$$

$$- \int_{\Omega} \left[g'(\phi)\, \psi^+_\varepsilon + \frac{G_c \phi}{l_0} - G_c\, l_0\, \frac{\partial^2 \phi}{\partial x_i^2} \right] \delta \phi\, \mathrm{d}\Omega + \int_{\partial \Omega} \left(\frac{\partial \phi}{\partial x_i}\, m_i \right) \delta \phi\, \mathrm{d}S \qquad (4.48)$$

式中　m_j——边界处向外的法向量分量；

$\boldsymbol{\sigma}^e_{Lij}$——有效应力张量，可表示为

$$\boldsymbol{\sigma}^e_L = g(\phi)\, \frac{\partial \psi^+_\varepsilon}{\partial \boldsymbol{\varepsilon}_L} + \frac{\partial \psi^-_\varepsilon}{\partial \boldsymbol{\varepsilon}_L}$$

$$= \left[(1-k)(1-\phi)^2 + k \right] \left[\lambda \langle \mathrm{tr}(\boldsymbol{\varepsilon}_L) \rangle_+ I + 2\mu \boldsymbol{\varepsilon}_{L+} \right]$$

$$+ \lambda \langle \mathrm{tr}(\boldsymbol{\varepsilon}_L) \rangle_- I + 2\mu \boldsymbol{\varepsilon}_{L-} \qquad (4.49)$$

式中　I——单位张量。

对于多孔介质体系，总应力张量与考虑温度效应的有效应力张量的关系为（考虑压应力为负值，拉应力为正值）

$$\boldsymbol{\sigma}_L(\boldsymbol{\varepsilon}_L) = \boldsymbol{\sigma}^e_L(\boldsymbol{\varepsilon}_L) - b\, p_w\, I \qquad (4.50)$$

对于式(4.48)，$\delta L = 0$ 需对任意的变分场均满足，因此由式(4.24)中第一与第二项可得如下控制方程：

$$\sigma_{Lij}\, m_j = f_{ti} \qquad (4.51)$$

$$\frac{\partial \sigma_{Lij}}{\partial x_j} + b_{ti} = 0 \qquad (4.52)$$

由式(4.48)中第三项可得如下控制方程：

$$\left[\frac{2\, l_0 (1-k)\, \psi^+_\varepsilon}{G_c} + 1 \right] \phi - l_0^2\, \frac{\partial^2 \phi}{\partial x_i^2} = \frac{2\, l_0 (1-k)\, \psi^+_\varepsilon}{G_c} \qquad (4.53)$$

与传统裂隙扩展计算方法不同，相场法无法描述裂隙扩展的不可逆性。为弥补这一缺点，采用 Miehe 提出的历史变量法，引入历史变量场 $H(u,t)$ 构建单调递增的相场，表达式为

$$H(u,t) = \max_{t \in [0,t]} \left[\psi^+_\varepsilon (\varepsilon(u,t)) \right] \qquad (4.54)$$

用 $H(u,t)$ 代替 Ψ^+_ε 得相场控制方程的强形式为

$$\left[\frac{2\, l_0 (1-k)\, H}{G_c} + 1 \right] \phi - l_0^2\, \frac{\partial^2 \phi}{\partial x_i^2} = \frac{2\, l_0 (1-k)\, H}{G_c} \qquad (4.55)$$

$$\frac{\partial \phi}{\partial x_i}\, m_i = 0 \qquad (4.56)$$

衬砌裂隙扩展时，流体的流通区域主要分为以下三种：① 未断裂区；② 断裂区；③ 过渡区。上述区域可通过相场变量 ϕ 进行区分，其阈值分别为 0.4 与 1.0。参考 Shiozawa 对上述三种不同区域渗流参数的计算方法，以实现考虑裂隙生长

的衬砌渗流模拟。在给定未断裂区与断裂区渗流参数的基础上,采用线性插值法描述过渡区渗流参数。插值函数为

$$\begin{cases} \chi_r(\cdot,\phi) = \dfrac{1-\phi}{1-0.4} & 0.4 < \phi < 1 \\ \chi_f(\cdot,\phi) = \dfrac{\phi-0.4}{1-0.4} & 0.4 < \phi < 1 \end{cases} \tag{4.57}$$

假定未断裂区某参数为 ϑ_r,断裂区某参数为 ϑ_f,则衬砌过渡区该参数表达式为 $\vartheta = \chi_r \vartheta_r + \chi_f \vartheta_f$。基于此方法,模型可以考虑裂隙对衬砌密度 ρ_L、渗透率 k、Biot 系数 b_L、流体黏度 c 及衬砌骨架体积模量 K_s 的影响。具体实施中,模型首先判断计算区域的开裂情况,然后对模型参数进行计算与赋值。然而,为得到衬砌渗透率,还需考虑冻结作用的影响:

$$k_L = 10^{-\Omega Q} \dfrac{k}{c} \tag{4.58}$$

式中,阻抗因子 Q 与土体渗透系数阻抗因子相同。

4.4 土－结体系多场耦合模型可靠性验证

4.4.1 基于模型试验结果验证

基于高寒区隧道洞身段模型试验的土体温度、衬砌土压力及衬砌内力结果验证数值模型,如图 4.3 所示,验证模型尺寸与模型试验横断面尺寸一致。

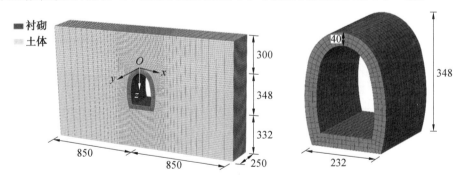

图 4.3 验证模型(单位:mm)

模型全局采用 8 节点孔压－位移－温度耦合单元(C3D8PT)模拟。模型采

用主从面算法模拟衬砌－岩土体接触面,滑移形式为有限滑移,接触面的摩擦系数为 0.5,接触面水分通量为 0。模型所需参数见表 4.1 与 4.2。

表 4.1 数值模型材料热、力学参数(仰拱以上部位)

参数	衬砌	上覆土层		
		水	冰	土颗粒
密度 $\rho/(kg \cdot m^{-3})$	1 850	1 000	917	2 620
导热系数 $\lambda/(W \cdot m^{-1} \cdot K^{-1})$	0.86	0.56	2.24	1.95
比热容 $c/(J \cdot kg^{-1} \cdot K^{-1})$	1 220	4 180	2 100	800
冰水相变潜热 $L/(J \cdot kg^{-1})$	—	333 000		
饱和水力传导度 $k_s/(m \cdot s^{-1})$	—	6.40×10^{-7}		
弹性模量 E/MPa	980	11(未冻土);$13.75(-T)^{1.18}$(已冻土)		
泊松比 ν	0.3	0.3		
初始孔隙率	—	0.20		
经验参数 m	—	0.5		
经验参数 α/m^{-1}	—	1.1		
经验参数 Ω	—	3		
经验参数 a	—	6.18×10^{-4}		
经验参数 b	—	-0.562		

表 4.2 数值模型材料热、力学参数(仰拱以下部位)

参数	密度 $\rho/$ $(kg \cdot m^{-3})$	导热系数 $\lambda/$ $(W \cdot m^{-1} \cdot K^{-1})$	比热容 $c/$ $(J \cdot kg^{-1} \cdot K^{-1})$	弹性模量 $E/$ MPa	泊松比 ν
衬砌底部土体	1 800	0.90	1 050	800	0.3

为计算式(4.26)中土体常数 η_1 与 η_2,需进行土体冻胀试验与土体固结试验。采用冻土国家重点实验室的冻融试验仪,以及常规固结试验仪进行测定(图 4.4)。所用试样高为 150 mm,直径为 100 mm,顶部压力为 5 kPa。

冻胀试验初始温度为 1 ℃,冻结期顶部温度为 -5 ℃,底部温度为 1 ℃。冻胀试验开始时,将冷端(顶板)温度调整为 -5 ℃,开启冻胀试验,试验结果如图

第4章 高寒区地铁隧道衬砌-土体多场耦合模型

(a) 土样

(b) 冻融试验仪

(c) 供水系统

(d) 固结试验试样制备

(e) 标准固结试验系统

图 4.4　试验设备

4.5 所示。常温土体标准固结试验每级稳定后继续稳定 24 h,随后进行下一级加载。土体标准固结曲线及式(4.26)所需参数如图 4.6 所示。采用反分析法进行估算,基于试验模型,通过调整 η_1 与 η_2,使得土样顶部位移曲线与图 4.6 相符。通过反复试算,最终确定参数取值为 $\eta_1=0.6$,$\eta_2=1.1$。

为准确模拟高寒区地铁隧道温度场、水分场与应力场,需合理给定数值模型的边界条件与初始条件。数值模型所需边界条件与初始条件如下：① 模型侧边界为绝热边界；② 约束模型侧边界 X 和 Y 方向位移；③ 约束模型底部边界 Z 向位移,模型底部边界温度为 3 ℃；④ 模型顶部及衬砌内表面未受约束,其温度变化情况与模型试验实测边界温度相同；⑤ 所有的边界均为隔水边界。模型初始温度为 3 ℃。在施加边界温度之前,计算模型的稳定自重应力场,并将孔隙压力和土体应力状态结果作为模型初始条件。

测试温度与模拟结果对比如图 4.7 所示。由图可见,靠近衬砌表面的土体温度下降速度快,且较早开始回升。远离衬砌表面的土体温度下降速度较慢,但降温时间更长。对比各测点实测值与模拟值可知,模型在土体温度场模拟方面基本满足精度要求。

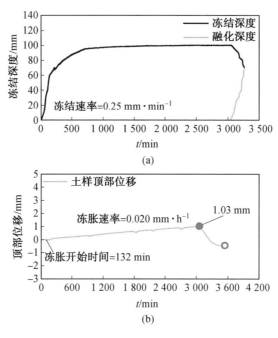

图 4.5　土体冻胀试验结果

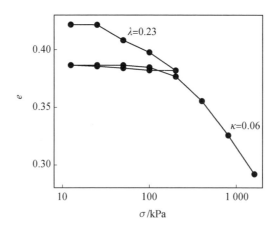

图 4.6　土体标准固结曲线

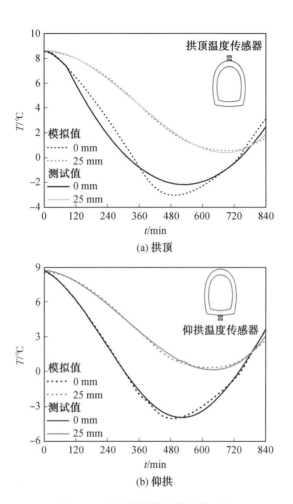

图 4.7　温度实测值与模拟值对比

测量冻胀力与模拟冻胀力的对比情况如图 4.8 所示,边墙冻胀力增加速率远大于其余位置,致使边墙冻胀力最大。其原因包括:① 地表位移相对自由,因此拱顶上部土体比边墙附近土体受到更少的约束力;② 在重力的作用下,拱顶上部土体内水分会逐渐向下迁移。这可能会导致边墙附近出现较大的冻胀力。测量衬砌内力与模拟衬砌内力的对比情况如图 4.9 所示。可见数值模拟结果与实测结果吻合良好。

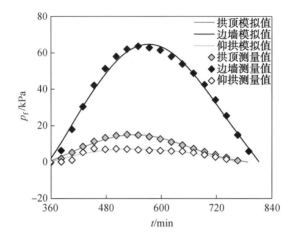

图 4.8　法向土压力实测值与模拟值对比

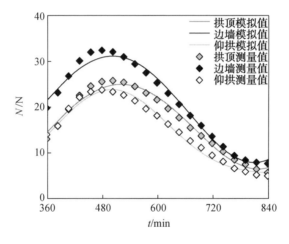

图 4.9　轴力实测值与模拟值对比

4.4.2　基于现场试验结果验证

如图 4.10 所示,验证模型宽为 64.4 m,高为 58 m,隧道埋深为 5 m。该模型材料热、力学参数见表 4.3。模型位移边界条件的施加与前述模型一致。模型初始温度为 3 ℃,基底边界温度为 3 ℃,内衬和地面的温度为

$$T = 4.9 + 19.6\sin\left(\frac{2\pi t}{365} - 3\right) \tag{4.59}$$

式中　t——时间,d。

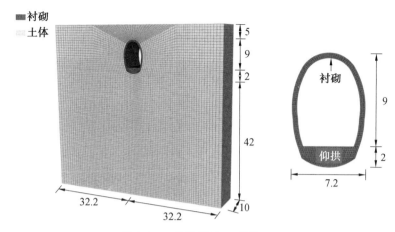

图 4.10 验证模型三(单位:m)

表 4.3 验证模型材料热、力学参数

参数	衬砌	土体		
		水	冰	土颗粒
密度 ρ/(kg·m^{-3})	2 480	1 000	917	2 620
导热系数 λ/(W·m^{-1}·K^{-1})	2.4	0.56	2.24	1.95
比热容 c/(J·kg^{-1}·K^{-1})	717.6	4 180	2 100	800
冰水相变潜热 L/(J·kg^{-1})	—	333 000		
饱和水力传导度 k_s/(m·s^{-1})	—	6.40×10^{-7}		
弹性模量 E/(GPa)	31	0.05(未冻土);0.1(冻土)		
泊松比 ν	0.2	0.3		
初始孔隙率 e	—	0.12		
经验参数 α/m^{-1}	—	1.1		
经验参数 m	—	0.49		
经验参数 Ω	—	3		
经验参数 a	—	6.18×10^{-4}		
经验参数 b	—	-0.562		

图 4.11 所示为拱顶和边墙内力实测值及模拟值对比。可见,轴力随冻结深度的增加而增大,拱顶和边墙处轴力始终处于受压状态。此外,拱顶弯矩一直处于正值状态(内表面受拉,外表面受压),边墙弯矩则始终处于负值状态(内表面

受压,外表面受拉)。

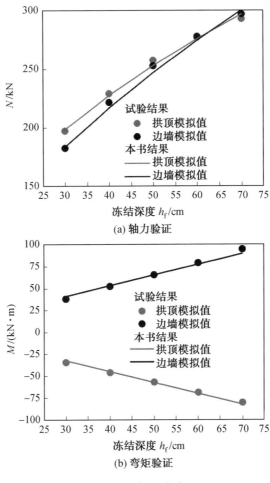

图 4.11 现场试验验证

4.5 重要认识与启示

本章聚焦土体水－热－力耦合特性与混凝土冻胀作用下的多场耦合特性,通过引入断裂力学相场法,建立了高寒区地铁隧道土体－衬砌体系水－热－力－断裂能量场耦合模型,具体结论如下:

(1)从分凝冻胀角度出发,考虑土体内部水分迁移状态对土体冻胀特性的影响,建立了土体水－热－力三场耦合模型。

(2)综合传统断裂力学与连续损伤力学方法的优势,通过考虑衬砌混凝土的多孔介质多场耦合特性,引入断裂力学相场法,实现了考虑多孔介质多场耦合作用下高寒区地铁隧道衬砌裂隙发育问题的求解。

(3)基于模型试验结果,验证了该模型对高寒区地铁隧道工程温度场、应力场、衬砌内力及裂隙发育过程的求解精度。基于现场试验结果,验证了该模型对高寒区隧道土－结构相互作用问题的求解精度。

第 5 章

高寒区地铁隧道纵裂主控因素识别与发育模式

本章首先基于现场数据与随机森林算法,识别高寒区地铁隧道衬砌纵向裂隙"发生与否"和"发生区域"的主控因素,然后分析浅埋隧道与深埋隧道的冻害特点,最后开展主控因素作用下隧道衬砌具体开裂模式研究。

第5章 高寒区地铁隧道纵裂主控因素识别与发育模式

5.1 引　　言

目前,关于高寒区地铁隧道衬砌裂隙发育情况及其影响因素的现场调查鲜有报道,致使对高寒区隧道土体-衬砌体系多物理场耦合特性与衬砌裂隙发育模式的认识不足。为此,本书收集3条高寒区运营期隧道工程的衬砌纵向裂隙分布及工程地质水文地质数据,综合分析运营年限、埋深、环境温度、围岩风化程度等对高寒区地铁隧道衬砌破坏模式的影响。基于随机森林算法系统性识别高寒区隧道衬砌纵向开裂的主控因素。随后,详细剖析高寒区地铁隧道衬砌开裂模式,重点研究冻融作用、埋深、防水层失效等因素及其耦合作用下衬砌裂隙的发育模式。

5.2　衬砌纵向裂隙主控因素识别

(1)特征获取及数据处理。

基于某隧道工程的衬砌纵向裂隙发育情况,运用机器学习算法对高寒区隧道衬砌纵向裂隙形式(包括是否纵向裂隙及纵向裂隙区域两种结果)进行了预测,对各影响因素的重要性程度进行了识别。选取3条隧道工程进行研究,其隧道长度情况见表5.1。

表5.1　隧道信息

隧道名称	隧道里程		隧道长度/m
	进口里程	出口里程	
隧道A(上行线)	K559+295	K562+373	3 078
隧道A(下行线)	K559+259	K562+359	3 100
隧道B	K550+289	K551+159	870

3条隧道服役环境与距洞口里程关系如图5.1所示。可见,3条隧道均属于进出口埋深浅、中心部位埋深大的隧道,且埋深增长速率稳定。整理了目标隧道检修期间收集得到的防水层完整程度数据,如图5.2(a)所示,0代表防水层完整,1代表防水层破损。汇总了目标隧道衬砌纵向裂隙的分布情况,并从最显著裂隙发生区域的角度对数据进行了整理,如图5.2(b)所示,0代表未发生纵向裂隙,1代表拱部至边墙发生纵向开裂,2代表边墙至拱脚发生纵向开裂。

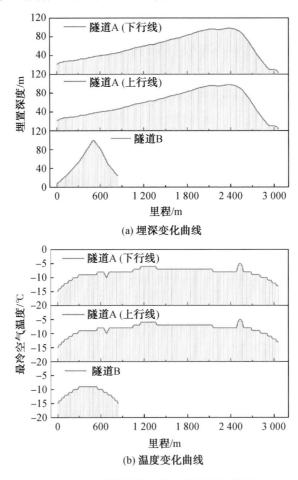

(a) 埋深变化曲线

(b) 温度变化曲线

图5.1 隧道服役环境−里程变化关系

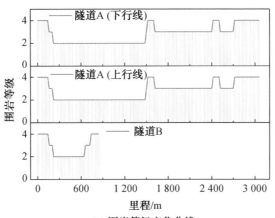

(c) 围岩等级变化曲线

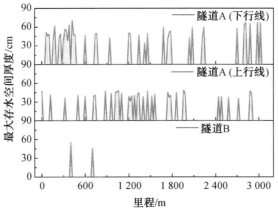

(d) 最大存水空间厚度变化曲线

续图 5.1

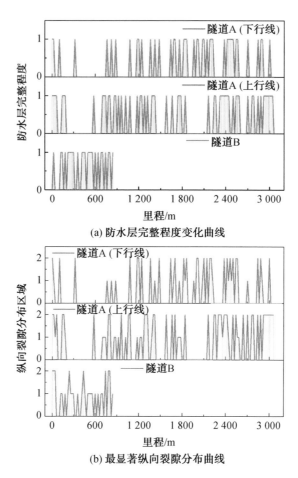

(a) 防水层完整程度变化曲线

(b) 最显著纵向裂隙分布曲线

图 5.2 隧道支护体系失效情况－里程变化关系图

为探究各因素对衬砌纵向裂隙发育模式的影响程度,将衬砌纵向裂隙发育模式归纳为纵向裂隙发生与否、纵向裂隙发育区域两类。将衬砌纵向裂隙区域划分为拱顶至边墙部分、边墙至拱脚部分两类,即衬砌上半部分与下半部分。以 20 m 为单位对数据进行筛选与处理,最终得到 343 组衬砌纵向裂隙形式数据。结合现场勘察情况,从隧道服役环境角度,选取隧道埋深、围岩等级、环境温度、存水空间厚度与防水层完整程度作为特征值。

(2)算法基本原理。

随机森林算法流程如图 5.3 所示,包括:① 对训练集 T 进行有放回重复采样,其中 0 次出现的样本统称为袋外数据(out of bag,OOB)集(约占 36.8%);② 随机抽取训练样本集 T 中的输入特征量,以此得到样本集 P_i 的输入特征;

③ 基于上述样本集建立决策树与随机森林模型,并采用 OOB 估计方法检验模型精确度。

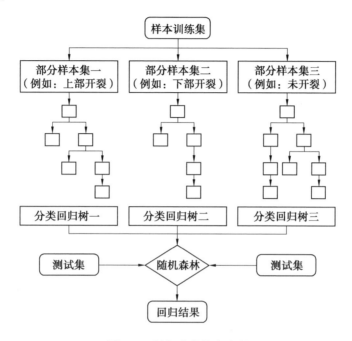

图 5.3　随机森林算法流程

应用基于 Gini 值的评价指标探索高寒冻融区隧道衬砌纵向裂隙各影响因素的重要性次序。Gini 值采用以下公式计算:

$$G(t) = 1 - \sum_{i=1}^{m} P^2(i \mid t) \tag{5.1}$$

式中　$G(t)$——节点 t 的 Gini 值;

　　　i——类别编号;

　　　$P(i \mid t)$——分类的概率。

(3)模型建立及结果分析。

选用基于 Python 语言的 Scikit-learn 软件包构建高寒冻融区隧道衬砌纵向裂隙形式随机森林预测模型。为保证模型训练精度,随机森林算法决策树棵数最大值选取为 500。每棵回归树的每个节点上随机抽取变量数依据随机森林算法默认方式选取,即不超过特征值个数的二次开根值的最大整数。模型通过自举法 bootstrap 计算得到不同决策树棵数下的 OOB 误差,确定最优的决策树棵数。不同决策树棵数下的 OOB 误差如图 5.4 所示。当算法的决策树棵数到达

208时,模型的误差较低且趋于稳定。因此,模型决策树棵数确定为208。

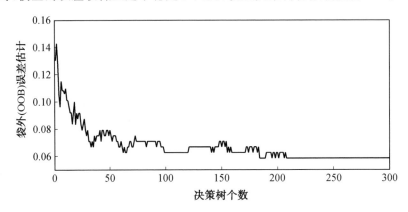

图5.4　不同决策树棵数下的OOB误差

测试集纵向裂隙形式与预测结果对比情况如图5.5所示,现场实测值与模型预测值吻合度良好,与上述OOB误差结果相符。决策树棵数选为208时的特征重要性对比如图5.6所示,可见高寒冻融区隧道防水层完整程度对衬砌纵向裂隙发生与否的影响最为显著,且重要性远大于其他特征,验证了高寒冻融区隧道冻害防护的根本在于治水。其他影响因素的重要性依次为:埋置深度、空气温度、服役时间、围岩风化等级与拱部最大空洞厚度。

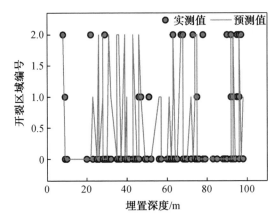

图5.5　纵向裂隙形式与预测结果对比

图5.7所示为不同决策树棵数下的衬砌纵向裂隙最大宽度数据集OOB误差,可见,当决策树棵数到达268时,模型的误差较小且趋于稳定,故将决策树棵数确定为268。决策树棵数选为268时的特征重要性对比如图5.8所示。可知

第 5 章　高寒区地铁隧道纵裂主控因素识别与发育模式

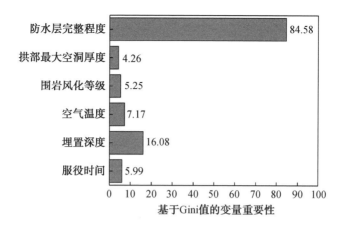

图 5.6　纵向裂隙形式影响因素重要性

高寒冻融区隧道防水层完整程度对衬砌纵向裂隙发生区域的影响程度远大于其他特征，埋置深度的重要性仍位居第二。围岩风化等级与拱部最大空洞厚度对纵向裂隙发生区域的影响程度依旧较低，与纵向裂隙发生与否影响因素不同的是，对于纵向裂隙发生区域来说，服役时间的重要性强于空气温度。

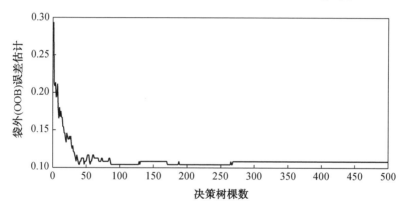

图 5.7　不同决策树棵数下的衬砌纵向裂隙最大宽度数据集 OOB 误差

综合对比纵向裂隙"发生与否"及"发生区域"的影响因素重要性，隧道内空气温度很大程度上影响高寒冻融区隧道是否发生纵向裂隙，而服役时间会决定纵向裂隙的发育模式。为此，将选取空气温度、埋置深度、防水层完整程度与服役时间等因素为研究参数，深入研究多场多因素耦合作用下衬砌纵向开裂模式。

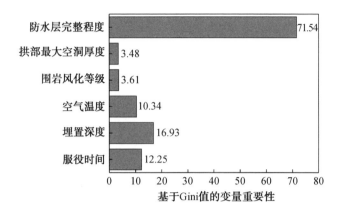

图 5.8　纵向裂隙形式影响因素重要性对比

5.3　衬砌冻害发育数值模型

综合考虑各截面类型衬砌的优劣,将从圆形、矩形和马蹄形衬砌中甄选出稳定性最佳的高寒区地铁隧道截面形式(图 5.9)。数值模型土体尺寸与 4.4.2 节中模型一致,即宽度为 64.4 m,高度为 58 m,隧道埋深为 5 m。衬砌净高度均保持为 9 m,模型衬砌材料为 C30 混凝土。数值模型所需热、力学参数见表 5.2。

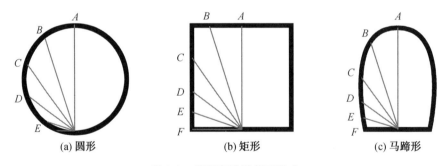

图 5.9　拟研究隧道截面形式

为保证分析的可靠性,模型仰拱高度、边界条件设置方式及初始条件施加方式均与前文模型一致。针对各自隧道断面形式,计算重力作用下的应力场,并将孔压和应力场作为后续分析的初始条件。其中,温度边界用下式表示:

$$T = 4.9 + 19.6\sin\left(\frac{2\pi t}{365} - 3\right) \tag{5.2}$$

式中 T——温度,℃;
  t——时间,d。

表 5.2 数值模型材料热、力学参数

参数	衬砌	上覆土层		
		水	冰	土颗粒
密度 $\rho/(\text{kg}\cdot\text{m}^{-3})$	2 480	1 000	917	2 620
导热系数 $\lambda/(\text{W}\cdot\text{m}^{-1}\cdot\text{K}^{-1})$	2.4	0.56	2.24	1.95
比热容 $c/(\text{J}\cdot\text{kg}^{-1}\cdot\text{K}^{-1})$	717.6	4 180	2 100	800
潜热 $L/(\text{J}\cdot\text{kg}^{-1})$	—	333 000		
水力传导度 $k_s/(\text{m}\cdot\text{s}^{-1})$	—	6.40×10^{-7}		
弹性模量 E/MPa	3.1×10^{4}	11(未冻土); $13.75(T)^{1.18}$(已冻土)		
泊松比 ν	0.3	0.3		
断裂能 $G_c/(\text{J}\cdot\text{m}^{-3})$	400	—		
η_1	—	0.6		
η_2	—	1.1		
初始孔隙率 e	—	0.20		
经验参数 m	—	0.5		
经验参数 $\alpha/(\text{m}^{-1})$	—	1.1		
经验参数 Ω	—	3		
经验参数 a	—	6.18×10^{-4}		
经验参数 b	—	-0.562		

5.4 衬砌冻害判别准则

5.4.1 冻胀前后衬砌内力演化规律

(1)冻胀前后衬砌轴力变化。

马蹄形隧道模型几何尺寸如图 5.10 所示。图 5.11 所示为马蹄形衬砌 6 个特征点的冻结期前后轴力变化情况。由图可见,衬砌厚度增加,冻结前衬砌各处轴力均升高，冻结作用进一步增加衬砌轴力。

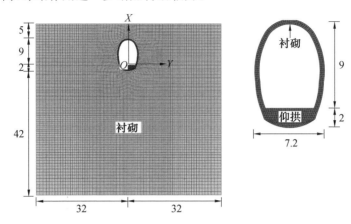

图 5.10　高寒区马蹄形隧道有限元模型（单位：m）

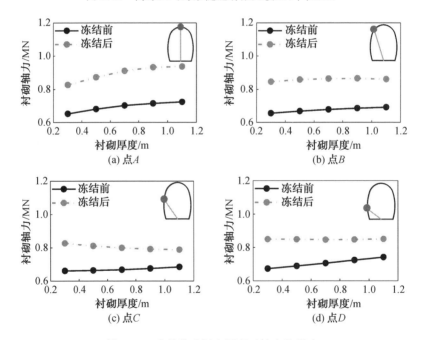

图 5.11　冻结前后衬砌厚度对轴力的影响

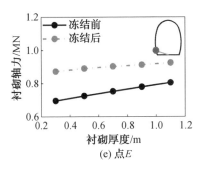
(e) 点E

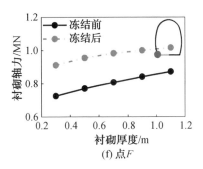
(f) 点F

续图 5.11

衬砌厚度对冻结作用引起的 A 点轴力增加程度影响不大,在 F 点也有类似的趋势,且 F 点的轴力比其他点的轴力更大。冻结后,衬砌厚度增加导致 A、E 和 F 点的轴力提高,B、D 点的轴力基本不变,增加衬砌厚度可以减轻冻结后 C 点的轴力。

图 5.12 所示为圆形隧道模型。圆形衬砌轴力与衬砌厚度的关系如图 5.13 所示。由图可知,冻结前 A、B 点轴力随衬砌厚度增加而减小,C、D、E、F 点的轴力随衬砌厚度增加而提高,冻结作用显著增加了圆形衬砌各点轴力。当衬砌厚度小于 1.1 m 时,衬砌厚度对冻结作用引起的轴力影响不大。

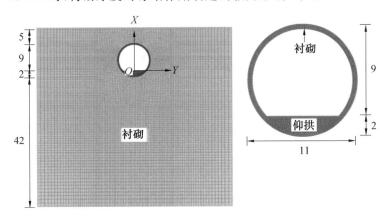

图 5.12 高寒区圆形隧道有限元模型(单位:m)

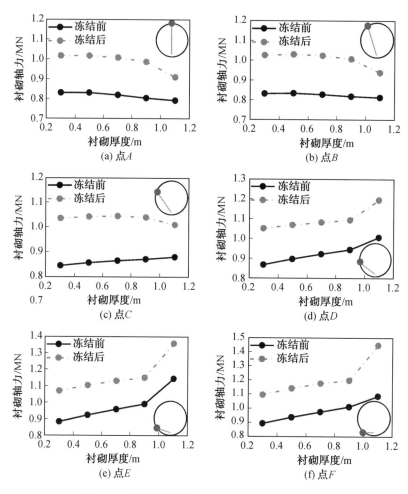

图 5.13 冻结前后衬砌厚度(圆形)对轴力的影响

矩形隧道有限元模型如图 5.14 所示。矩形衬砌轴力与衬砌厚度的关系如图 5.15 所示。由图可知,随着衬砌厚度从 0.3 m 增加到 0.5 m,冻结前矩形衬砌各点轴力均有所减小。随着衬砌厚度从 0.5 m 增加到 1.1 m,矩形衬砌各点轴向力增大,冻结后呈现类似趋势。

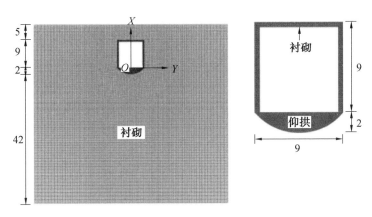

图 5.14 高寒区矩形隧道有限元模型（单位：m）

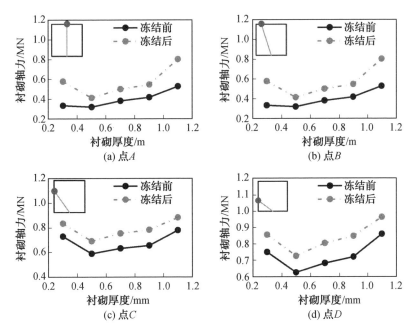

图 5.15 冻结前后衬砌厚度（矩形）对轴力的影响

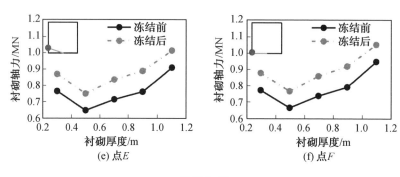

(e) 点 E (f) 点 F

续图 5.15

(2)冻胀前后衬砌弯矩变化。

马蹄形隧道衬砌各点弯矩与衬砌厚度的关系如图 5.16 所示。冻结前，C 点和 D 点出现正值弯矩(内表面受拉，外表面受压)，意味着衬砌边墙在地应力作用下向内变形。另一方面，负值弯矩出现在 B 点、E 点和 F 点。弯矩绝对值随着衬砌厚度的增加而增加，这可能是由于更大的衬砌厚度具有更大的抗弯刚度。冻结作用会放大 C 点和 D 点的正弯矩，相应衬砌位置在冻胀力作用下会产生较大的向内变形，放大程度随衬砌厚度的增加而增大。同样，冻结作用也会放大其他位置的负弯矩。随着衬砌厚度增加至 0.7 m，E 点和 F 点冻结前和冻结后弯矩的绝对值都将增大，然而随着衬砌厚度的继续增加，弯矩绝对值开始降低。

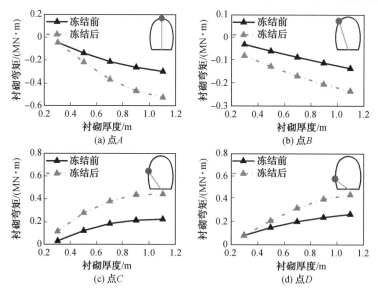

(a) 点 A (b) 点 B

(c) 点 C (d) 点 D

图 5.16 冻结前后衬砌厚度(马蹄形)对弯矩的影响

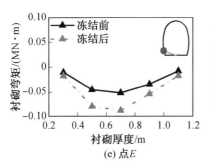

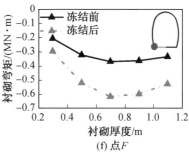

续图 5.16

冻结前后圆形衬砌各点弯矩与衬砌厚度的关系如图 5.17 所示。在未冻结状态下，A、B、F 点的弯矩为正值，即在地应力作用下向内变形，C、D、E 点的弯矩均为负值。随着衬砌厚度的减小，A 至 E 点弯矩的绝对值逐渐减小。冻结作用使 B、F 点的正弯矩转变为负弯矩。当厚度小于 0.9 m 时，冻结作用将 C、D 点的负弯矩转变为正弯矩。当衬砌厚度分别为 0.3 m 和 1.1 m 时，冻结作用会加剧隧道拱顶正弯矩的绝对值。当衬砌厚度在 0.3 m 与 0.9 m 之间时，冻结作用会减弱正弯矩的绝对值。对于 E 点，冻结作用会减小其负弯矩的绝对值。

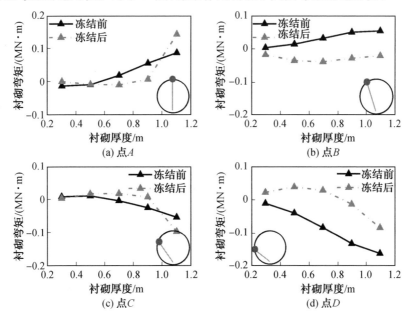

图 5.17 冻结前后衬砌厚度（圆形）对弯矩的影响

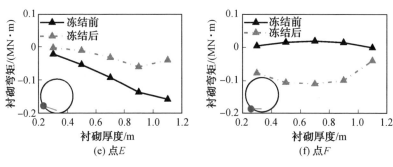

(e) 点E (f) 点F

续图 5.17

5.4.2 冻胀前后衬砌承载力演化规律

基于衬砌承载能力曲线初步识别其破坏模式,并讨论截面形式对衬砌承载能力的影响。根据梁单元力学性质,可以得到衬砌内力联合作用下的衬砌轴向应力极大值 $\sigma_{\max}$ 与极小值 $\sigma_{\min}$ 为

$$\sigma_{\min}^{\max} = \frac{N}{A} \pm \frac{M}{2I} t_L \tag{5.3}$$

式中　A——衬砌截面面积,mm^2;

I——衬砌截面惯性矩,mm^4;

t_L——衬砌厚度。

当衬砌发生受压破坏时,其轴力为

$$N_{\lim c} = \frac{|M|At}{2I} - \frac{\sigma_c A}{FS} \tag{5.4}$$

当衬砌发生受拉破坏时,其轴力为

$$N_{\lim t} = -\frac{|M|At}{2I} - \frac{\sigma_t A}{FS} \tag{5.5}$$

式中　σ_c——抗压强度,C30 混凝土抗压强度为 20 MPa;

σ_t——抗拉强度,C30 混凝土抗拉强度为 2 MPa;

FS——安全系数。

FS 可由下式表达得到:

$$FS = \frac{\sigma_c}{\sigma_{\max}} = \frac{\sigma_t}{\sigma_{\min}} \tag{5.6}$$

衬砌的受压破坏与受拉破坏的弯矩临界值可由式(5.3)至(5.6)得出:

$$M_{cr} = \pm \frac{I}{t} \frac{\sigma_c - \sigma_t}{FS} \tag{5.7}$$

第 5 章 高寒区地铁隧道纵裂主控因素识别与发育模式

综合式(5.3)至式(5.7),可绘制衬砌承载能力图。衬砌承载能力图可辨别衬砌的 4 种破坏模式:衬砌内表面受压破坏、外表面受压破坏、外表面受拉破坏、内表面受拉破坏,如图 5.18 所示。

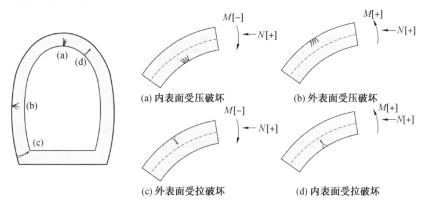

图 5.18　衬砌破坏模式图示

(1)马蹄形衬砌承载能力。

冻结前后不同厚度的马蹄形衬砌承载能力如图 5.19 所示,高寒区隧道衬砌以受拉破坏为主。对于厚度仅为 0.3 m 的衬砌,其 D 点(边墙)与 F 点(拱脚)在初始地应力作用下分别存在衬砌外侧及内侧的受拉破坏风险。冻胀现象不仅会增强上述两处的破坏风险,更会使 C 点衬砌存在内侧受拉破坏风险。未发生冻胀时,中等厚度衬砌(0.7 m 厚)的 F 点(拱脚)存在衬砌外侧受拉破坏风险。发生冻胀后,A 点(拱顶)与 F 点(拱脚)存在外侧受拉破坏风险,C 点与 D 点(边墙)存在内侧受拉破坏风险。当衬砌厚度达到 1.1 m 时,无论冻胀发生与否均无破坏风险。

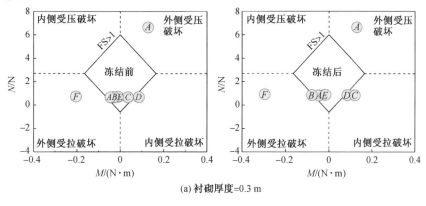

(a) 衬砌厚度=0.3 m

图 5.19　冻结前后马蹄形衬砌承载能力图

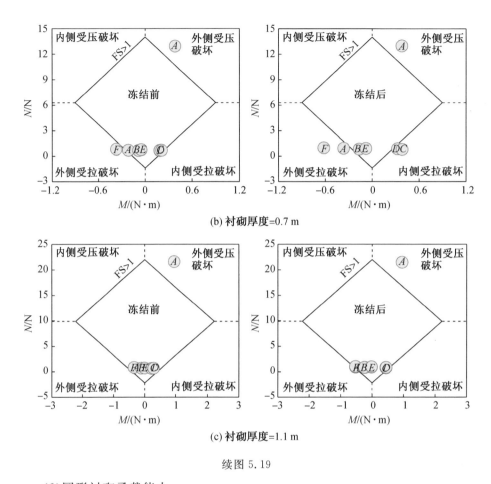

(b) 衬砌厚度=0.7 m

(c) 衬砌厚度=1.1 m

续图 5.19

(2)圆形衬砌承载能力。

冻结前后不同厚度的圆形衬砌承载能力如图 5.20 所示。由图可见,圆形衬砌与另外几种衬砌形式相比安全性更高,仅当衬砌厚度较薄(0.3 m)时,冻胀易引发拱脚外侧受拉破坏风险。

第 5 章　高寒区地铁隧道纵裂主控因素识别与发育模式

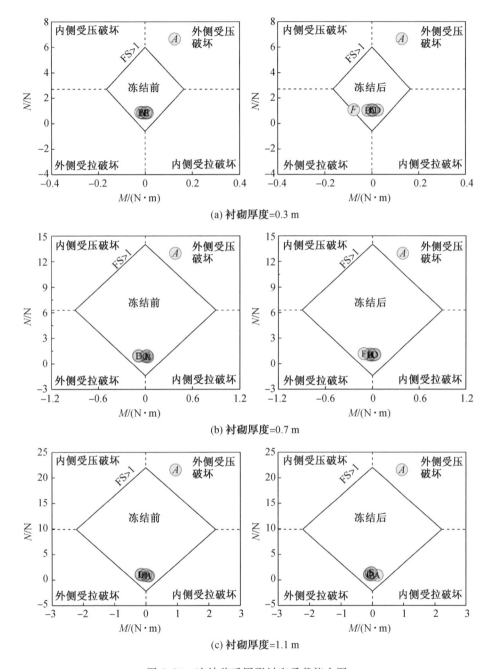

图 5.20　冻结前后圆形衬砌承载能力图

(3)矩形衬砌承载能力。

冻结前后不同厚度的矩形衬砌承载能力如图5.21所示。由图可知,矩形衬砌安全性明显低于其他衬砌。当衬砌厚度为0.3 m时,未冻结状态下的F点(拱脚)存在外侧受拉破坏风险,A点(拱顶)与D点(边墙)存在内侧受拉破坏风险。冻结状态下的F点外侧受拉破坏风险有所增加,且C点(边墙)也开始出现内侧受拉破坏风险。当衬砌厚度为0.7 m时,初始地应力作用下的衬砌破坏模式与0.3 m厚衬砌相同,但安全系数有所提高。当冻胀发生后,0.7 m厚衬砌的B点(拱肩)处出现外侧受拉破坏风险,A点(拱顶)与D点(边墙)安全系数进一步降低。当衬砌厚度为1.1 m时,地应力作用下仅F点(拱脚)存在轻微的外侧受拉破坏风险,该风险会随着冻胀作用的出现而增大,B点与D点分别出现外侧和内侧受拉破坏风险。

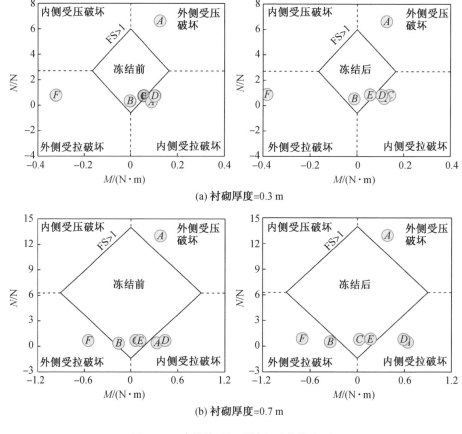

(a) 衬砌厚度=0.3 m

(b) 衬砌厚度=0.7 m

图5.21 冻结前后矩形衬砌承载能力图

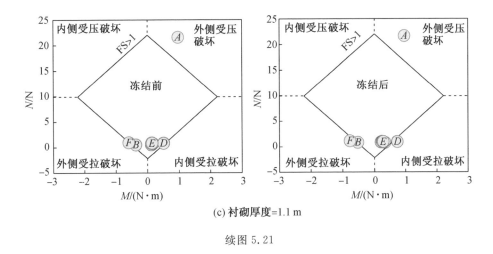

(c) 衬砌厚度=1.1 m

续图 5.21

5.5 浅埋隧道衬砌冻害裂隙发育模式

以马蹄形衬砌为例,重点分析不同环境温度和防水层完整程度影响下的浅埋隧道衬砌裂隙发育模式。为精确描述裂隙扩展方式,模型衬砌区域网格尺寸选为 0.05 m(图 5.22)。

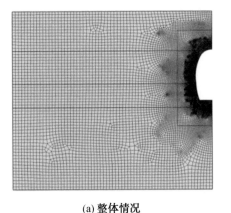

(a) 整体情况　　　　　　　　(b) 衬砌网格细节

图 5.22　浅埋高寒区隧道土体－衬砌体系多场耦合模型网格划分情况

温度边界方面,针对高、低两种环境温度进行分析:

$$T = 4.9 + 10.6\sin\left(\frac{2\pi t}{365} - 3\right) \quad (5.8)$$

$$T = 4.9 + 19.6\sin\left(\frac{2\pi t}{365} - 3\right) \quad (5.9)$$

式中　T——温度,℃;

　　　t——时间,d。

此外,采用改变土体与衬砌间的水分通量的方式对防水层破损情况进行模拟。即防水层完整时,衬砌与土体间水分通量为0;防水层失效时,解除衬砌与土体间的零水分通量限制。

5.5.1　无冻害

将出现贯穿裂隙作为计算过程的终止标志。图5.23与图5.24所示分别为防水层未破损条件下,低温段与高温段浅埋隧道衬砌开裂模式。低温段隧道衬砌破坏程度比高温段隧道衬砌严重,具体表现在以下两方面:① 首先,低温段衬砌破损的发生时间更早,其初次破损时间为冻结开始后的第90天;而高温段衬砌初次破损时间为冻结开始后的第180天;② 低温段衬砌发生贯穿式断裂的时间早于高温段;对于高温段,截至冻结末期以前,隧道衬砌各处均未出现完全贯穿裂隙($\phi=1$)。然而,在冻结末期之前,低温段隧道衬砌边墙处出现了贯穿裂隙。

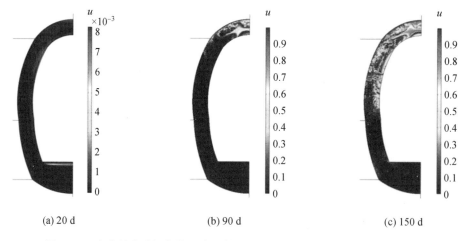

图5.23　防水层未破损条件下浅埋低温段隧道衬砌开裂模式(彩图见附录)

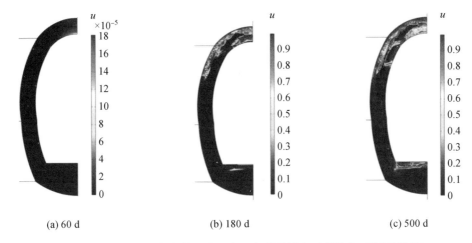

图 5.24 防水层未破损条件下浅埋高温段隧道衬砌开裂模式（彩图见附录）

模拟的衬砌裂隙发育形式完全符合前述衬砌承载能力预测情况：① 高温与低温段的拱顶与拱肩区域衬砌外表面出现张拉裂隙，且破损形式为弥散裂隙形式；② 均在边墙处出现由内侧开始扩展的贯穿裂隙；③ 对于低温段，仰拱处最先出现损伤，但因后期拱顶与边墙处的破坏程度发展较快，衬砌整体在仰拱未破坏以前便发生失效；对于高温段，仰拱处裂隙破坏较明显。

5.5.2 拱顶冻害

拱顶防水层破损条件下，低温段与高温段浅埋隧道衬砌开裂模式分别如图 5.25 和图 5.26 所示。与防水层未破损工况相比，防水层破损明显加剧衬砌拱顶区域的破损程度，并加速衬砌的失效，使衬砌在边墙开裂之前进入失效状态。对于低温工况，低温状态下衬砌拱顶会产生密集细小裂隙，并逐渐汇聚成大范围的衬砌失效区域，而拱肩内侧仍会产生单一的明显裂隙。最后，随着地下水流入衬砌裂隙并在低温作用下形成孔隙冰压力，衬砌裂隙会发生明显且快速的扩展，最终引发贯穿性破坏。对于高温工况，衬砌裂隙以拱顶与拱肩范围内明显的单裂隙为主，且裂隙宽度较大，而密集细小裂隙分布区域较小。随着冻结时间的增长，临近衬砌内侧区域的裂隙沿环向发展。在拱顶与拱肩部分衬砌失效之后，衬砌整体受力性能发生严重破坏，致使高温工况的仰拱区域发生剪切型贯穿裂隙，最终完全失效。

上述现象可能是由温度改变引发孔隙冰压力增长程度的差异导致的。温度较低时，孔隙冰含量较大，孔隙冰压力达到衬砌破坏临界值，致使衬砌与水接触的区域形成密集的细小裂隙。温度较高时,浸水区域的孔压未能使得衬砌发生完全开裂($\phi<0.4$)。另一方面,衬砌的损伤与开裂会引发局部渗透性增强,使地下水沿着破损区域更多地传输进入衬砌内部,并在低温冻结作用下形成足以破坏衬砌结构的显著孔隙冰压力,从而加快衬砌裂隙的扩展。

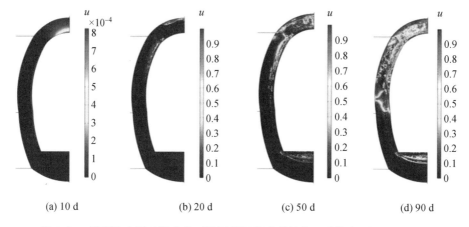

(a) 10 d　　　　(b) 20 d　　　　(c) 50 d　　　　(d) 90 d

图 5.25　拱顶防水层破损条件下浅埋低温段隧道衬砌开裂模式(彩图见附录)

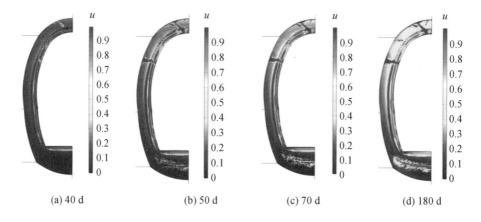

(a) 40 d　　　　(b) 50 d　　　　(c) 70 d　　　　(d) 180 d

图 5.26　拱顶防水层破损条件下浅埋高温段隧道衬砌开裂模式(彩图见附录)

5.5.3　边墙冻害

边墙防水层破损条件下,低温段与高温段隧道衬砌开裂模式分别如图 5.27 和图 5.28 所示。边墙防水层破损时,开裂仍发生于衬砌拱顶部位,且环境温度较低时会产生较多的细小裂隙。同时,防水层破损区域的改变会引起裂隙走向明显变化。与拱顶防水层破损工况相比,边墙防水层破损时的裂隙以向隧道中线方向扩展为主。裂隙扩展速度方面,边墙防水层破损条件下的衬砌裂隙扩展速度明显慢于拱顶防水层破损。其原因在于浅埋隧道拱顶区域温度低于其余区域,导致拱顶部位冻胀力及衬砌孔隙冰压力均大于其余区域。对于边墙防水层破损的低温段隧道衬砌,裂隙自边墙位置向上下两侧发展,并与拱顶裂隙汇合。当拱顶与边墙产生的裂隙发生连通后,原有裂隙作为周围衬砌的水源补给通道,加剧了衬砌开裂。对于边墙防水层破损的高温段隧道衬砌,其裂隙发育模式与拱顶防水层破损的高温段隧道衬砌相似,但裂隙走向不同。对比发现,当防水层出现失效时,裂隙走向基本垂直于防水层破损面。

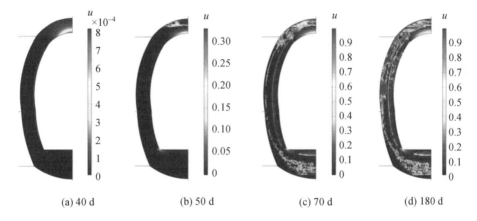

图 5.27　边墙防水层破损条件下浅埋低温段隧道衬砌开裂模式(彩图见附录)

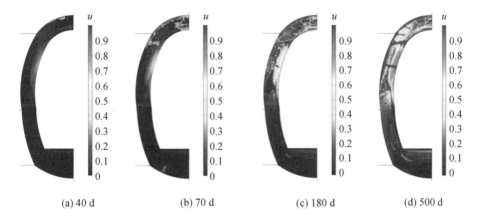

图 5.28　边墙防水层破损条件下浅埋高温段隧道衬砌开裂模式(彩图见附录)

5.6 深埋隧道衬砌冻害裂隙发育模式

在前述数值模型基础上,重点研究不同环境温度与防水层破损程度下的深埋高寒区隧道纵向裂隙发育模式。考虑到深埋隧道的工程实际情况,模型做出如下调整:① 埋置深度选为 50 m;② 衬砌材料选用 C45 混凝土,模型参数见表 5.3。

表 5.3 数值模型材料热、力学参数

参数	衬砌	上覆土层		
		水	冰	土颗粒
密度 $\rho/(kg \cdot m^{-3})$	3 000	1 000	917	2 620
导热系数 $\lambda/(W \cdot m^{-1} \cdot K^{-1})$	2.4	0.56	2.24	1.95
比热容 $c/(J \cdot kg^{-1} \cdot K^{-1})$	717.6	4 180	2 100	800
潜热 $L/(J \cdot kg^{-1})$	—	—	333 000	
水力传导度 $k_s/(m \cdot s^{-1})$	—	6.40×10^{-7}		
弹性模量 E/MPa	3.35×10^4	11(未冻土); $13.75(T)^{1.18}$(已冻土)		
泊松比 ν	0.3	0.3		
断裂能 $G_c/(J \cdot m^{-3})$	500	—		
η_1	—	0.6		
η_2	—	1.1		
初始孔隙率 e	—	0.20		
经验参数 m	—	0.5		
经验参数 $a/(m^{-1})$	—	1.1		
经验参数 Ω	—	3		
经验参数 a	—	6.18×10^{-4}		
经验参数 b	—	−0.562		

5.6.1 无冻害

防水层未破损条件下,低温段与高温段隧道衬砌开裂模式分别如图 5.29 和图 5.30 所示。深埋条件下,地表温度对隧道周围温度场无影响,此时因冻融作用导致的病害加重现象明显减弱。对比降温开始后的第 150 天衬砌破损状态与第 3 天的衬砌破损状态可知,无论是高温或低温段隧道,冻胀作用仅加剧了拱脚内侧与边墙内侧的衬砌损伤程度,仍未达到开裂程度(ϕ<1)。

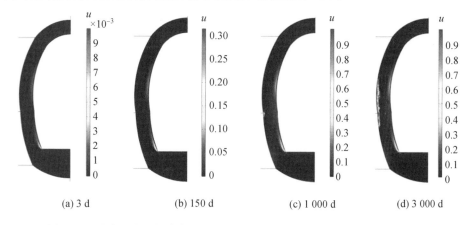

图 5.29 防水层未破损条件下深埋低温段隧道衬砌开裂模式(彩图见附录)

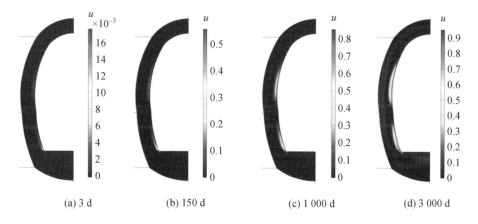

图 5.30 防水层未破损条件下深埋高温段隧道衬砌开裂模式(彩图见附录)

5.6.2 拱顶冻害

拱顶防水层破损条件下,低温段与高温段隧道衬砌开裂模式分别如图 5.31

和图 5.32 所示。第 150 天时,损伤仅出现在拱脚内侧与边墙内侧。第 1 000 天时,低温段和高温段衬砌拱顶部位均出现明显损伤,且低温段损伤范围较高温段损伤范围更大。拱顶损伤的起点与终点都在衬砌内部,由衬砌内部孔压增大引起。低温段拱顶防水层破损时,衬砌仰拱外侧在服役第 2 000 天时出现裂隙,该裂隙逐渐向隧道中心线处发展。该现象与高温段浅埋隧道拱顶防水层破损工况类似,均由拱顶衬砌承载能力降低所致。但二者损伤程度不同,致使仰拱裂隙走向出现明显差异。

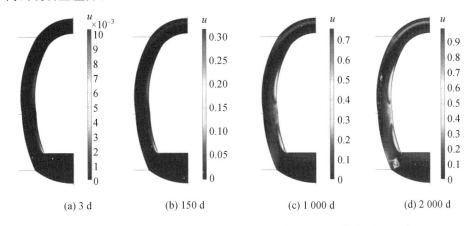

图 5.31 拱顶防水层破损条件下深埋低温段隧道衬砌开裂模式(彩图见附录)

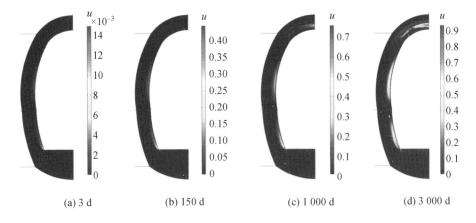

图 5.32 拱顶防水层破损条件下深埋高温段隧道衬砌开裂模式(彩图见附录)

5.6.3 边墙冻害

边墙防水层破损条件下,低温段与高温段隧道衬砌开裂模式分别如图 5.33

和图 5.34 所示。与拱顶防水层破损情况相比,边墙处防水层破损对衬砌服役性能带来的危害更大。对于低温段,第 150 天时,衬砌边墙附近受孔压增大的影响出现轻微环向破损,从而降低衬砌强度。在冻胀作用与衬砌强度损失作用的共同影响下,衬砌边墙内侧会出现明显的局部损伤。上述损伤将逐渐加强,并于第 500 天(第二年冻结期)演化成为贯穿裂隙。裂隙从边墙内侧产生,向边墙外侧生长,最终与边墙外侧裂隙汇合。对于高温段,在孔压增大的影响下,衬砌边墙附近于第 1 000 天时仅出现轻微的环向破损。但在第 3 000 天时,上述破损将增强衬砌原有的拱脚损伤程度,并于边墙与拱脚处产生贯穿裂隙。

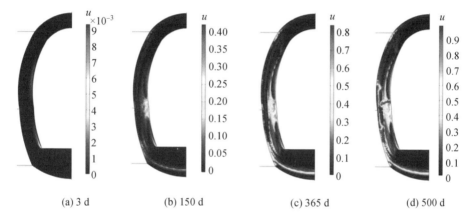

图 5.33　边墙防水层破损条件下深埋低温段隧道衬砌开裂模式(彩图见附录)

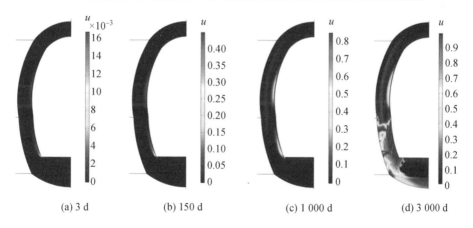

图 5.34　边墙防水层破损条件下深埋高温段隧道衬砌开裂模式(彩图见附录)

5.6.4 拱脚冻害

拱脚范围防水层破损条件下,低温段与高温段隧道衬砌开裂模式分别如图 5.35 和图 5.36 所示。拱脚范围防水层破损对衬砌服役性能带来的危害主要体现在衬砌下部。对于低温段,拱脚范围防水层破损对边墙衬砌带来的负面影响小于边墙防水层破损情况。第 1 000 天时仅出现了轻微的环向损伤,类似于低温段的拱顶防水层破损情况。在第 3 000 天时,仰拱部位未见完全开裂的裂隙,仍处于临近防水层破损处的衬砌损伤状态。高温段拱脚范围防水层破损对衬砌影响较小,直到第 3 000 天才出现轻微的环向损伤。

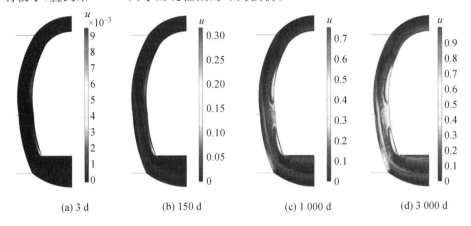

图 5.35 拱脚范围防水层破损条件下深埋低温段隧道衬砌开裂模式(彩图见附录)

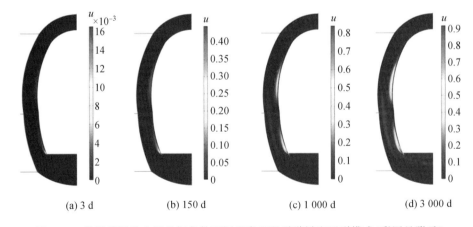

图 5.36 拱脚范围防水层破损条件下深埋高温段隧道衬砌开裂模式(彩图见附录)

5.7 重要认识与启示

本章基于现场数据与随机森林算法,识别了高寒区地铁隧道衬砌纵向裂隙的主控因素。重点关注衬砌的裂隙发育过程,对主控因素作用下隧道衬砌具体开裂模式开展了系统研究,获得的主要结论如下:

(1)综合对比纵向裂隙"发生与否"及"发生区域"影响因素的重要性,发现隧道内空气温度强烈影响高寒区隧道是否发生纵向裂隙,而服役时间则决定纵向裂隙的发育过程。

(2)冻胀作用下,浅埋隧道比深埋隧道更容易发生衬砌开裂病害。相同埋深下,低温段隧道比高温段更易受损。对于防水层破损的隧道,温度较低时,孔隙冰压力达到衬砌破坏临界值,致使衬砌浸水区域形成密集的细小裂隙。温度较高时,浸水区域的孔压未能使得衬砌发生完全开裂($\phi<0.4$),但其对衬砌的损伤使得衬砌较快形成贯穿裂隙。

(3)对于浅埋隧道,当防水层未破损时,低温段隧道衬砌开裂的发生时间更早,冻害更严重;当防水层破损时,高温段隧道衬砌易出现贯穿式裂隙,而低温段衬砌易出现密集的细小裂隙。防水层破损区域的改变会引起明显的裂隙走向变化,贯穿裂隙的走向基本垂直于防水层破损面。此外,防水层破损位置对浅埋隧道的裂隙产生区域影响不大。

(4)对于深埋隧道,边墙防水层破损对于衬砌结构的影响更大。低温段隧道衬砌在第150天时会出现明显的边墙内侧局部损伤,并于第500天(第二年的冻结期)演化成为贯穿裂隙;高温段隧道衬砌边墙附近于第1 000天时仅出现轻微的环向破损,第3 000天时,衬砌原有的拱脚损伤加剧,并于边墙与拱脚处产生贯穿裂隙。对于拱顶与拱脚范围防水层破损的深埋隧道衬砌,直至第3 000天仍未见明显开裂现象,仅衬砌防水层破损区域附近出现环向损伤。

第 6 章

高寒区富水环境地铁隧道冻害防控复合技术

本章针对高寒区富水环境城市地铁隧道冻害防控的迫切需求,发明基于相变储能材料的可逆式隧道调温防冻排水技术,研发包含防冻缓冲层、冻胀吸收板、胶凝混合物止水层、防水层、保温隔热层的止水防渗和保温隔热协同的隧道防冻结构技术,并对技术应用效果进行了评价分析。

第6章　高寒区富水环境地铁隧道冻害防控复合技术

6.1 引　　言

针对高寒区富水环境地铁隧道冻害防控的迫切需求，发明了基于相变储能材料的可逆式隧道调温防冻排水系统，研发了止水防水和保温隔热协同的隧道防冻功能层，形成了高寒区富水环境地铁隧道冻害防控复合技术。相关技术在我国东北地区多条城市地铁和其他隧道中得以应用，显著提升了地铁隧道排水、保温和防冻能力，有效保障了高寒区地铁隧道的服役性能。

6.2 基于相变储能材料的可逆式隧道调温防冻排水技术

6.2.1 技术概况与原理

目前，高寒区地铁隧道排水主要靠铺设在初衬与二衬间的防排水板。以新奥法修建的高寒区隧道中，通过设置导水槽等进行排水，仅发挥防排水作用，无保温防冻效果。在高寒区地铁工程中，隧道洞口段受负温影响较大，隧道内侧排水盲管易冻结，导致排水不畅而引起衬砌背后积水冻胀，使得衬砌结构破裂。同时，围岩的冻胀极易引起保温隔水层的损坏，难以保证长期保温防冻性能。针对上述问题，发明了可逆式隧道调温防冻排水系统。排水板由缓冲层、外部保护层、保温排水板、电伴热主动供热系统和内部保护层组成，如图6.1所示。在保温排水板周围设置了第一保护层与第二保护层。第一保护层一侧设有缓冲层，防止初衬与排水板间出现裂隙。调温排水板两侧的保护层进一步延长调温排水板使用寿命，保证排水板的质量与稳定性。保温排水板为高分子波纹板，在提高强度的同时增加排水路径，保证正常排水。相变微胶囊层位于高分子波纹板内侧,相变温度为 2~5 ℃,使得运行过程中排水板内侧温度不低于地下水的冰点。保温排水板与内部保护层间布设电伴热主动供热系统。在主动供热系统靠近防水层一侧安装温度传感器,温度数据直接反馈至智能供热装置,触发和调控主动供热系统的开机与运行,相变材料的恒温作用可维持排水板稳定在相变温度附近。

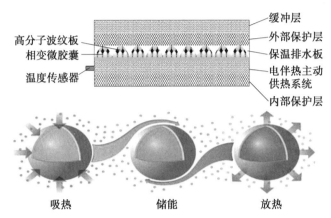

图 6.1　相变自储能与调温防冻的高寒区隧道复合排水板

6.2.2　技术效果与评价

排水管布置主要分为环向与径向两类,本节针对排水系统布置方案和排水效果进行优化与评价,具体方案见表 6.1。其中,方案 1 在二衬与初衬之间环向全面布置排水管。各方案对应的孔压结果如图 6.2 所示。选取拱顶、拱肩、边墙、拱脚和仰拱处衬砌外表面为控制点(图 6.3),研究采用排水系统后衬砌控制点孔压相比于无排水情况的折减效果。在控制点处,排水系统从二衬与初衬交界面开始径向布置,延伸长度约 2 m。排水折减系数 β_d 定义为控制点布置排水系统与无排水系统时衬砌外的水压力比。在无排水系统时,衬砌外最不利位置为拱顶。

表 6.1　排水布设方案

方案	包围圈	拱顶	拱肩	边墙	拱脚	仰拱
方案 1	全	—	—	—	—	—
方案 2	—	有	—	—	—	—
方案 3-1	—	—	单	—	—	—
方案 3-2	—	—	有	—	—	—

续表 6.1

方案	包围圈	拱顶	拱肩	边墙	拱脚	仰拱
方案 4-1	—	—	—	单	—	—
方案 4-2	—	—	—	有	—	—
方案 5-1	—	—	—	—	单	—
方案 5-2	—	—	—	—	有	—
方案 6	—	—	—	—	—	有
方案 7	半	—	—	—	—	—
方案 8	半	有	—	—	—	—
方案 9	半	—	有	—	—	—
方案 10	半	—	—	有	—	—
方案 11	半	—	—	—	有	—
方案 12	半	有	有	—	—	—
方案 13	半	有	—	有	—	—
方案 14	半	有	有	有	—	—
方案 15	半	—	有	有	—	—
方案 16	全	有	—	—	—	—
方案 17	全	—	有	—	—	—
方案 18	全	—	—	有	—	—
方案 19	全	—	—	—	有	—

注:(1)"—"表示无排水管布置;(2)"包围圈"指沿初衬与二衬交界面布置,"全"表示全包围布置,"半"表示自左边墙起,经左拱肩、拱顶、右拱肩,至右边墙的半包围布置;(3)拱肩、边墙、拱脚处,"有"表示左、右两侧布置,"单"表示仅右侧布置。

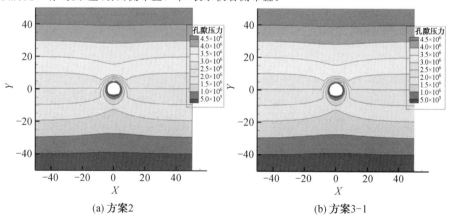

图 6.2 不同排水方案的地层孔压云图(彩图见附录)

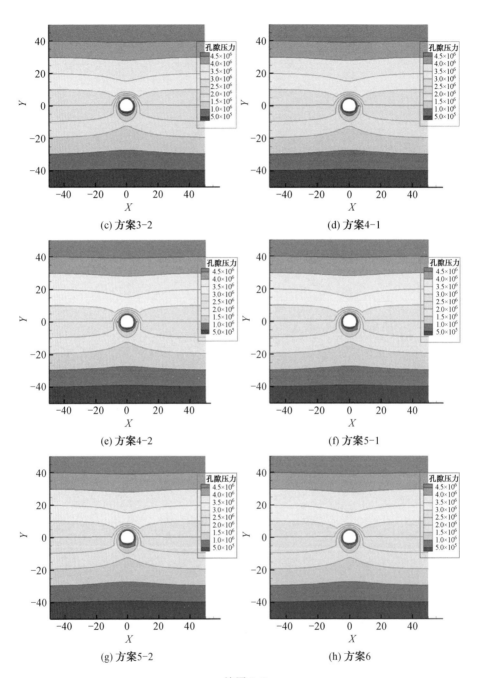

续图 6.2

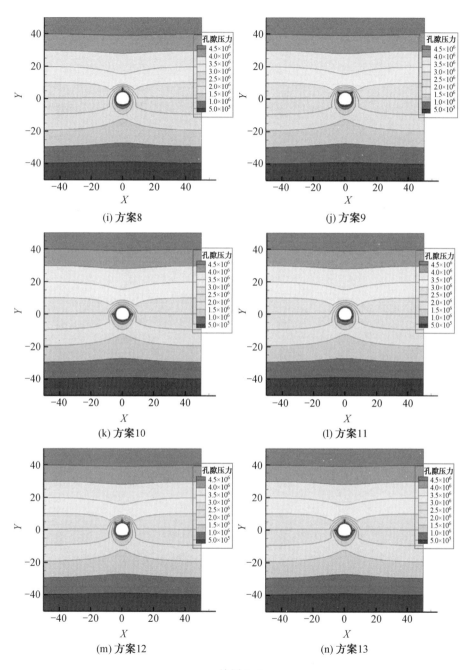

续图 6.2

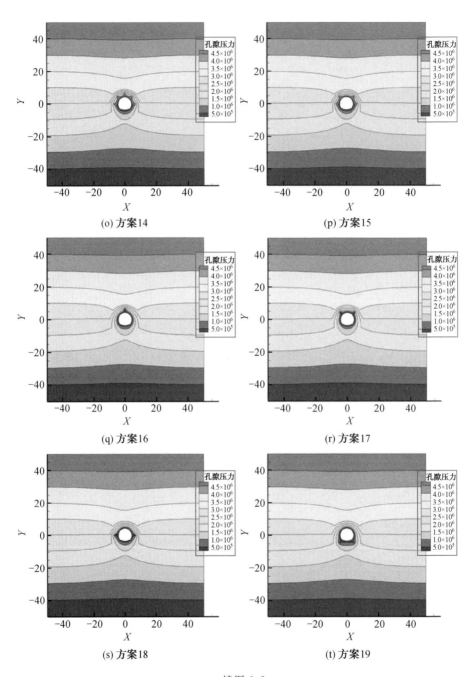

续图 6.2

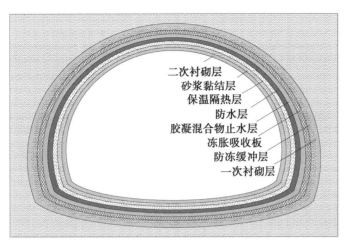

图 6.3　隧道协同防冻结构技术

在方案 2～6 中,仅分析在单独控制点处设置径向排水管对衬砌外水压力的影响,排水折减系数计算结果见表 6.2。单独控制点处径向排水管对于孔压的影响范围较小,均在排水管两侧 15°范围之内,在排水管布置处有一定降压效果,排水折减系数为 0.76～0.78,对其余控制点的降压效果微弱。在拱肩、边墙、拱脚 3 处对称式布置排水管,拱顶处的衬砌外水压力降压效果不明显。在拱顶处布置径向排水管后,最不利位置由拱顶转移至拱肩。

表 6.2　方案 2～6 各控制点处排水折减系数

方案	拱顶	拱肩	边墙	拱脚	仰拱
方案 2	0.76	0.98	1.00	1.00	1.00
方案 3－1	0.99	0.76	0.98	1.00	1.00
方案 3－2	0.97	0.76	0.98	1.00	1.00
方案 4－1	1.00	0.99	0.76	0.98	1.00
方案 4－2	1.00	0.99	0.76	0.98	0.99
方案 5－1	1.00	1.00	0.99	0.78	0.98
方案 5－2	1.00	1.00	0.99	0.78	0.96
方案 6	1.00	1.00	1.00	0.98	0.78

6.3 隧道防冻害止水－防渗－保温一体化技术

6.3.1 技术概况与原理

传统保温防水层在水结冰后易开裂破损。为此,研发了止水防渗和保温隔热的隧道协同防冻技术。由围岩从外向内依次为一次衬砌层、防冻缓冲层、冻胀吸收板、胶凝混合物止水层、防水层、保温隔热层、砂浆黏结层和二次衬砌层,在初衬与二衬间形成复合功能层,如图6.3所示。各层功能分别为:① 一次衬砌层有效加固岩体,防止围岩的变形与崩坍;② 防冻缓冲层、冻胀吸收板对高寒区富水环境隧道冻胀具有缓解作用;③ 胶凝混合物止水层吸收大量围岩渗水,防止围岩中水流向隧道,同时与水、二氧化碳发生反应,转变成轻质、密实且高强的硬化胶凝物层。不仅可靠封堵围岩中的水向隧道渗流,防止二次衬砌和保温隔热层产生冻胀破坏,且硬化胶凝物层具有较大的强度和刚度,避免隧道运行冻害;④ 防水层主要在施工期起止水作用;⑤ 保温隔热层起到隔离胶凝混合物与二次衬砌的作用,避免因胶凝混合物硬化微膨胀对二次衬砌产生附加应力,同时在胶凝混合物止水层未完全硬化前的初冻期起短期防冻作用;⑥ 砂浆黏结层用于黏结二次衬砌层和保温隔热层;⑦ 二次衬砌层保证隧道净空与结构本身的安全性,与一次衬砌层组成复合式衬砌。二次衬砌层中的排水装置主要用于排除多余水分。

止水防渗和保温隔热协同的隧道防冻结构施工方法如下:

① 一次衬砌层:在围岩一侧喷锚支护,岩面初喷3~4 cm厚混凝土,拱部设置中空锚杆,边墙设置砂浆锚杆,挂设钢筋网,支钢架,再喷混凝土,达到设计厚度。

② 防冻缓冲层:在一次衬砌层内侧喷射泡沫混凝土,形成防冻缓冲层。

③ 冻胀吸收板:铺设橡胶塑料板作为冻胀吸收板。

④ 胶凝混合物止水层:在冻胀吸收板一侧填筑胶凝混合物。

⑤ 防水层:在胶凝混合物止水层一侧铺设防水层,防水层可采用复合防水板、EVA防水板、HDPE防水板、自粘橡胶沥青防水卷材中的一种或几种。

⑥ 保温隔热层:在防水层一侧铺设保温隔热层,保温隔热层可采用发泡水泥、聚氨酯建筑保温材料(EPS聚苯板)、挤塑式聚苯乙烯隔热保温板(XPS保温

板)、聚苯乙烯泡沫板(苯板)中的一种或几种复合而成。

⑦ 砂浆黏结层:把砂浆黏结层设置在保温隔热层与二次衬砌层之间。

⑧ 二次衬砌层:二次衬砌层为多孔轻骨料混凝土,在二次衬砌混凝土中预埋排水装置,水平 U 形铺设供热装置,外侧设有防火板。热棒为无芯重力金属管,外径为 89 mm,管内灌充液态氨,电加热丝为 S 形。排水装置为塑料排水管和透水软管,拱顶布设直径 50 mm 环形透水软管,两侧布设直径 100 mm 环形透水软管,拱底沿轴向间隔 4～7 cm 布设塑料排水管。

6.3.2 技术效果与评价

由于防水层是附属结构,在模型计算中不考虑其强度与传热等特性,只考虑防冻缓冲层和保温隔热层的热力学性质。复合功能层的等效密度、比热容的计算均采用体积分数的加权平均值。将其假设为纯串联模型,按下式计算其等效导热系数为

$$\lambda = \lambda_1 \left\{ 1 \bigg/ \left[\left(\frac{\lambda_1}{\lambda_2} - 1 \right) \frac{l_2}{l_1 + l_2} + 1 \right] \right\} \tag{6.1}$$

式中 λ_1 和 λ_2——分别为防冻缓冲层和保温隔热层的导热系数;

l_1 和 l_2——分别为防冻缓冲层和保温隔热层的厚度,m。

防冻缓冲层选用泡沫混凝土,保温材料选用硬质聚氨酯材料。泡沫混凝土导热系数与密度呈现线性关系,当密度为 500 kg/m³ 时,导热系数为 0.11 W·m⁻¹·℃⁻¹,比热容为 1 050 J·kg⁻¹·℃⁻¹,弹性模量为 0.3～8 GPa。硬质聚氨酯材料的密度为 35～40 kg/m³,导热系数为 0.018～0.020 W·m⁻¹·℃⁻¹,比热容为 1 050 J·kg⁻¹·℃⁻¹。复合功能层热力学参数见表 6.3。

表 6.3 复合功能层热力学参数

弹性模量/GPa	密度/(kg·m⁻³)	导热系数/(W·m⁻¹·℃⁻¹)	比热容/(J·kg⁻¹·℃⁻¹)
0.9	312	0.039	1 165

为了分析复合功能层对衬砌冻胀特性的影响,选取复合功能层厚度分别为 0 cm、5 cm、10 cm、15 cm 和 20 cm 五个工况进行研究。不同复合功能层厚度下隧道围岩冻结厚度变化如图 6.4 所示,随着复合功能层厚度的增加,围岩冻结圈最大厚度显著降低。围岩最低温度随着复合功能层厚度的增加逐渐升高,且增

加的速率逐渐减小。当复合功能层厚度为 20 cm 时,围岩土体已完全处于正温以上,冻结圈厚度为 0。当不设复合功能层时,围岩冻结圈最大厚度为 0.95 m;当复合功能层厚度为 5 cm、10 cm、15 cm 时,冻结厚度分别减小了 53.68%、74.74% 和 90.53%。

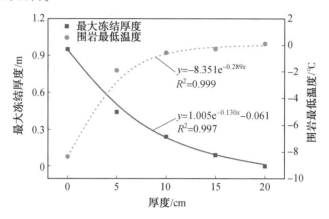

图 6.4　不同复合功能层厚度下最大冻结厚度和围岩最低温度

设置复合功能层后衬砌冻胀力显著降低,当复合功能层厚度为 5 cm 时,衬砌各位置的冻胀力均减小了 67% 以上,不同复合功能层厚度下衬砌各位置冻胀力变化规律如图 6.5 所示。冻胀力均在隧道边墙处最大,仰拱处最小。复合功能层厚度为 5 cm、10 cm 和 15 cm 时,最大冻胀力与最小冻胀力的比值分别为 4.10、3.91 和 3.28。随着复合功能层厚度的增加,衬砌各位置的冻胀力分布更加均匀。

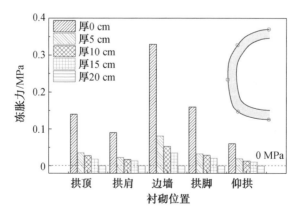

图 6.5　不同复合功能层厚度下隧道冻胀力

在实际应用中,需要对复合功能层厚度和材料进行选择,为分析不同因素对防冻效果的影响,选择 $L_{16}(4^5)$ 正交表进行正交分析,见表 6.10。其中,复合功能层厚度 d 取 5 cm、10 cm、15 cm 和 20 cm,导热系数 λ 取 0.039 W/(m·℃)、0.059 W/(m·℃)、0.079 W/(m·℃) 和 0.099 W/(m·℃),弹性模量 E 取 0.45 GPa、0.90 GPa、1.8 GPa 和 3.6 GPa。以边墙处为例,不同工况下围岩冻结厚度和衬砌冻胀力计算结果见表 6.4。

表 6.4 正交试验方案与试验结果

编号	影响因素					评价指标	
	厚度/cm	导热系数/(W·m^{-1}·℃$^{-1}$)	弹性模量/GPa	空白列Ⅰ	空白列Ⅱ	冻结厚度/m	冻胀力/kPa
1	5	0.039	0.45	1	1	0.43	62.02
2	5	0.059	0.9	2	2	0.55	66.45
3	5	0.079	1.8	3	3	0.62	80.93
4	5	0.099	3.6	4	4	0.67	89.14
5	10	0.039	0.9	3	4	0.24	52.77
6	10	0.059	0.45	4	3	0.35	59.88
7	10	0.079	3.6	1	2	0.42	57.67
8	10	0.099	1.8	2	1	0.48	62.28
9	15	0.039	1.8	4	2	0.11	40.26
10	15	0.059	3.6	3	1	0.23	52.30
11	15	0.079	0.45	2	4	0.32	59.92
12	15	0.099	0.9	1	3	0.37	62.21
13	20	0.039	3.6	2	3	0.03	10.75
14	20	0.059	1.8	1	4	0.16	49.25
15	20	0.079	0.9	4	1	0.23	58.41
16	20	0.099	0.45	3	2	0.30	59.72

对正交试验结果进行极差分析,极差值计算为

$$K_{ij} = \sum_{j=1}^{r} m_{ij}, \quad i = 1, 2, 3, \cdots \tag{6.2}$$

$$k_{ij} = \frac{K_{ij}}{r} \tag{6.3}$$

$$R_i = \max(k_{ij}) - \min(k_{ij}) \tag{6.4}$$

式中　m_{ij}——i 因素在 j 水平下的试验结果；
　　　r——i 因素的水平数；
　　　K_{ij}——i 因素在 j 水平下的试验结果之和；
　　　k_{ij}——i 因素在 j 水平下的试验结果均值；
　　　R_i——i 因素的极差值。

根据正交试验结果，获得冻结厚度、衬砌冻胀力与各因素的关系，如图 6.6 和图 6.7 所示。二者均随复合功能层厚度的增加和等效导热系数的降低而减小。冻胀力随着复合功能层等效弹性模量的增加而减小，冻结厚度与复合功能层等效弹性模量相关性较小。极差分析结果表明，各因素对冻结厚度和衬砌冻胀力的影响程度排序为复合功能层厚度＞等效导热系数＞等效弹性模量。

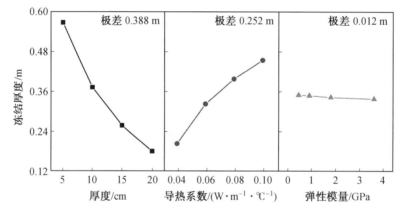

图 6.6　各因素对冻结厚度的影响对比

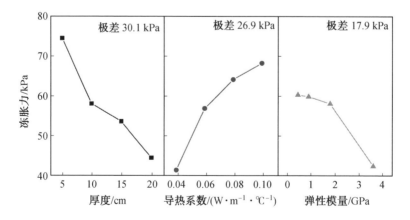

图 6.7　各因素对衬砌冻胀力的影响对比

6.4 重要认识与启示

针对高寒区富水环境城市地铁隧道冻害防控的迫切需求,发明了基于相变储能材料的可逆式隧道调温防冻排水技术,研发了止水防渗和保温隔热协同的隧道防冻结构技术。主要结论如下:

(1)发明了基于相变储能材料的可逆式隧道调温防冻害排水系统,并开展排水效果评价与排水管优化布置,结果表明:采用该防冻害排水系统后,隧道衬砌背后积水排泄效率显著提高,解决了冬季施工排水板冻结和积水冻胀引起的衬砌开裂损伤难题。

(2)研发了包含防冻缓冲层、冻胀吸收板、胶凝混合物止水层、防水层、保温隔热层的复合功能层。随着复合功能层厚度增加和等效导热系数减小,衬砌的抗冻性能显著提高。等效弹性模量的增加对冻结厚度影响较小,但能显著减小衬砌冻胀力。

第 7 章

高寒区地铁管片接缝复合式密封垫防水

本章首先基于欧拉—拉格朗日耦合算法建立高寒区地铁管片接缝复合式密封垫防水失效分析模型,明确密封垫—混凝土沟槽间、密封垫—密封垫间的相互作用关系,然后对比复合式密封垫与普通密封垫性能,分析复合式密封垫由二次防水效应带来的更佳防水效果,最后揭示复合式密封垫"装配挤压—吸水膨胀—受力变形—水压突破"防水失效机制,提出防水失效的统一判别方法。

第7章 高寒区地铁管片接缝复合式密封垫防水

7.1 引　　言

　　密封垫是地铁管片拼装缝的主要防水措施。普通三元乙丙密封垫通过压缩产生挤压应力达到防水效果。复合式密封垫由普通三元乙丙密封垫和遇水膨胀橡胶硫化而成,通过压缩应力和膨胀应力达到防水目的,具有二次防水效应,显著提升复合式密封垫防水能力。为了直观展现复合式密封垫防水失效全过程,将复合式密封垫分解为超弹性体和膨胀体,通过梯度温度场控制膨胀过程,采用Moonney-Rivlin本构模型,并结合欧拉-拉格朗日耦合算法建立复合式密封垫的流固耦合有限元模型。开展橡胶膨胀试验、密封垫压缩试验和"一"字缝防水试验验证模型可靠性。据此,分析复合式密封垫和普通密封垫的压缩性能和防水性能差异,揭示复合式密封垫防水机理、失效过程、接触应力演化规律,提出耐水压力与密封垫平均接触应力函数关系,建立密封垫防水失效统一判别方法。研究结果可为地铁管片接缝的止水防渗等工作提供参考。

7.2　欧拉-拉格朗日耦合算法

7.2.1　拉格朗日算法与欧拉算法

　　拉格朗日算法主要用于固体力学,将可变形体位移表示成坐标和时间的函数,如图7.1(a)所示。计算过程中,节点与材料是绑定的,随单元的变形而变形,拉格朗日单元100%充满单一材料,材料边界与单元边界重合。算法的控制方程求解简单,计算速度快,接触面设置方便,易追踪固体之间的接触面。但是,在大变形及爆炸分析中,易发生网格畸变和计算不收敛情况。欧拉算法将可变形体位移表示成空间坐标和时间的函数。有限元节点为空间点,节点固定在空间中。材料流经不变形单元,欧拉单元可以 100% 充满材料,如图 7.1(b)所示。欧拉算法在处理大变形问题方面具有优势,在流体计算、爆炸分析、穿透问题等研究中应用广泛。但是,因为欧拉分析的接触计算较复杂,导致计算时间过长。

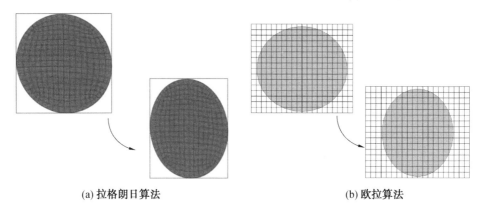

(a) 拉格朗日算法 (b) 欧拉算法

图 7.1 拉格朗日算法和欧拉算法的单元特征

7.2.2 欧拉－拉格朗日耦合算法

复合式密封垫防水模型包括固体材料(密封垫)和流体材料(水),属于流固耦合模型。流固耦合模型涉及两相介质相互作用,流体载荷作用下,固体单元产生位移和变形,同时固体单元也影响流体运动。密封垫属于大变形材料,在与流体相互作用的过程中,将导致流体边界产生变化,即为双向流固耦合效应。

通过设置欧拉－拉格朗日接触,欧拉材料可以和拉格朗日单元相互作用,称为欧拉－拉格朗日耦合(coupled Eulerian-Lagrangian,CEL)算法。CEL 算法采用有限差分法解决带有移动边界二维流体动力学问题。控制方程由质量守恒、动量守恒、能量守恒和连续性方程组成,在欧拉坐标下进行时间积分。流体理论连续方程和动量方程采用假设如下:流体是连续介质;流体是均质不可压缩的各向同性牛顿流体,满足斯托克斯假设;每一瞬时流体质点处于准热平衡状态;流体热传导服从傅里叶定律。

连续性方程为

$$\frac{\partial \rho}{\partial t} + \frac{\partial (\rho u_j)}{\partial x_j} = 0 \tag{7.1}$$

纳维－斯托克斯方程为

$$\frac{\mathrm{d}v}{\mathrm{d}t} = F_b - \frac{1}{\rho}\nabla p + k\nabla^2 v \tag{7.2}$$

流体边界条件：流体和固体分界面边界条件为 $u=v=w=0$，流体边界的变化和固体边界变化一致。

欧拉材料描述为黏性可压缩牛顿流体为

$$\boldsymbol{\sigma} = -pI + 2\eta\dot{e} \tag{7.3}$$

式中　　$\boldsymbol{\sigma}$——柯西应力张量；

　　　　p——压强；

　　　　η——剪切黏度；

　　　　$\dot{e}$——应变率。

CEL 接触算法将自动计算并追踪拉格朗日结构和欧拉材料之间的界面，不需要为欧拉域生成协调网格。欧拉－拉格朗日接触约束采用罚函数法，检查每一个节点是否穿透界面。界面力 F 的大小与发生的相对穿透位移 d 成正比，表达式为

$$F = k_i d \tag{7.4}$$

式中　　k_i——刚度系数，与拉格朗日和欧拉材料特性有关。

7.3　复合式密封垫防水失效分析数值模型

7.3.1　有限元模型

采用 Abaqus/Explicit 建立三维模型，进行 CEL 数值模拟，分为装配压缩、遇水膨胀和水体突破 3 个步骤，密封垫防水性能分析仅采用前两个步骤。复合式密封垫、水和混凝土密封槽分别采用拉格朗日单元、欧拉单元和离散刚体进行模拟。采用动力显示分析方法进行流固耦合分析，以满足橡胶密封垫大变形条件下重新识别接触面位置需求。流固耦合分析数值模型如图 7.2 所示，深灰色区域为三元乙丙橡胶（EPDM），中间条状区域为遇水膨胀橡胶（WSR）。欧拉单元包含水可能流经区域，称为欧拉域。水体材料为欧拉域的一部分，为左侧框线区域。

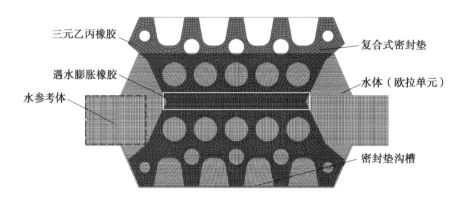

图 7.2 有限元模型及网格划分

7.3.2 本构模型

（1）橡胶本构模型。

复合式密封垫由三元乙丙橡胶与遇水膨胀橡胶垫组成。橡胶材料视为各向同性不可压缩的超弹性体，超弹性体应力－应变的非线性本构关系通过应变能函数定义，计算中采用工程常用的 Mooney-Rivlin 二参数模型，应变势能的计算表达式为

$$U = C_{10}(\bar{I}_1 - 3) + C_{01}(\bar{I}_2 - 3) + \frac{1}{D_1}(J^{el} - 1)^2 \tag{7.5}$$

式中　U——单位参考体积的应变能；

　　　C_{10} 和 C_{01}——温度相关材料参数；

　　　J^{el}——弹性体积比；

　　　$\bar{I}_1$ 和 $\bar{I}_2$——第一和第二应变不变量偏量。

初始剪切模量 μ_0 和体积模量 K_0 的表达式分别为

$$\mu_0 = 2(C_{10} + C_{01}) \tag{7.6}$$

$$K_0 = \frac{2}{D_1} \tag{7.7}$$

橡胶材料 C_{10}、C_{01} 取值与橡胶硬度 H_A 有关，EPDM 硬度为 65°，WSR 硬度为 45°，具体参数见表 7.1。

表 7.1　橡胶材料参数

密封垫材料	邵氏硬度 /(°)	C_{10}/MPa	C_{01}/MPa	D_1
三元乙丙橡胶	65	0.586	0.147	0.05
遇水膨胀橡胶	45	0.232	0.058	0.05

(2) 膨胀橡胶本构模型。

数值模拟中,假设遇水膨胀橡胶分为超弹性体和膨胀体两部分,通过设置材料线膨胀系数和施加温度场模拟遇水膨胀橡胶的膨胀现象。由于复合式密封垫由三元乙丙橡胶和遇水膨胀橡胶共同组成,考虑外力约束作用,橡胶体积膨胀率从300%降低至200%。膨胀率由自由面向橡胶交界面呈递减趋势,交界面处无膨胀。故通过施加梯度温度场,将橡胶膨胀率从300%递减至0。根据参考温度θ^0,利用膨胀系数α定义膨胀过程为

$$\varepsilon^{th} = \alpha(\theta, f_\beta)(\theta - \theta^0) - \alpha(\theta^I, f_\beta^I)(\theta^I - \theta^0) \tag{7.8}$$

式中 $\alpha(\theta, f_\beta)$——膨胀系数;

θ——当前温度;

θ^I——初始温度;

f_β——预定义场变量的当前值;

f_β^I——场变量的初始值;

θ^0——热膨胀系数的参考温度。

根据 WSR 体积膨胀率 300% 可知,线膨胀系数 $\alpha = (3^{\frac{1}{9}} - 1)/\Delta t$,梯度温度场设置如图 7.3 所示。

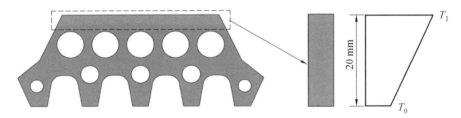

图 7.3 梯度温度场设置示意图

(3) 欧拉体本构模型。

将水设置为欧拉单元,采用线性 $U_s - U_p$ Hugoniot 状态方程模拟为

$$f_H = \frac{\rho_0 c_0^2 \eta}{(1-s\eta)^2} \tag{7.9}$$

式中,c_0 和 s 用于定义线性冲击速度 U_s 和粒子速度 U_p 的线性关系,即

$$U_s = c_0 + sU_p \tag{7.10}$$

线性 $U_s - U_p$ Hugoniot 形式可写为

$$p = \frac{\rho_0 c_0^2 \eta}{(1-s\eta)^2}\left(1 - \frac{\Gamma_0 \eta}{2}\right) + \Gamma_0 \rho_0 E_m \tag{7.11}$$

水的计算参数见表7.2。

表7.2 水的计算参数

$U_s - U_p$ Hugoniot 状态方程			动力黏度 v/
$c_0/(\mathrm{m \cdot s^{-1}})$	s	Γ_0	$(\mathrm{kg \cdot m^{-1} \cdot s^{-1}})$
1 483	0	0	0.001

7.3.3 相互作用关系

复合式密封垫压缩、膨胀和水压突破过程中接触行为复杂,包括密封垫和混凝土沟槽胶黏行为、密封垫和密封垫接触行为、密封垫的自接触行为、拉格朗日体与欧拉体的接触行为。

(1)密封垫底部－混凝土沟槽相互作用。

密封垫底部与混凝土管片之间采用盾构管片密封垫专用胶黏结。当剪应力大于黏结力时,黏结破坏导致支腿处产生滑移,外水压作用下,密封垫将产生整体侧向位移。采用黏结接触模拟密封垫与混凝土之间的相互作用,黏结接触的应力－应变曲线如图7.4所示。黏结接触的应力－应变曲线由弹性阶段及损伤阶段组成,相互作用设置如图7.5(a)所示,具体参数见表7.3。

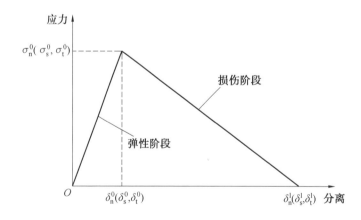

图7.4 黏结接触的应力－应变曲线

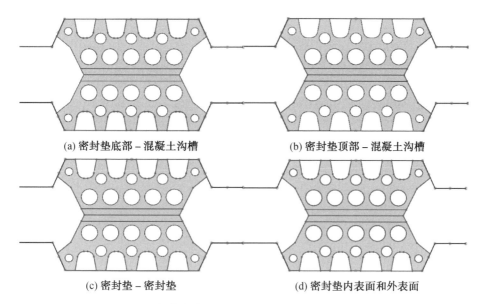

(a) 密封垫底部-混凝土沟槽　　(b) 密封垫顶部-混凝土沟槽

(c) 密封垫-密封垫　　(d) 密封垫内表面和外表面

图 7.5　复合式密封垫防水失效模型相互作用示意图

表 7.3　黏结接触参数

黏性行为			初始损伤			损伤演化		
K_{nn}/ (N·mm^{-1})	K_{ss}/ (N·mm^{-1})	K_{tt}/ (N·mm^{-1})	σ/ MPa	τ_1/ MPa	τ_2/ MPa	W_σ/ mJ	$W_{\tau 1}$/ mJ	$W_{\tau 2}$/ mJ
6 000	4 000	4 000	5	3.5	3.5	0.18	0.324	0.324

(2) 密封垫顶部-混凝土沟槽相互作用。

复合式密封垫顶部无胶水,挤压装配前未与密封槽接触,但为了防止出现网格穿透现象,采用面-面接触,法向采用"硬"接触和切向采用"罚"接触,摩擦系数取0.5。密封垫在大变形过程中不仅与混凝土槽侧壁接触,还与对侧混凝土接触,相互作用设置如图7.5(b)所示。

(3) 密封垫-密封垫相互作用。

密封垫-密封垫之间设置为面-面接触,定义法向"硬"接触和切向"罚"接触,摩擦系数取0.3,相互作用设置如图7.5(c)所示。

(4) 密封垫内表面和外表面相互作用。

密封垫变形过程中,孔洞逐渐闭合,密封垫自身也会产生接触。因此,需设置密封垫外表面和内部孔洞的自接触行为,定义法向"硬"接触和切向"罚"接触,摩擦系数取 0.3,相互作用设置如图 7.5(d)所示。

（5）欧拉体与拉格朗日体相互作用。

欧拉材料与拉格朗日面之间存在接触行为,但欧拉材料是具有黏性行为的流体,外表面不固定,采用通用接触防止欧拉材料穿透拉格朗日面。通用接触可在每次分析步中重新识别接触面位置,采用法向"硬"接触和切向"无摩擦"接触。复合式密封垫通过装配挤压应力和膨胀应力抵御外界水压。通常采用平均接触应力（平均接触应力＝渗漏路径上接触应力/密封垫接触路径长度）评价密封垫防水性能。根据现场施工情况,分析复合式密封垫张开量为 3 mm、4 mm、6 mm、8 mm 和 10 mm,错台量为 0 mm、5 mm 和 10 mm 条件下共 15 种工况的防水性能。

7.4 数值模型可靠性验证

7.4.1 橡胶膨胀试验

遇水膨胀橡胶（WSR）既可保持橡胶自身的高弹性,又能快速吸水并保持水分,是一种既防水又密封的多功能材料;三元乙丙橡胶（EPDM）不可压缩,具有耐老化、耐臭氧和绝缘等特性。通过硫化作用将二者结合形成复合式密封垫,不仅密封性强,且具备二次防水能力。

（1）遇水膨胀橡胶膨胀机理。

遇水膨胀橡胶基本组分为橡胶弹性体和亲水性树脂。亲水性树脂通过物理共混或化学接枝均匀分布在橡胶弹性体中,吸水前为高分子网状结构,内部亲水官能团对水分子有极强的吸引力和聚合力。当遇水膨胀橡胶完全浸入水中,亲水官能团与水分子迅速结合,使高分子网扩张,形成网格内外渗透压。水分子在渗透压的作用下向网格内部渗透,使遇水膨胀橡胶体积膨胀。随着水分子不断渗入,网格周围由于橡胶变形而对微区产生的回弹力越来越大,内外渗透压逐渐降低,水的渗透达到饱和,膨胀趋于平衡。将遇水膨胀橡胶放入水中自由膨胀,膨胀体积与吸水体积相等,如图 7.6 所示。

（2）试验方案。

体积膨胀倍率是浸泡后试样质量与浸泡前试样质量的比值。试验用复合式密封垫为 EPDM 和 WSR 同步硫化而成的复合材料,其物理力学性能指标见表

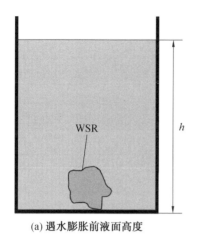
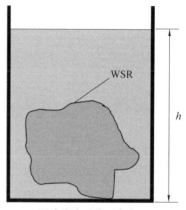

(a) 遇水膨胀前液面高度　　　　(b) 遇水膨胀后液面高度

图 7.6　遇水膨胀橡胶膨胀示意图

7.4 和表 7.5。

将复合式密封垫试样完全浸泡至蒸馏水中,称取浸泡前后密封垫质量,复合式密封垫的体积膨胀倍率计算公式为

$$\Delta V = \frac{m_3 - m_4 + m_5}{m_1 - m_2 + m_5} \times 100\% \tag{7.12}$$

式中　ΔV——体积膨胀倍率,%;

　　　m_1——浸泡前试样在空气中的质量,g;

　　　m_2——浸泡前试样在蒸馏水中的质量,g;

　　　m_3——浸泡后试样在空气中的质量,g;

　　　m_4——浸泡后试样在蒸馏水中的质量,g;

　　　m_5——坠子在蒸馏水中的质量,g。

由于复合式密封垫中三元乙丙橡胶无吸水膨胀特性,换算体积膨胀倍率为

$$\Delta V' = \Delta V(1+\alpha) - \alpha \tag{7.13}$$

式中　$\Delta V'$——遇水膨胀橡胶的体积膨胀倍率,%;

　　　α——复合式密封垫 EPDM 和 WSR 截面积的比值,$\alpha = S_{\text{EPDM}}/S_{\text{WSR}} = 5.91$。

表 7.4 三元乙丙橡胶(EPDM)密封垫的物理力学性能指标

序号	检测项目		指标	测试标准
1	邵氏硬度 /(°)		(60～70)±5	
2	拉伸强度 /MPa		≥10	
3	断裂伸长率 /%		≥330	
4	压缩永久变形	70℃×24 h×25%/%	≤25	
		23℃×72 h×25%/%	≤15	GB/T 18173.4—2010
5	热空气老化 70℃×96 h	邵氏硬度变化 /(°)	≤6.0	
		拉伸强度降低率 /%	≤15	
		拉断伸长率降低率 /%	≤30	
6	防霉等级		不低于二级	

表 7.5 遇水膨胀橡胶(WSR)密封垫的物理力学性能指标

序号	检测项目		指标	测试标准
1	邵氏硬度 /(°)		45±5	
2	拉伸强度 /MPa		≥3	
3	断裂伸长率 /%		≥350	
4	体积膨胀率 /%		≥400	GB/T 18173.4—2010
5	反复浸水试验	拉伸强度 /MPa	≥2	
		断裂伸长率 /%	≥250	
		体积膨胀率 /%	≥300	
6	低温弯折,−20℃×2 h		无裂纹	

复合式密封垫浸水前后体积对比如图 7.7 所示,复合式密封垫体积膨胀倍率试验过程如图 7.8 所示。

(3) 试验结果分析。

试验过程中,坠子采用细丝代替,质量 m_5 忽略不计。复合式密封垫平均体积膨胀倍率为 214.85%,见表 7.6。但是,WSR 试样的体积膨胀率 ≥400%,反复浸水试验膨胀率 ≥300%,与复合式密封垫的体积膨胀倍率试验数据相差较大。这是由于 WSR 膨胀效果仅为理想状况下的完全膨胀,忽略了 WSR 膨胀变形影响,且未考虑 WSR 因硫化作用产生差异膨胀,故与实际情况存在一定差异。由图 7.8 可知，EPDM 对 WSR 的吸水膨胀有一定限制作用，膨胀由自由面向连接面呈递减趋势，连接面处无膨胀，呈梯度膨胀变形。

(a) 试样浸泡前体积

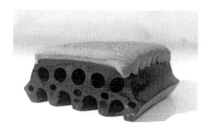
(b) 试样浸泡后体积

图 7.7　复合式密封垫浸水前后体积对比

(a) 浸泡前试样在空气中称重

(b) 浸泡前试样在蒸馏水中悬浮称重

(c) 浸泡后试样在空气中称重

(d) 浸泡后试样在蒸馏水中悬浮称重

图 7.8　复合式密封垫体积膨胀倍率试验过程

表7.6 复合式密封垫体积膨胀倍率试验数据

试验序号	m_1/g	m_2/g	m_3/g	m_4/g	$\Delta V/\%$	$\Delta V'/\%$
1	28.26	6.93	34.10	9.32	116.17	211.73
2	28.37	7.04	34.31	9.36	116.97	217.26
3	28.31	6.98	34.26	9.36	116.74	215.57

(4)数值模拟。

为了与体积膨胀倍率试验对应,模拟长度为50 mm复合式密封垫自由膨胀过程,通过施加梯度温度场,达到梯度膨胀效果。复合式密封垫膨胀过程中,密封垫外轮廓和孔洞产生变形,复合式密封垫变形形态为梯形,自由面膨胀后应变最高达0.900,而EPDM和WSR接触面中心位置应变仅为0.075,如图7.9所示。数值模拟膨胀效果与试验结果较吻合,如图7.10所示。由数值模拟结果计算得到的膨胀后体积为6.323 cm³,膨胀率为204.21%,3组试验结果平均值为214.85%,误差为4.95%。因此,可以采用梯度膨胀模拟WSR遇水膨胀现象。

图7.9 复合式密封垫自由膨胀应变云图(彩图见附录)

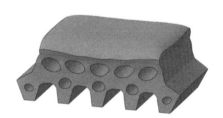

(a)膨胀倍率试验结果　　　　　(b)数值模拟结果

图7.10 数值模拟与体积膨胀倍率试验对比

7.4.2 压缩试验

(1)试验方案。

为满足现场施工及密封垫正常使用,一般要求装配力不大于 40 kN/m。若橡胶密封垫装配力过小,则密封垫间接触应力较小,会导致密封垫防水性能不足,影响运营安全。若橡胶密封垫的装配力过大,则施工过程中预应力筋无法提供足够装配力,会导致密封垫挤压不密实,且对密封槽混凝土会造成挤压破坏。图 7.11 为密封垫压缩试验示意图。

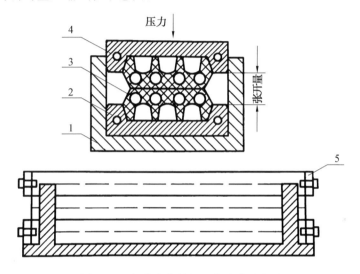

图 7.11 复合式密封垫压缩试验示意图

1—导向套;2—沟槽下模块;3—橡胶密封垫;4—沟槽上模块;5—端面封板

试样断面尺寸与设计断面尺寸一致,长为 200 mm。试验在标准温度(23±2 ℃)下进行。压缩试验拼装过程如图 7.12 所示。采用位移逐级加载,加载速率为 50 mm/min,间隙消除时停止压缩,再以相同速度卸载,反复压缩和卸载 2 次;第三次进行压缩试验,密封垫压缩变形过程如图 7.13 所示。

(2)试验结果分析。

复合式密封垫压缩曲线较平滑,当压缩位移为 0~6 mm 时,以密封垫整体压缩变形为主,压缩力呈线性增长,如图 7.14 所示;当压缩位移为 6~10 mm 时,以密封垫孔洞压缩变形为主,压缩力增长变缓;当压缩位移大于 10 mm 时,密封垫孔洞及其他孔隙逐渐挤压密实,压缩力迅速增长。当压应变超过一定值时,刚度会大幅增长,这是橡胶为超弹性材料的缘故。将压缩位移为 15 mm 时的闭合

(a) 密封垫粘贴　　　　　　　　　(b) 压缩试件拼装

图 7.12　复合式密封垫压缩试验拼装示意图

(a) 初始阶段　　　　　　(b) 压缩阶段　　　　　　(c) 完全压缩

图 7.13　复合式密封垫压缩变形过程

压缩力作为复合式密封垫的闭合压缩力,第三次试验结果为 32.75 kN/m,可满足施工现场装配力(40 kN/m)的需求。

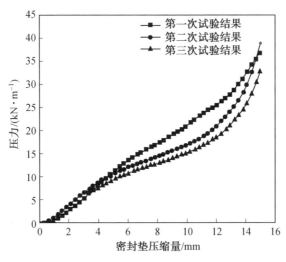

图 7.14　复合式密封垫压缩试验结果

(3)数值模拟。

将密封垫闭合压缩力试验数据与压缩变形数值模拟结果进行对比分析,如图 7.15 所示。数值模拟与压缩试验结果基本吻合,试验结果为 32.75 kN/m,数值模拟结果为 32.46 kN/m,误差仅为 0.89%。

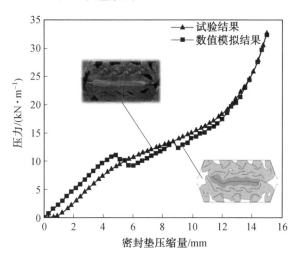

图 7.15 数值模拟与闭合压缩力试验对比

复合式密封垫压缩 15 mm 时的应力和黏结面连接强度分别如图 7.16 和图 7.17 所示。由图可见,完全压缩状态时,复合式密封垫逐渐挤压至密封沟槽内,密封槽孔隙率降低,支腿部位和孔洞周围处密封垫出现应力集中,密封垫与密封垫接触面应力较小,但分布较均匀,如图 7.16 所示。压缩载荷作用下,密封垫与混凝土沟槽黏结面脱离,与压缩试验结果相吻合,如图 7.17 所示。

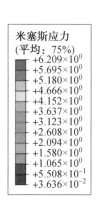

图 7.16 $\Delta=3$ mm 时应力云图(单位:MPa)

(彩图见附录)

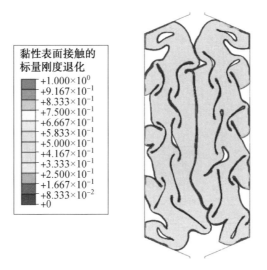

图 7.17 $\Delta=3$ mm 时黏结面强度云图(彩图见附录)

7.4.3 "一"字缝防水试验

(1)试验方案。

某隧道埋深为 22 m,静水压力为 0.22 MPa。地下复杂环境易造成密封垫劣化,长期防水能力将受到应力松弛影响,密封垫短期设计水压按下式计算:

$$p_w=(\gamma \times p_0)/\varepsilon \tag{7.14}$$

式中 p_w——短期防水设计指标,MPa;

　　p_0——理论水压,MPa;

　　γ——安全系数,取值 2.0~3.0;

　　ε——应力松弛系数,取值 0.65 ± 0.5。理论水压 p_0 为 0.22 MPa,安全系数取 2.0,应力松弛系数取 0.65,短期防水设计指标为 0.68 MPa,长期防水指标为 0.44 MPa。

"一"字缝防水试验采用带沟槽的钢板模拟混凝土管片,通过调节螺栓模拟管片张开量和错台量,利用压力泵在装置内部注水,模拟外界水压,测试密封垫的防水性能,如图 7.18 所示。复合式密封垫中,三元乙丙橡胶和遇水膨胀橡胶同步硫化并一次成型,如图 7.19 所示。考虑预制构件制作和拼装误差,管片接缝均存在张开量和错台量。而且,隧道运营过程中,车辆载荷引起地表不均匀沉降,将加剧接缝变形错位。因此,开展张开量为 4 mm、6 mm、8 mm 和 10 mm 及错台量为 0 mm、5 mm 和 10 mm 共 12 种工况的复合式密封垫防水试验。"一"

字缝防水试验过程如图 7.20 所示。

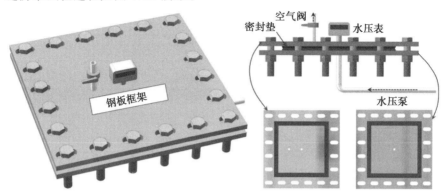

图 7.18 "一"字缝防水试验示意图

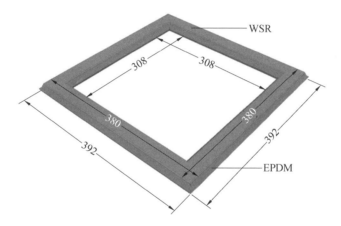

图 7.19 复合式密封垫试样尺寸(单位:mm)

(a) 复合式密封垫试样

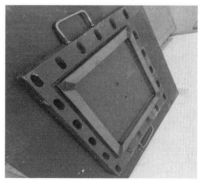
(b) 密封垫粘贴拼装

图 7.20 "一"字缝防水试验

(c) 密封垫角部防水处理

(d) 防水试验拼装实物图

续图 7.20

(2)试验结果分析。

复合式密封垫初次渗水后具备自修复功能,试验过程中,记录初次渗水和二次渗水压力值,以及保压 24 h 后的最终水压,见表 7.7。复合式密封垫防水试验分为"装配挤压－吸水膨胀－受力变形－水压突破"四个阶段,如图 7.21 所示。首先,密封垫在装配压缩阶段,具有初始挤压应力;当复合式密封垫遇水时,WSR 吸水膨胀产生膨胀应力;随着水压不断增大,密封垫在密封槽中逐渐受力变形;当水压高于密封垫防水能力时,密封垫防水失效。

(a) 密封垫装配完成

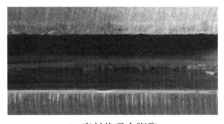
(b) 密封垫吸水膨胀

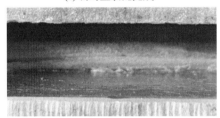
(c) 密封垫受力变形

(d) 密封防水失效

图 7.21 复合式密封垫渗水过程侧面变形图

表 7.7 复合式密封垫"一"字缝防水试验结果

试验工况	张开量/mm	错台量/mm	初次渗水压力/MPa	二次渗水压力/MPa	稳定水压/MPa	渗漏路径
Z10C0	10	0	0.36	0.60	0.48	D—D
CF	10	0	0.41	0.65	0.45	D—D
Z8C0	8	0	0.90	—	0.72	C—D
CF	8	0	0.73	0.95	0.76	D—D
Z6C0	6	0	0.80	2.40	1.84	D—D
CF	6	0	1.56	2.00	1.68	D—D
Z4C0	4	0	1.97	3.80	3.31	D—D
CF	4	0	2.30	3.90	3.15	D—D
Z10C5	10	5	0.45	0.80	0.37	D—D
CF	10	5	0.70	—	0.41	D—D
Z8C5	8	5	0.90	0.60	0.53	D—D
CF	8	5	0.70	—	0.55	C—D
Z6C5	6	5	0.65	1.50	1.07	C—D
CF	6	5	0.75	1.20	0.98	D—D
Z4C5	4	5	1.12	1.80	1.51	D—D
CF	4	5	1.25	2.10	1.61	D—D
Z10C10	10	10	0.40	—	0.29	C—D
CF	10	10	0.45	0.50	0.33	C—D
Z8C10	8	10	0.45	0.60	0.42	C—D
CF	8	10	0.65	—	0.52	C—D
Z6C10	6	10	0.85	1.40	0.68	C—D
CF	6	10	0.90	1.35	0.70	C—D
Z4C10	4	10	1.25	1.50	0.92	C—D
CF	4	10	1.12	1.47	1.00	D—D

表中:$ZxCy$ 中 x 表示接缝张开量 Δ,mm,y 表示错台量 S,mm;CF 表示上一组的重复试验;渗漏路径 D—D 表示为密封垫—密封垫,C—D 表示为密封槽—密封垫。

复合式密封垫具备渗水后自动修复功能,取两次试验稳定水压的平均值作为防水能力,见表7.8。其中Z4C0、Z6C0、Z8C0、Z4C5、Z6C5、Z4C10和Z6C10共7种工况满足0.68 MPa短期防水要求,但是张开量为10 mm时,不满足防水要求,如图7.22所示。由图可知,密封垫防水能力与接缝张开量呈反比关系,即接缝张开量越小,密封垫侧向变形量较小,WSR体积膨胀更充分,密封垫防水性能更佳。随着接缝错台量增加,复合式密封垫渗水路径由密封垫—密封垫路径逐渐转变为密封槽—密封垫路径,且密封垫错台量从0 mm增至5 mm时,防水能力明显下降。错台量增加,密封垫间有效接触长度减小,易出现薄弱位置而发生渗漏水现象。

表7.8 复合式密封垫防水能力试验结果

试验工况	张开量/mm	错台量/mm	渗水压力/MPa	渗漏路径
Z10C0	10	0	0.46	D—D
Z8C0	8	0	0.73	D—D
Z6C0	6	0	1.76	D—D
Z4C0	4	0	3.23	D—D
Z10C5	10	5	0.39	D—D
Z8C5	8	5	0.54	D—D
Z6C5	6	5	1.02	D—D
Z4C5	4	5	1.56	D—D
Z10C10	10	10	0.31	C—D
Z8C10	8	10	0.47	C—D
Z6C10	6	10	0.69	C—D
Z4C10	4	10	0.96	C—D

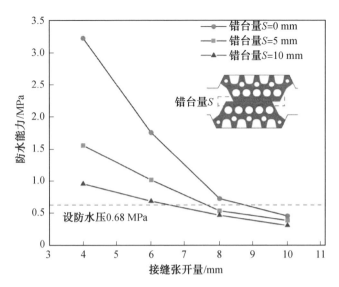

图 7.22 复合式密封垫张开量与防水能力关系

(3)数值模拟。

① 密封垫防水能力。

复合式密封垫存在"密封垫—密封垫"和"密封槽—密封垫"两条潜在渗漏路径。通常采用平均接触应力反映密封垫防水能力,提取两条渗漏路径下密封垫二次防水后平均接触应力。以张开量 10 mm、错台量 0 mm 的工况为例,接触应力分布如图 7.23 所示。

可见,当张开量为 10 mm、错台量为 0 mm 时,密封垫间平均接触应力为 0.414 MPa,密封垫与密封槽平均接触应力为 0.668 MPa,水更容易从密封垫—密封垫路径渗漏。密封垫—密封垫路径存在 4 个波峰,均位于密封垫孔洞两侧,密封垫孔洞两侧为实心材料,同等压缩量下产生的应力值更大。密封槽—密封垫路径上,支腿处存在 5 个接触面,分别采用 S_1、S_2、S_3、S_4 和 S_5 表示。其中两侧支腿(S_1 和 S_5)处以压应力为主,中间 3 条支腿均存在拉应力,易导致密封垫支腿脱离密封槽,对防水性能造成较大影响。提取张开量为 4 mm、6 mm、8 mm 和 10 mm,错台量为 0 mm、5 mm 和 10 mm 工况下密封垫间平均接触应力,见表 7.9。

为研究数值模拟与防水试验关系,绘制不同错台量下密封垫平均接触应力和防水能力关系曲线(均取平均接触应力较小的 D—D 路径),如图 7.24。复合式密封垫膨胀后平均接触应力 x 与防水能力 y 呈对数关系,且拟合程度较好,其

拟合公式为

$$\begin{cases} y=1.55\ln(x-0.24)+3.10, S=0 \text{ mm} \\ y=0.74\ln(x-0.27)+1.70, S=5 \text{ mm} \\ y=0.37\ln(x-0.213)+0.93, S=10 \text{ mm} \end{cases} \quad (7.15)$$

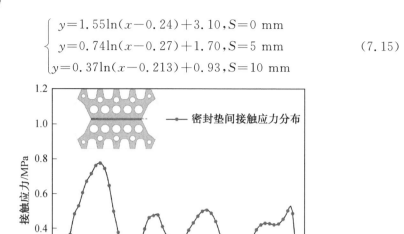

(a) 密封垫—密封垫间接触应力分布

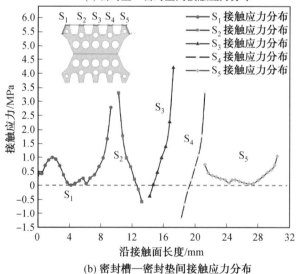

(b) 密封槽—密封垫间接触应力分布

图 7.23 潜在渗漏路径的接触应力分布（Δ=10 mm、S=0 mm）

表 7.9　数值模拟密封垫间的平均接触应力

数值模拟工况	张开量/mm	错台量/mm	D—D 平均接触应力/MPa	C—D 平均接触应力/MPa
Z4C0	4	0	1.329	1.783
Z6C0	6	0	0.648	1.014
Z8C0	8	0	0.462	0.725
Z10C0	10	0	0.414	0.668
Z4C5	4	5	1.099	1.338
Z6C5	6	5	0.651	0.926
Z8C5	8	5	0.486	0.722
Z10C5	10	5	0.433	0.624
Z4C10	4	10	1.260	1.326
Z6C10	6	10	0.766	0.937
Z8C10	8	10	0.472	0.735
Z10C10	10	10	0.404	0.508

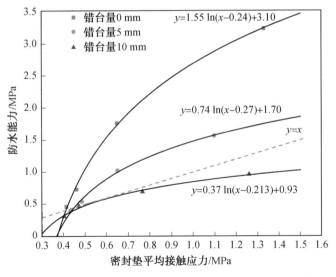

图 7.24　不同错台量下密封垫平均接触应力与防水能力的关系

错台量对复合式密封垫的防水能力影响较大,随着接缝处密封垫错台量的增大,曲线增长速率逐渐降低。根据图中 $y=x$ 直线,仅当错台量为 10 mm 时,密封垫的防水能力 p_w 略大于其平均接触应力 p_c,其他情况下 p_c 均大于 p_w,平均接触应力存在富余。但是对于张开量较小的情况,数值存在较大差异,应根据具体情况具体分析。

② 密封垫渗水过程。

采用 Abaqus/Explicit 中流固耦合计算模块,建立复合式密封垫防水失效模型,施加压力载荷使水体突破弹性密封垫,更加直观呈现水压作用下的密封垫防水失效过程。以张开量为 10 mm、错台量 0 mm 的工况为例,复合式密封垫截面变形如图 7.25 所示。随着侧向水压增大,密封垫支腿部位发生脱胶,密封垫挤压至密封沟槽处;当水压大于泄水压力时,密封垫防水失效。在防水过程中,主要分为"装配挤压－吸水膨胀－受力变形－水压突破"四个阶段,与实验结果一致,表明数值模型能够较好模拟密封垫防水失效过程。

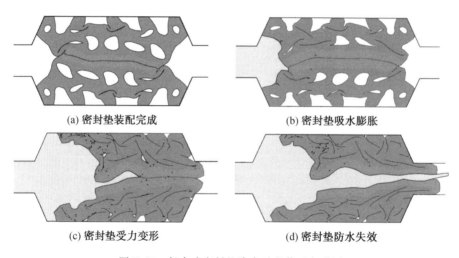

(a) 密封垫装配完成　　(b) 密封垫吸水膨胀
(c) 密封垫受力变形　　(d) 密封垫防水失效

图 7.25　复合式密封垫渗水过程截面变形图

7.5 复合式密封垫与普通密封垫性能对比

7.5.1 压缩性能

为了分析复合式密封垫与普通密封垫压缩性能差异,建立与复合式密封垫尺寸相同的 EPDM 密封垫模型,如图 7.26 所示。EPDM 硬度为 65°,WSR 硬度为 45°。

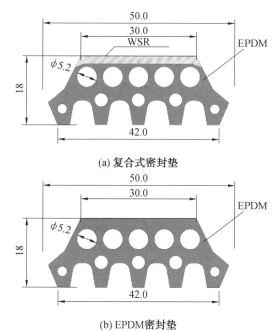

图 7.26 复合式密封垫与 EPDM 密封垫尺寸图(单位:mm)

两种密封垫最终压缩量为 15 mm。压缩力曲线包括线性阶段、缓慢增长阶段和快速增长阶段,如图 7.27 所示。由于两种密封垫外轮廓尺寸相同,仅存在横截面为 2 mm 厚的橡胶材料差异。因此,复合式密封垫与 EPDM 密封垫压缩受力过程基本一致。复合式密封垫与 EPDM 密封垫的闭合压缩力分别为 32.75 kN/m 和 32.41 kN/m,认为二者装配压缩力基本相同。

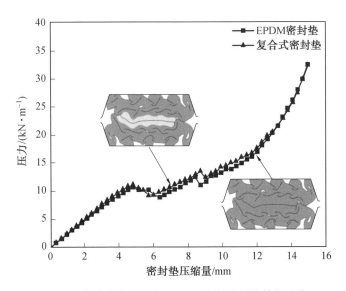

图7.27 复合式密封垫与EPDM密封垫压缩结果比较

7.5.2 防水性能

以密封垫平均接触应力作为防水性能评价指标,对比复合式密封垫与EPDM密封垫防水性能。以错台量为0 mm,张开量分别为3 mm和8 mm工况为例,EPDM密封垫和复合式密封垫变形和表面接触应力分布情况分别如图7.28和图7.29所示。

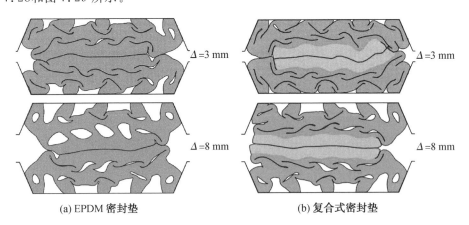

(a) EPDM密封垫　　　　　　　　(b) 复合式密封垫

图7.28 EPDM密封垫与复合式密封垫变形对比

由于膨胀橡胶为平覆式结构,遇水膨胀后体积变化较均匀,EPDM密封垫和复合式密封垫在接触面上的应力分布规律相似,均存在 4 个峰值,仅在法向接触应力数值上存在差异,如图 7.29 所示。当接缝张开量为 3 mm 和 8 mm 时,复合式密封垫膨胀前,表面的平均接触应力分别为 0.821 MPa 和 0.398 MPa,EPDM 密封垫表面的平均接触应力分别为 0.849 MPa 和 0.438 MPa。由于 EPDM 橡胶硬度大于 WSR,此时 EPDM 密封垫防水性能更佳。随着复合式密封垫逐渐膨胀,密封垫表面平均接触应力分别增至 1.898 MPa 和 0.462 MPa,均大于 EPDM 密封垫表面平均接触应力,防水能力存在显著差异。因此,复合式密封垫具有二次防水功能,相较于 EPDM 密封垫,防水效果更佳。

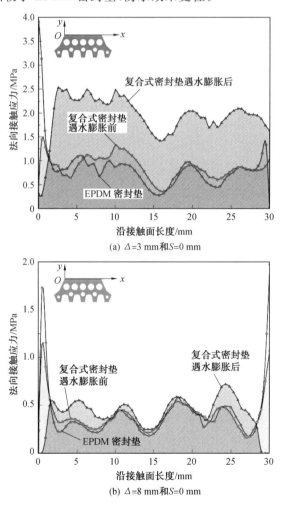

图 7.29 复合式密封垫与 EPDM 密封垫法向接触应力比较

7.6 复合式密封垫防水机理

7.6.1 防水失效过程

EPDM 密封垫通过装配压缩产生压缩应力,以抵抗外界水压。水体挤压密封垫导致应力重分布,产生密封垫间附加应力,防水能力采用下式计算:

$$p_w \geq \alpha(p_0 + p_1) \tag{7.16}$$

式中　p_w——防水能力;

　　　α——与密封垫种类、形状和宽度有关的系数;

　　　p_0——密封垫装配挤压后的初始接触应力;

　　　p_1——密封垫附加应力。

复合式密封垫防水能力包括压缩接触应力和 WSR 膨胀应力。复合式密封垫防水失效机理较 EPDM 密封垫更复杂。为了直观展现复合式密封垫防水失效过程,采用欧拉-拉格朗日耦合方法建立复合式密封垫防水失效分析模型。分别模拟无错台和有错台两种工况下,复合式密封垫防水失效过程。模型中简化复合式密封垫吸水膨胀过程,视为理想状况下的完全膨胀,膨胀变形量呈梯形分布。同时,不考虑密封垫弹性模量随密封垫压缩而增大的情况。

(1)无错台情况。

接缝张开量为 10 mm 时,复合式密封垫防水失效过程如图 7.30 所示。可知,无错台情况下,密封垫在装配过程中逐渐挤压密实,产生初始接触应力;水体进入沟槽后,遇水膨胀橡胶吸水膨胀,密封垫孔洞和支腿继续被挤压,接触应力进一步提高;此外,侧向水压作用下,密封垫出现整体侧向变形,密封垫间的接触应力迅速增大。当水压继续增大,水体灌入密封垫,上下密封垫间出现缝隙,密封垫间接触应力急剧降低;随着水体不断灌入,两侧密封垫逐渐分离,接触应力降为0,密封垫防水失效。

(2)有错台情况。

接缝张开量为 8 mm、错台量为 10 mm 时,复合式密封垫防水失效过程如图 7.31 所示。密封垫防水失效过程基本与无错台情况一致,错台量为 10 mm 时,密封垫防水失效过程分为 6 个阶段:初始阶段、密封垫压缩阶段、密封垫吸水膨胀阶段、水体挤压密封垫阶段、水体灌入密封垫阶段和水体冲破密封垫阶段。

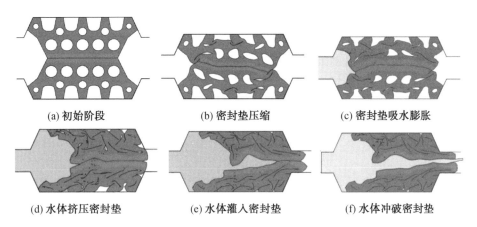

图 7.30　复合式密封垫防水失效过程（$\Delta=10$ mm）

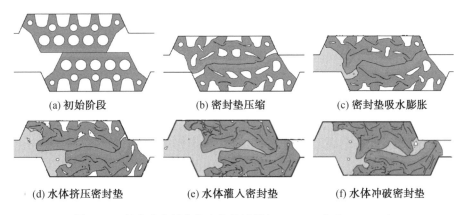

图 7.31　复合式密封垫防水失效过程（$\Delta=8$ mm 和 $S=10$ mm）

密封垫装配压缩完成后，WSR 遇水发生膨胀，密封垫与对侧混凝土沟槽发生接触挤压；随着水压增大，下部密封垫产生滑移，侧向水压力加剧密封垫整体错台量，密封垫间接触长度减小；随着水不断涌入密封垫接触面，下部密封垫持续挤压变形，水体最终冲破密封垫。当管片存在错缝，侧向水压将加大密封垫错台量，进一步减小接触面长度，导致有效接触面积减少，水更容易突破密封垫，这是错台量导致密封防水性能下降的重要原因。

7.6.2　接触应力分析

（1）无错台情况。

接缝张开量为 10 mm 时，复合式密封垫各阶段接触应力分布和平均接触应力变化分别如图7.32和图7.33所示。密封垫完全膨胀后平均接触应力达到0.414 MPa；随着水体挤压密封垫，孔洞和支腿处孔隙全部闭合，密封槽填充率不断增大，平均接触应力升至0.616 MPa，相较于膨胀前提高48.8%。水挤压密封垫过程中，大幅增加密封垫表面接触应力；然而，水灌入并突破密封垫时，平均接触应力不断降低至0，最终密封垫防水失效。

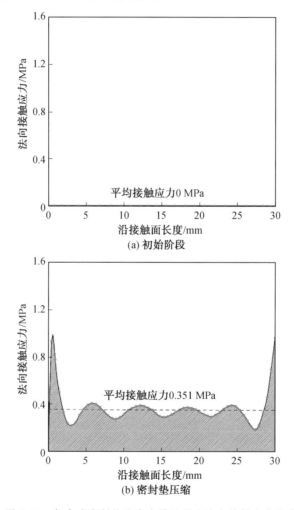

图7.32 复合式密封垫防水失效过程中法向接触应力分布

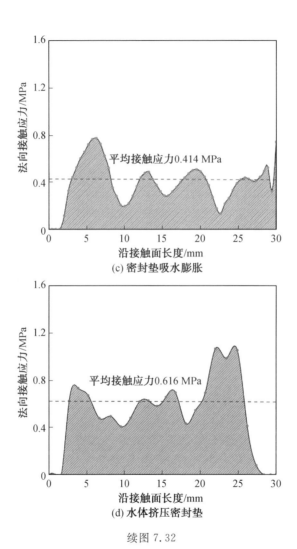

(c) 密封垫吸水膨胀

(d) 水体挤压密封垫

续图 7.32

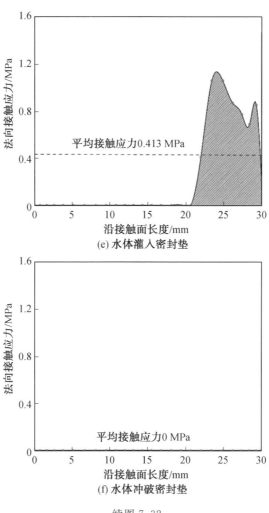

续图 7.32

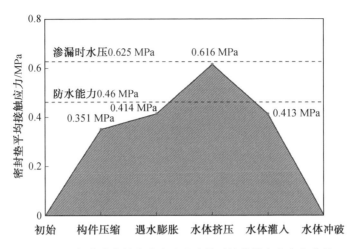

图 7.33 复合式密封垫防水过程中的平均接触应力变化曲线

(2) 有错台情况。

当接缝张开量为 8 mm、错台量为 10 mm 时,复合式密封垫各阶段接触应力分布和平均接触应力变化分别如图 7.34 和图 7.35 所示。当错台量为 10 mm 时,密封垫装配完成后,平均接触应力为 0.445 MPa,接触宽度为 25 mm。当 WSR 遇水膨胀后,平均接触应力增加至 0.472 MPa,接触宽度为 27.5 mm。随着水压增加,平均接触应力增加至 0.502 MPa,相较于膨胀后仅提高 6.36%,水压作用加大了密封垫错台量,接触宽度减小至 20 mm。随着水压继续增加,水体

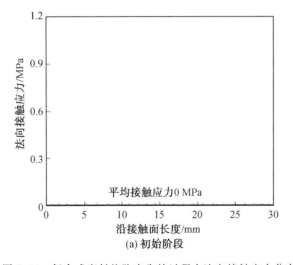

图 7.34 复合式密封垫防水失效过程中法向接触应力分布

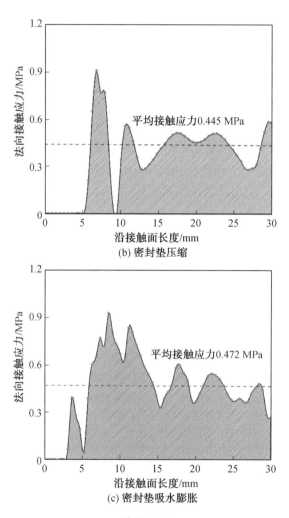

(b) 密封垫压缩

(c) 密封垫吸水膨胀

续图 7.34

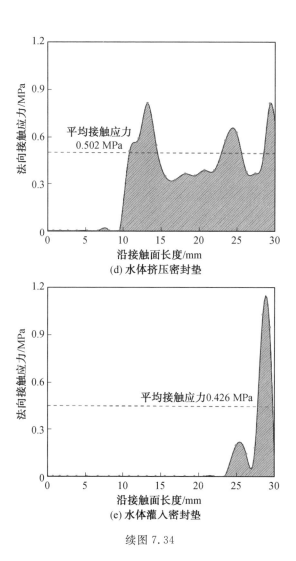

续图 7.34

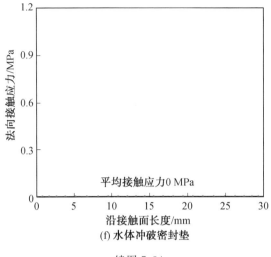

(f) 水体冲破密封垫

续图 7.34

涌入密封垫接触面,接触路径长度迅速减小,平均接触应力逐渐降至 0。相较于有错台工况,无错台条件下密封垫法向接触应力较为对称,有效接触宽度较长,不易出现渗水薄弱位置,水压作用下平均接触应力提升效果显著,因此接缝错台量将直接影响密封垫综合防水性能。

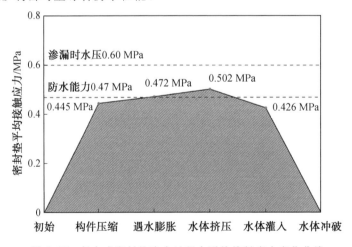

图 7.35　复合式密封垫防水过程中平均接触应力变化曲线

7.6.3　防水失效机理

以平均接触应力为控制指标,复合式密封垫的防水失效过程主要包括"压缩密封—遇水膨胀—水体挤压—水体冲破"4个阶段,如图7.36所示。其中,压缩密封阶段:当预制构件装配完成后,弹性密封垫挤压密实,产生初始接触应力 p_0,此时防水性能主要受材料参数、压缩量和错台量控制。遇水膨胀阶段:当水体进入密封槽后,复合式密封垫吸水膨胀,挤压密封垫,产生接触应力增量 p_1,此时密封垫接触应力为 $\tau(t)=\int_0^t G_R(t-s)\dot{\gamma}(s)\mathrm{d}s$。水体挤压阶段:随着水压持续作用,支腿处黏结面出现脱离,密封垫发生较大变形,接触面应力增大,产生接触应力增量 p_2,此时密封垫的接触应力提高至 $\tau(t)=\int_0^t G_R(t-s)\dot{\gamma}(s)\mathrm{d}s$,当 $\tau(t)=\int_0^t G_R(t-s)\dot{\gamma}(s)\mathrm{d}s$ 时,密封垫未失效。水体冲破阶段:当 $\tau(t)=\int_0^t G_R(t-s)\dot{\gamma}(s)\mathrm{d}s$ 时,水体灌入至密封垫间,密封垫间有效接触应力不断降低,水体迅速突破密封垫,密封垫防水失效。

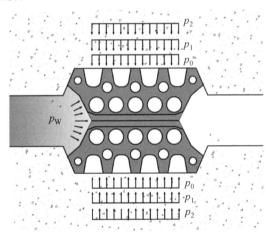

图7.36 复合式密封垫防水机理示意图

7.7 重要认识与启示

采用欧拉-拉格朗日耦合算法建立了复合式密封垫防水失效流固耦合模型,揭示了复合式密封垫防水机理,提出了防水失效的统一判别方法。主要结论如下:

(1)采用欧拉-拉格朗日耦合算法建立复合式密封垫防水失效模型,并与橡胶膨胀试验、密封垫压缩试验和"一"字缝防水试验进行对比,验证了模型可靠性。结果表明复合式密封垫防水失效模型能够较好模拟密封垫防水失效全过程。

(2) 复合式密封垫与 EPDM 密封垫压缩过程基本一致,压缩曲线包括线性阶段、缓慢增长阶段和快速增长阶段。二者闭合压缩力基本相同,分别为 32.75 kN/m 和 32.41 kN/m。复合式密封垫具有二次防水功能,相较于 EPDM 密封垫,防水效果更佳。

(3) 接缝错台量直接影响密封垫综合防水性能。相较于有错台量工况,无错台条件下密封垫表面法向接触应力对称,有效接触长度较长,不易渗水失效,水压作用下平均接触应力提升效果更显著。

(4) 复合式密封垫防水能力包括压缩接触应力和 WSR 膨胀应力。复合式密封垫的防水失效过程主要分为 4 个阶段:密封垫装配压缩,WSR 遇水膨胀,水体挤压密封垫,水体冲破密封垫。

第 8 章

高寒区地铁管片接缝密封垫长期性能评价

  本章主要阐明复合式密封垫二次防水效应及其对密封垫接触应力和渗漏路径影响规律,探讨不同张开量和错台量条件下复合式密封垫防水性能演化规律,建立基于黏弹性材料接触应力松弛本构的复合式密封垫渐进渗透模型,明确橡胶老化导致的应力松弛对密封垫防水效果的显著影响,进一步探明符合"P—T—t"三元老化时变模型的密封垫接触应力变化规律,模拟100年设计使用年限内复合式密封垫老化现象,确定保障复合式密封垫长期稳定的错台量安全控制限值。

第8章　高寒区地铁管片接缝密封垫长期性能评价

8.1 引　　言

防水材料是隧道管片结构防水的重要组成部分，防水材料老化导致的隧道渗水是最常见病害之一。因此，盾构隧道运营期间，接缝防水材料必须满足隧道长期服役要求。目前，为了满足管片接缝止水密封要求，德国和英国等欧洲国家主要采用 EPDM 橡胶密封垫，与 WSR－EPDM 复合式密封垫防水性能相差较大。针对橡胶防水材料耐久性的研究已取得一定成果，但是对于遇水膨胀橡胶的研究较少。因此，立足隧道防水体系长期服役需求，采用理论分析、室内试验、数值模拟等方法，开展复合式橡胶垫防水材料耐久性研究，揭示复合式密封垫防水规律、渗漏路径和失效模式，探究接缝张开量和错台量对复合式密封垫防水性能的影响规律。优化复合式密封垫截面型式，分析最优截面型式密封垫的力学响应、防水性能及主控因素。基于"P－T－t"三元模型，预测复合式密封垫 100 年服役周期内的防水性能。

8.2　复合式密封垫二次防水效应

8.2.1　二次防水效应定义

EPDM 密封垫通过压缩应力实现管片接缝间的止水密封。复合式密封垫装配压缩完成后，WSR 吸水膨胀，产生的二次膨胀应力进一步挤压密封垫，提升防水性能，上述现象定义为"二次防水效应"。

为揭示复合式密封垫二次防水效应作用机理，选取接缝张开量为 6 mm，错台量为 0 mm 和 10 mm 两种工况，当考虑复合式密封垫二次防水效应时，WSR

装配完成后发生膨胀,膨胀率约为200%,而且 WSR 膨胀后从自由面向橡胶材料连接面应变逐渐降低,呈梯度膨胀现象,复合式密封垫膨胀前后的应变如图8.1所示。

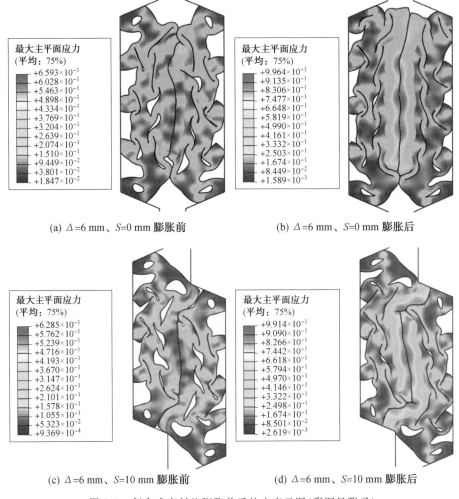

(a) $\Delta=6$ mm、$S=0$ mm 膨胀前　　(b) $\Delta=6$ mm、$S=0$ mm 膨胀后

(c) $\Delta=6$ mm、$S=10$ mm 膨胀前　　(d) $\Delta=6$ mm、$S=10$ mm 膨胀后

图 8.1　复合式密封垫膨胀前后的应变云图(彩图见附录)

与膨胀前相比,密封垫膨胀后的应变量较大,主要集中在支腿、孔洞和接触面附近。当错台量 $S=0$ mm 时,最大应变从 0.659 增加至 0.996,出现在遇水膨胀橡胶上表面,密封槽填充率从 75.12% 提升至 85.85%。当错台量 $S=10$ mm 时,最大应变从 0.629 增加至 0.991,密封槽填充率从 71.52% 提升至 81.50%。因此,复合式密封垫二次防水效应可以显著提升复合式密封垫防水性能。

8.2.2 二次防水效应对接触应力的影响

复合式密封垫防水体系的潜在渗漏路径为密封垫—密封垫接触面和密封槽—密封垫接触面,如图 8.2 所示。

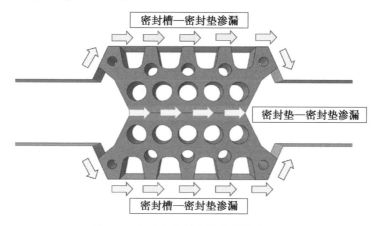

图 8.2 复合式密封垫潜在渗漏路径

密封垫平均接触应力与防水能力存在正相关对数关系,是表征密封垫防水性能的重要参数。当 $\Delta=6$ mm、$S=0$ mm 时,考虑二次防水效应,对比分析复合式密封垫两条潜在渗水路径的接触应力分布状况,如图 8.3 和图 8.4 所示。密封垫—密封垫接触面膨胀前后的接触应力分布规律相同,均存在 4 个峰值,位于上排孔洞两侧;接触应力在二次防水效应下得到不同程度提升,平均接触应力从 0.506 MPa 增加至 0.648 MPa。密封槽—密封垫接触面由于胶水黏结效应,最外侧支腿与混凝土黏结面产生拉应力,部分接触面发生脱离。支腿两侧接触面 S_1 和 S_5 的接触路径较长,起到较好防水效果;中部 $S_2 \sim S_4$ 接触面较短,防水效果欠佳。在二次防水效应下,平均接触应力从 0.710 MPa 增加至 1.104 MPa,提升了 55.49%。

不同错台量($S=0$ mm、5 mm、10 mm)下密封垫—密封垫和密封槽—密封垫两条路径的平均接触应力分别如图 8.5 和 8.6 所示。WSR 膨胀效应有效提升了密封垫两条潜在渗水路径的接触应力,提升效果与预制构件接缝处张开量呈负相关。

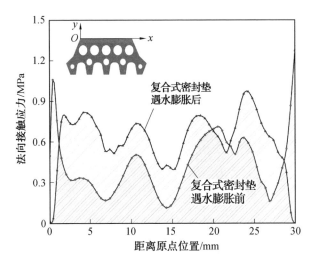

图 8.3　密封垫—密封垫间接触应力分布对比（$\Delta=6$ mm 和 $S=0$ mm）

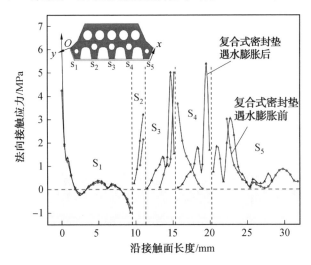

图 8.4　密封槽—密封垫间接触应力分布对比（$\Delta=6$ mm 和 $S=0$ mm）

第 8 章　高寒区地铁管片接缝密封垫长期性能评价

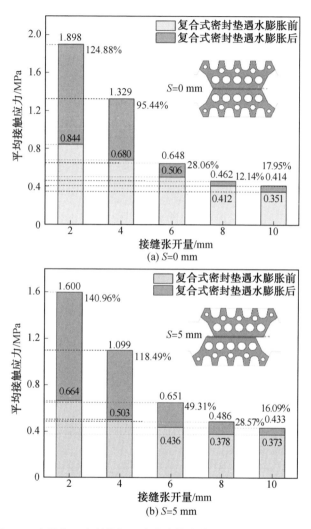

图 8.5　密封垫—密封垫间二次防水效应前后的平均接触应力对比

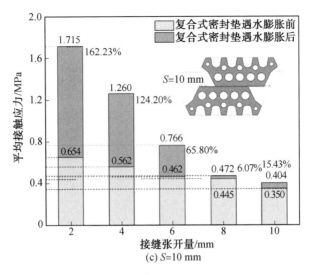

(c) $S=10$ mm

续图 8.5

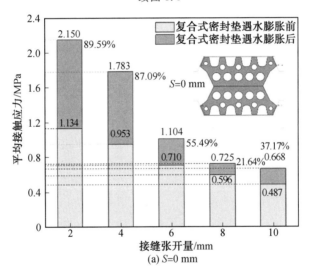

(a) $S=0$ mm

图 8.6 密封槽—密封垫间二次防水效应前后的平均接触应力对比

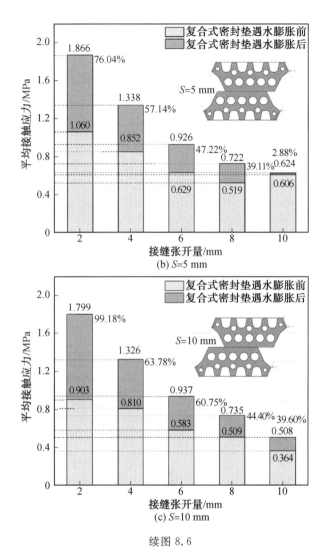

续图 8.6

当 $\Delta=3$ mm、$S=10$ mm 时,密封垫—密封垫接触面平均接触应力提升最显著,达到 162.23%。由于大错台量下密封槽填充率低,橡胶体积迅速增大并挤压剩余区域。相同张开量条件下,复合式密封垫防水效果随着错台量增加而明显提升。

对于密封槽—密封垫接触面,在 $\Delta=3$ mm、$S=10$ mm 工况中,接触应力提升率最高,为 99.18%。相对于密封垫间接触面,密封垫与密封槽接触面在二次防水效应下的应力提升较少。考虑预制构件错台量,在防水性能方面,复合式密封垫较单一 EPDM 密封垫存在显著优势。

8.2.3 二次防水效应对渗漏路径的影响

结合现场施工状况,综合分析密封垫—密封垫和密封槽—密封垫两条渗漏路径防水性能差异,如图 8.7 所示。密封槽—密封垫间平均接触应力大于密封垫—密封垫;密封垫间接触路径长 30 mm,密封垫与密封槽接触路径长 28 mm,二者接触长度相近,但密封槽接触面不连续,实际防水效果较差。同时,在预制管片生产过程中,沟槽底部易出现蜂窝、凹凸等缺陷,会降低密封垫与混凝土黏结效果,影响密封槽—密封垫路径的防水性能。密封垫错台量越大,密封垫间平均接触应力与密封槽—密封垫处相差越小,当两条渗漏路径上平均接触应力相当($p_\Delta \leqslant 0.2$ MPa)时,渗漏更易发生在密封槽—密封垫上。当错台量 $S=10$ mm 时,密封垫渗水主要发生在密封槽处,WSR 未能完全发挥膨胀效应,故应适当改进密封槽—密封垫路径截面处的防水构造。

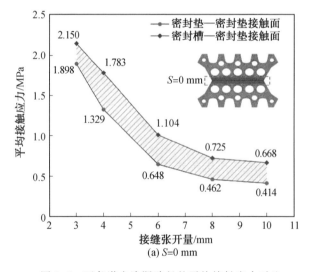

(a) $S=0$ mm

图 8.7 两条潜在渗漏路径的平均接触应力对比

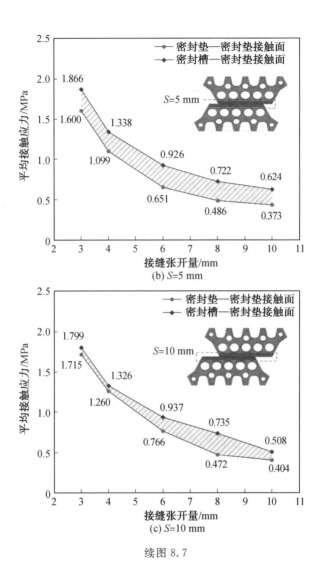

续图 8.7

8.3 复合式密封垫防水性能影响因素

受管片拼装误差、拼装缝受力变形及不均匀沉降等因素影响,密封垫接缝存在张开和错台问题,影响密封垫防水性能。因此,结合室内试验和数值模拟等研究手段,揭示不同张开量和错台量条件下复合式密封垫防水性能演化规律。

8.3.1 张开量

随着接缝张开量减小,密封垫逐渐挤压密实,应力集中于孔洞和支腿处,最大等效应力从 4.414 MPa 增加至 7.259 MPa,如图 8.8 所示。密封垫间接触应力分布较均匀,密封槽填充率从 73.27% 提升至 92.94%,耐水压力从 0.46 MPa 提升至 3.23 MPa,防水性能得到大幅度提升。

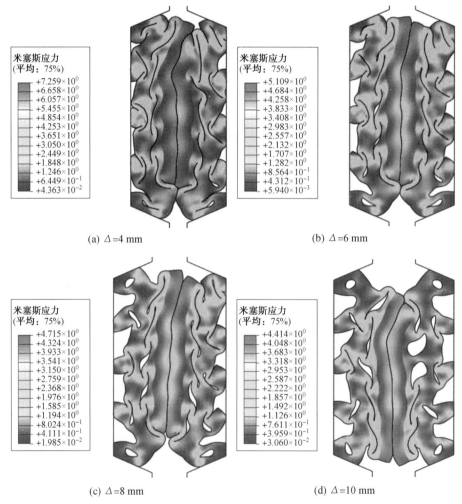

图 8.8 不同张开量下复合式密封垫应力云图(单位:MPa)(彩图见附录)

不同错台量下密封垫耐水压力曲线如图 8.9 所示。复合式密封垫防水能力与接缝张开量呈负相关,接缝张开量越小,防水性能越好。错台量从 0 mm 增加到 5 mm 时,密封垫防水性能急剧下降。当张开量大于 8 mm 时,3 种错台量下耐水压力均不满足 0.68 MPa 的短期防水压力需求。因此,接缝张开量对复合式密封垫防水能力具有显著影响。为了满足防水需求,施工过程应严格控制预制构件纵缝和环缝处张开量,容许范围为 0~6.0 mm。

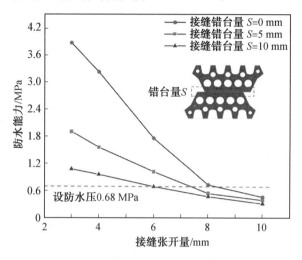

图 8.9 不同错台量下密封垫的耐水压力曲线

8.3.2 错台量

(1)不同错台方式对密封垫防水性能的影响。

管片接缝错台方式包括先错台再挤压、先挤压再错台和边挤压边错台 3 种工况。控制密封垫 $\Delta=6$ mm、$S=5$ mm,分析不同接缝错台方式对密封垫防水性能的影响。3 种错台方式下复合式密封垫应力及变形如图 8.10 所示。可见,不同错台方式的密封垫变形情况相似。从接触路径长度的角度来看,先错台再挤压情况的防水效果最差;从有效应力角度来看,先挤压再错台情况的防水效果最差。3 种错台方式下密封垫—密封垫和密封槽—密封垫处的平均接触应力见表 8.1。可知,先错台再挤压的防水效果最差,密封垫—密封垫接触面的平均接触应力为 0.651 MPa,密封垫与密封槽的平均接触应力为 0.926 MPa,均小于先挤压再错台和边挤压边错台两种工况,表明密封垫接触路径长度对防水性能影响更大。

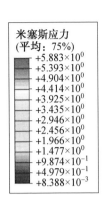 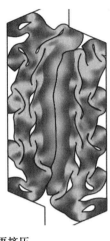

(a) 先错台再挤压　　　　　　(b) 先挤压再错台

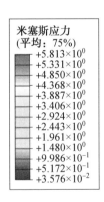

(c) 边挤压边错台

图 8.10　$\Delta=6$ mm、$S=5$ mm 时 3 种错台方式应力云图(单位:MPa)(彩图见附录)

表 8.1　3 种错台方式的平均接触应力($\Delta=6$ mm 和 $S=5$ mm)

载荷工况	张开量/mm	错台量/mm	p_{D-D}/MPa	p_{C-D}/MPa
先错台再挤压	6	5	0.651	0.926
先挤压再错台	6	5	0.734	0.970
边挤压边错台	6	5	0.741	1.217

(2) 先错台再挤压对密封垫防水性能的影响。

不同错台量下复合式密封垫接触应力和变形如图 8.11 所示。最大接触应力出现在密封垫支腿处，且出现拉应力。随着接缝错台量增加，部分密封垫被挤压至混凝土沟槽两侧，减小了密封沟槽填充率，造成密封垫整体接触应力减小，防水性能降低。复合式密封垫装配压缩和遇水膨胀过程中，两侧密封垫挤压相邻混凝土密封槽，起到挡水效果，延长渗水路径，一定程度上降低了低水压下的渗漏风险。因此，错台量并不一定会导致密封垫防水能力下降。但是，高错台量将导致密封垫挤压混凝土构件，极端情况下将压碎混凝土沟槽端部和角部。因此，应严格控制施工过程精度，限制拼装缝错台量尤为重要。

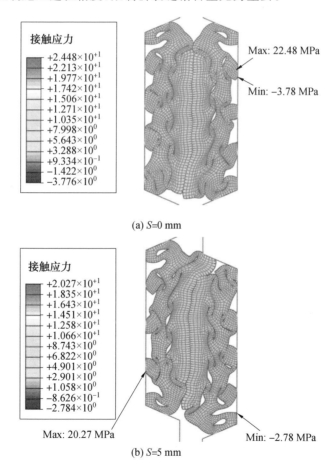

图 8.11　不同错台量下复合式密封垫的接触应力云图（$\Delta=6$ mm，单位：MPa）（彩图见附录）

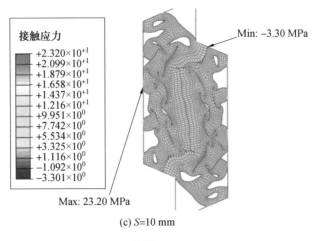

(c) $S=10$ mm

续图 8.11

如图 8.12 所示,复合式密封垫防水性能随接缝错台量增大而降低,张开量越小影响越大。当接缝张开量较小时,密封垫与相邻混凝土槽接触,WSR 膨胀前后接触应力差异较大;当错台量大于 5 mm 时,渗水路径由密封垫—密封垫接触面逐渐转移至密封槽—密封垫接触面。密封垫错台将引起垂直方向接缝张开,建议接缝张开量和错台量分别控制在 6 mm 和 5 mm 内,以充分满足现场 0.68 MPa 短期防水要求。

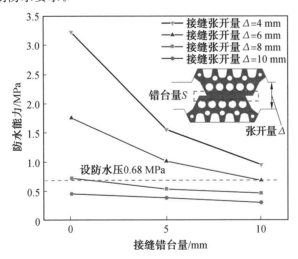

图 8.12 不同张开量下密封垫的耐水压力曲线

8.4 复合式密封垫长期防水性能评估

8.4.1 黏弹性材料接触应力松弛本构

同时使用超弹性与黏弹性材料本构模型,并通过指定松弛试验数据或 Prony 级数参数,模拟橡胶材料的应力松弛现象。小应变剪切试验中,施加随时间变化的切应变 $\gamma(t)$,得到切应力 $\tau(t)$,黏弹性材料本构模型为

$$\tau(t) = \int_0^t G_R(t-s) \dot{\gamma}(s) \mathrm{d}s \tag{8.1}$$

式中,$G_R(t)$ 为与时间相关的剪切松弛模量。以载荷施加时作为零时刻,则切应力计算如下:

$$\tau(t) = \int_0^t G_R(t-s) \dot{\gamma}(s) \mathrm{d}s = G_R(t)\gamma \tag{8.2}$$

式中 γ——固定应变。

施加长时应变后,最终响应为常应力,因此黏弹性材料模型是"长期弹性的",即当 $t \to \infty$ 时,$G_R(t) \to G_\infty$。

将剪切松弛模量写成无量纲形式,归一化剪应力表达式为

$$\tau(t) = G_0 \int_0^t g_R(t-s) \dot{\gamma}(s) \mathrm{d}s \tag{8.3}$$

无量纲松弛函数最值为:$g_R(0)=1, g_R(\infty) = G_\infty / G_0$。

8.4.2 渐进渗透模型

在 Abaqus 中将复合式密封垫分解为超弹性体、膨胀体和黏弹性体,归一化剪切试验数据定义为时间函数,导入黏弹性材料属性中,模拟 100 年设计使用年限内复合式密封垫老化现象,分析不同张开量复合式密封垫的应力变化,如图 8.13 所示。考虑橡胶材料老化效应,密封垫总变形保持不变,塑性变形不断增加,弹性变形相应减小。随时间增长,应力不断降低。当张开量 $\Delta = 3$ mm 时,装配完成后最大米塞斯应力为 8.350 MPa,100 年后降至 5.323 MPa,为初始的 63.75%;当张开量 $\Delta = 10$ mm 时,装配完成后最大米塞斯应力为 4.414 MPa,100 年后降为 2.708 MPa,为初始的 61.35%,表明应力松弛对密封垫防水效果影响显著。

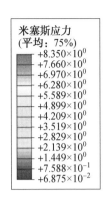 

(a) 初始应力状态（$\Delta=3$ mm）　　　　(b) 第100年应力状态（$\Delta=3$ mm）

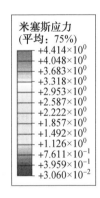 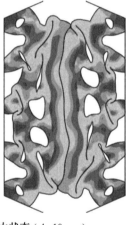

(c) 初始应力状态（$\Delta=10$ mm）　　　(d) 第100年应力状态（$\Delta=10$ mm）

图8.13　复合式密封垫老化时变应力云图（单位：MPa）（彩图见附录）

进一步分析橡胶老化对密封垫防水性能的影响，图8.14所示为第1年、第25年、第50年和第100年时密封垫—密封垫接触面上的接触应力。橡胶老化引起应力松弛现象，降低密封垫间接触应力，严重影响密封垫防水性能。随着时间推移，接触应力逐渐降低并趋于稳定，变化规律符合"P-T-t"三元老化时变模型。

根据工程施工要求，接缝张开量应控制在6 mm以内。结合泄水压力，分析当错台量为$S=0$ mm、$S=5$ mm和$S=10$ mm时密封垫使用年限内的平均接触应力，预测复合式密封垫长期防水能力，如图8.15所示。复合式密封垫防水能

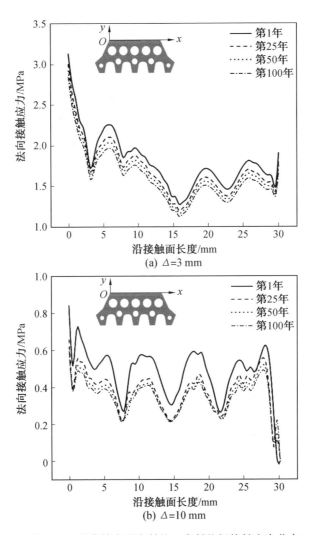

图 8.14 老化效应下密封垫—密封垫间接触应力分布

力随时间增加而减小,初始 10 年内,应力松弛速度较快,防水能力降低 21%。后 90 年防水能力只降低了约 16%,最终趋于稳定。当错台量 $S=0$ mm 和 $S=5$ mm 时,均能保持较好的防水性能,并满足长期防水需求(大于长期防水指标 0.44 MPa)。因此,为满足长期防水要求,需要保证现场精准施工,使接缝处错台量控制在 5 mm 以内。

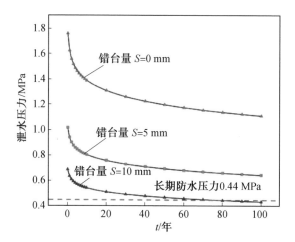

图 8.15　不同错台量下复合式密封垫长期防水能力预测

8.5　重要认识与启示

考虑复合式密封垫二次防水效应,分析接缝张开量和错台量对防水性能的影响,揭示密封垫防水性能、接触应力、渗漏路径和失效模式的演化规律。基于橡胶老化"P—T—t"三元老化时变模型,得到应力松弛经验公式,建立复合式密封垫的老化时变模型,预测使用年限 100 年内密封垫的防水性能。主要结论如下:

(1)二次防水效应对密封垫两条潜在渗水路径的接触应力提升效果明显,在密封垫—密封垫接触面上,全路径下法向接触应力得到不同程度的提升,且错台量 S 越大,接触应力提升率越高;密封槽—密封垫接触面为 5 段不连续界面,与密封垫间接触面相比,二次防水效应下,密封槽处接触应力提升率较低。

(2)复合式密封垫防水能力与接缝张开量呈负相关,且接缝错台量越小,防水性能下降越快,施工过程中应严格控制预制构件纵缝和环缝张开量,容许范围为 0~6.0 mm。

(3)采用"P—T—t"橡胶老化模型和黏弹性本构模型模拟橡胶应力松弛现象。分析表明:初始 10 年,密封垫应力松弛速度较快,防水能力降低约 21%,随后 90 年防水能力降低约 16%,最终趋于稳定。当接缝张开量 $\Delta=6$ mm、错台量 $S=5$ mm 时,100 年后密封垫防水能力为 1.11 MPa,满足 0.44 MPa 的长期防水需求。

第9章

高寒区地铁管片接缝多元防水技术

本章采用胺基功能化的钛基MOFs(NH$_2$—MIL—125)改性环氧树脂,制备低温下强黏结的NH$_2$—MIL—125/环氧纳米复合黏结剂,通过开展材料物理力学性能测试与微观结构表征,明确水性环氧在NH$_2$—MIL—125作用下互穿聚合物网络(IPN)结构的形成机制。基于遇水膨胀橡胶存在二次防水效应,明确预制构件接缝密封垫截面优化时准则。设计新型复合式密封垫截面型式,建立多层次衬砌膨胀橡胶复合密封垫高效防水技术。

第9章 高寒区地铁管片接缝多元防水技术

9.1 引 言

低温下管片黏结密封胶条易脱落等是导致高寒富水环境隧道管片接缝病害甚至破坏的主要原因。为了高效提升密封防水效果,增强密封垫耐寒性能、增大密封垫黏结有效应力面积与强度,开展了高强环氧黏结剂和新型复合密封垫研究。据此研发了高寒富水环境下隧道管片接缝冬季施工多元防水技术与结构型式,攻克衬砌防水技术难以高效控制衬砌漏水与冻胀破坏风险的技术难题。

9.2 密封垫 NH_2-MIL-125/环氧纳米复合黏结剂

为了解决低温下管片黏结密封胶条易脱落问题,首次采用胺基功能化的钛基 MOFs(NH_2-MIL-125)、双酚 A 型环氧树脂、T-33 和 1,2-环己二醇二缩水甘油醚等制备了高性能 NH_2-MIL-125/环氧纳米复合灌浆材料,探究活性稀释剂对胶凝时间和初始黏度的影响,并通过 DSC 研究注浆材料固化动力学特性。同时,从热机械性能、冲击强度、拉伸剪切强度、压缩强度等方面测试不同含量纳米填料对环氧黏结剂性能的影响。

9.2.1 试验材料与测试方法

(1)主要原料。

异丙醇钛(TPOT),纯度为分析纯;2-氨基对苯二甲酸(NH_2-BDC),纯度为分析纯;N,N-二甲基甲酰胺(DMF);无水甲醇(CH_3OH);双酚 A 型环氧树脂(E-51),工业级;固化剂(T-33),工业级;活性稀释剂(1,2-环己二醇二缩水甘油醚),工业级。

(2) $NH_2-MIL-125$/环氧纳米复合黏结剂制备。

将 NH_2-BDC(0.816 g,4.52 mmol)溶于 DMF 和甲醇混合溶剂中($V_{DMF}/V_{MeOH}=9:1$),然后再向上述溶液中加入 TPOT(0.45 mL,1.5 mmol),室温下搅拌 30 min 后,将混合物转移到 100 mL 带四氟乙烯内衬的高压反应釜中,静置于 150 ℃烘箱中反应 24 h,自然冷却后过滤,滤得黄色固体产物用 DMF 洗涤 24 h,然后更换为甲醇洗涤 24 h,去除残留反应物。最后,将黄色固体在 100 ℃的真空烘箱中干燥 12 h,得到 $NH_2-MIL-125$。

(3) $NH_2-MIL-125$/环氧纳米复合黏结剂制备。

以 1,2-环己二醇二缩水甘油醚为溶剂,以 T-33 为固化剂,分别制备 $NH_2-MIL-125$ 质量分数为 0、0.1%、0.5% 和 1.0% 的 $NH_2-MIL-125$/环氧纳米复合黏结剂。经室温静置 10 min 后,将溶液倒入模具中,置于真空烘箱中抽真空静置 30 min,得到 $NH_2-MIL-125$/EP 预聚体,依次记为 EP、0.1MIL/EP、0.5MIL/EP、1.0MIL/EP。将模具继续在 25 ℃下固化处理 7 d,获得固化的 $NH_2-MIL-125$/环氧纳米复合黏结剂,记为 Poly(EP)、Poly(0.1MIL/EP)、Poly(0.5MIL/EP)、Poly(1.0MIL/EP)。$NH_2-MIL-125$/环氧纳米复合黏结剂的配比见表 9.1。

表 9.1 $NH_2-MIL-125$/环氧纳米复合黏结剂的配比

样品	环氧树脂	T-33	1,2-环己二醇二缩水甘油醚	$NH_2-MIL-125$
Poly(EP)	10.0	4.0	2.0	0
Poly(0.1MIL/EP)	10.0	4.0	2.0	0.01
Poly(0.5MIL/EP)	10.0	4.0	2.0	0.05
Poly(1.0MIL/EP)	10.0	4.0	2.0	0.10

(4) 测试与表征。

① 采用 IR Prestige-21 型傅里叶变换红外光谱仪进行红外光谱测试(FT-IR)。

② X 射线衍射(XRD)模式被记录在 D/Max-1200 型 CuKα 射线衍射仪上。

③ 氮气气氛下,将 3.0 mg 样品预聚体进行差示扫描量热(DSC)测试。测试范围为 25~300 ℃,测试速率为 10 K/min。

④ 采用 ZEI GeminiSEM 300 电子显微镜观察样品形貌。

⑤ 采用三点弯曲模式进行热机械性能测试(DMA)。样品尺寸为 45 mm×10 mm×3 mm,测试范围为 25~300 ℃,升温速率为 3 K/min。

⑥ 按《树脂浇铸体性能试验方法》GB/T 2567—2021 标准用电子万能试验机

测试抗拉伸强度。

⑦采用标准哑铃型试样测试拉伸强度,拉伸速度为 2 mm/min。

⑧按《胶粘剂 拉伸剪切强度的测定(刚性材料对刚性材料)》GB/T 7124—2008 标准采用微机控制电子万能试验机在室温下进行剪切强度测试。

⑨按 GB/T 7124—2008 标准采用微机控制电子万能试验机在室温下进行冲击强度测试。

⑩按照 GB/T 2567—2021 标准采用液压式万能试验机进行压缩性能测试。

9.2.2 NH_2-MIL-125/环氧纳米复合黏结剂微观表征

(1) NH_2-MIL-125 的化学结构。

NH_2-MIL-125 的红外光谱如图 9.1 所示。结果显示,NH_2-MIL-125 在 3 380~3 500 cm^{-1} 和 1 380~1 700 cm^{-1} 处出现一系列特征吸收峰,分别为 NH_2-MIL-125 中的氨基(—NH_2)和羧基(—COO)特征峰。在 1 540 cm^{-1} 的强吸收峰是由—COO 的非对称拉伸振动引起的,1 385 cm^{-1} 处的吸收峰归因于—COO 的对称拉伸振动。频率间隙(Δ)为—COO 的非对称拉伸[Vas(—COO—)]吸收频率和对称拉伸[Vs(—COO—)]吸收频率的差值,通常用于说明—COO 与金属离子间的配位方式。上述频率间隙 Δ 值为 155 cm^{-1},则—COO 与钛离子(Ti^{4+})间的配位为桥接配位(138 cm^{-1}<Δ<200 cm^{-1})。此外,773 cm^{-1} 处的吸收峰为 Ti—O—Ti—O 键振动峰。上述表明,NH_2-MIL-125 被成功合成。

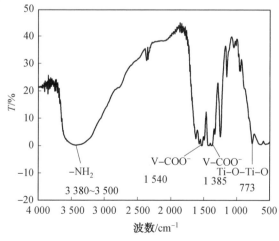

图 9.1 NH_2-MIL-125 的红外光谱

NH_2-MIL-125 样品的 XRD 衍射图谱如图 9.2 所示。图中主要的衍射峰 $2\theta=6.9°$、$11.8°$、$12.9°$、$15.2°$、$16.7°$ 和 $18.0°$分别对应 011、002、112、022、013 和 222 晶面,与先前研究结果一致,说明 NH_2-MIL-125 被成功合成。

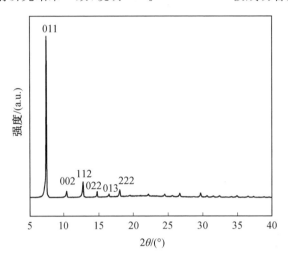

图 9.2 NH_2-MIL-125 的 XRD 衍射图谱

采用液氮将固化后的纯 EP 和 NH_2-MIL-125/环氧纳米复合黏结剂淬断后,对其断面进行 SEM 测试。Poly(MIL/EP)SEM 图像如图 9.3 所示。EP 树脂断面光滑,裂纹方向单一,为典型脆性断裂。相较于 EP 而言,Poly(MIL/EP)出现韧窝,为典型韧性断裂。这是由于 NH_2-MIL-125 通过纳米增韧效应,改变了树脂基体交联方向,使裂纹发生偏转,改善了 EP 体系界面相互作用。然而,Poly(1.0 MIL/EP)断面形貌由微观裂纹转变为宏观条纹,出现纳米团聚现象,说明添加过多的 NH_2-MIL-125 不利于 EP 体系增韧。

如图 9.4 所示,采用 DSC 探究 NH_2-MIL-125/环氧纳米复合黏结剂预聚体固化动力学特性。可知,纯 EP 注浆材料放热峰值为 205.5 ℃,随着 NH_2-MIL-125 引入,NH_2-MIL-125/环氧纳米复合黏结剂的峰值温度不断向左偏移,并降低至 183.3 ℃。此外,相较于纯 EP,1.0 MIL/EP 在 102.9 ℃ 出现新峰,说明 NH_2-MIL-125 中活性胺参与了环氧树脂固化反应。综上,NH_2-MIL-125 中的活泼氢将环氧基团开环,有效降低固化反应温度,催化环氧树脂固化反应。

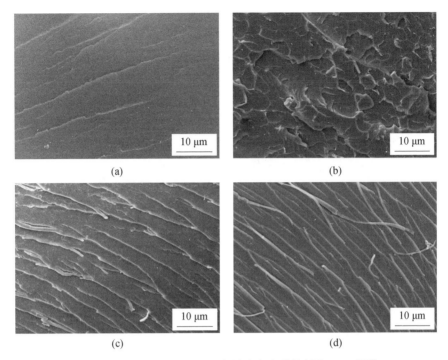

图 9.3 $NH_2-MIL-125$/环氧纳米复合黏结剂的 SEM 图像

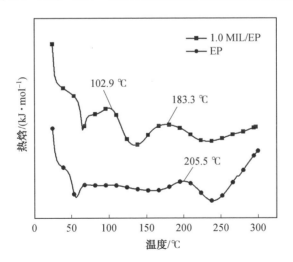

图 9.4 EP 和 $NH_2-MIL-125$/环氧纳米复合黏结剂的 DSC 曲线

9.2.3 NH₂-MIL-125/环氧纳米复合黏结剂力学性能

1,2-环己二醇二缩水甘油醚对 NH₂-MIL-125/环氧纳米复合黏结剂黏度的影响如图 9.5 所示。可知,随着活性稀释剂添加量不断增加,黏结剂黏度不断降低,当加入 20 wt% 的 1,2-环己二醇二缩水甘油醚时,浆液黏度为 150 mPa.s。由于 1,2-环己二醇二缩水甘油醚本身黏度低,通过共混降低了环氧树脂浓度,随着稀释剂浓度进一步增加,稀释达到饱和状态,黏度减小趋势趋于平缓。结果表明,活性稀释剂最佳添加量为 20 wt%。

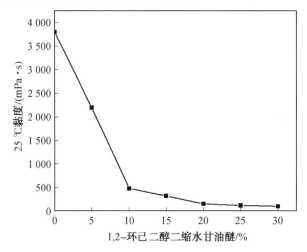

图 9.5 1,2-环己二醇二缩水甘油醚对 NH₂-MIL-125/环氧黏结剂黏度的影响

基于 DMA 开展 EP 黏结剂力学性能研究,NH₂-MIL-125/环氧纳米复合黏结剂玻璃化转变温度和 DMA 数据分别如图 9.6 和表 9.2 所示,利用下式对共混体系交联密度进行计算:

$$E = 3\Phi\rho RT \tag{9.1}$$

式中 E——T_g 以上 40 ℃的储能模量,MPa;

Φ——前置因子,取值为 1;

ρ——交联密度,mol/m³;

R——气体常数;

T——开尔文温度。

随着 NH₂-MIL-125 浓度不断增加,模量与玻璃化转变温度出现先增大后减小的趋势,Poly(0.5 MIL/EP) 玻璃化转变温度最大,达到 104.5 ℃。这是因为 NH₂-MIL-125 中的活泼氢促使大量环氧基团发生开环,易与相邻环氧分子或胺类固化剂

之间发生交联,导致体系交联密度增加(见表9.2),刚性结构增多。但引入过多纳米填料将导致 EP 体系孔隙率增加,致使交联密度减小,使得模量和 T_g 均降低。

表 9.2 NH_2－MIL－125/环氧纳米复合黏结剂的 DMA 数据

样品	$E'/(MPa, 40\ ℃)$	$T_g/℃$	$E/(MPa, T_g+40K)$	$\rho/(mol \cdot m^{-3})$
Poly(EP)	2 100	62.1	45	6.79×10^{-3}
Poly(0.1 MIL/EP)	3 500	67.7	58	7.88×10^{-2}
Poly(0.5 MIL/EP)	4 000	104.5	89	9.45×10^{-2}
Poly(1.0 MIL/EP)	3 850	95.1	81	8.14×10^{-2}

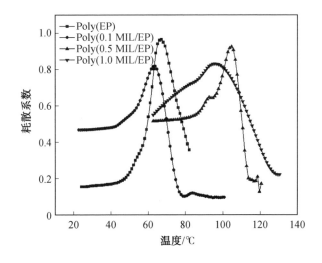

图 9.6 NH_2－MIL－125/环氧纳米复合黏结剂的玻璃化转变温度

NH_2－MIL－125 对环氧纳米复合黏结剂冲击性能的影响,如图 9.7 所示。随着 NH_2－MIL－125 浓度增加,NH_2－MIL－125/环氧纳米复合黏结剂冲击强度先增大后减小,这是因为 NH_2－MIL－125 的引入快速引发环氧树脂开环反应,提高了体系的交联密度,改善了固结程度。因此,Poly(0.5 MIL/EP)的冲击强度达到最大值(16.8 kJ/m²)。然而,过多 NH_2－MIL－125 将诱发团聚现象,对 EP 注浆材料性能造成不良影响,故 NH_2－MIL－125/环氧纳米复合黏结剂的冲击强度稍有下降。

采用拉伸剪切强度表征界面之间的黏结强度,利用电子万能试验机探究干燥环境下 NH_2－MIL－125 对环氧纳米复合黏结剂拉伸剪切强度的影响,如图 9.8所示。可知,固化后 NH_2－MIL－125/环氧纳米复合黏结剂拉伸剪切强度随

$NH_2-MIL-125$ 含量增加呈现先增大后减小的趋势;当 $NH_2-MIL-125$ 的添加量为 0.5 wt%时,浆液拉伸剪切强度升高至 20.8 MPa。$NH_2-MIL-125$ 中的活性氢催化环氧树脂的固化反应,导致环氧树脂固化更完全,交联密度增大,体系结构更加致密,拉伸剪切强度增加。但 $NH_2-MIL-125$ 用量过多时,局部团聚现象会减小体系交联密度,进一步对拉伸剪切强度造成不良影响。

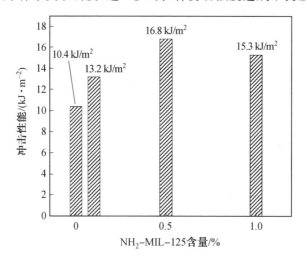

图 9.7 $NH_2-MIL-125$/环氧纳米复合黏结剂的冲击性能

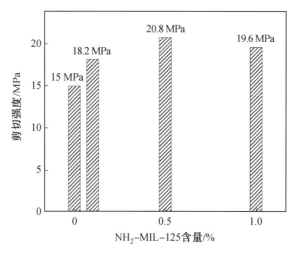

图 9.8 $NH_2-MIL-125$/环氧纳米复合黏结剂的拉伸剪切强度

不同纳米填料对 $NH_2-MIL-125$/环氧纳米复合黏结剂的压缩强度影响如

图9.9所示。由图可见，$NH_2-MIL-125$/环氧纳米复合黏结剂抗压强度随着 $NH_2-MIL-125$ 的加入先增加后减小。当加入 0.5 wt‰ $NH_2-MIL-125$ 时，相比于纯 EP 纳米复合黏结剂，室温下 $NH_2-MIL-125$/环氧纳米复合黏结剂的抗压强度由 75.5 MPa 提高到 95.2 MPa，达到最大值。添加 $NH_2-MIL-125$ 导致 EP 体系固化更加完全，交联密度增加，固结体刚性增强。然而，由于纳米粒子团聚特性，添加过多 $NH_2-MIL-125$ 会使体系交联密度下降，抗压强度降低。因此，适宜掺量的纳米粒子有助于获得力学性能优良的 EP 黏结剂。

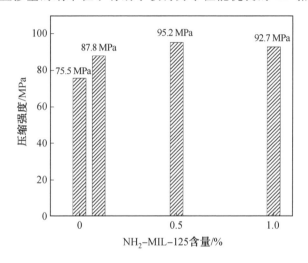

图 9.9　$NH_2-MIL-125$/环氧纳米复合黏结剂的压缩强度

9.3　管片缝新型复合密封垫

9.3.1　密封垫截面优化准则

由于遇水膨胀橡胶存在二次防水效应，预制构件接缝密封垫在截面优化时应遵循以下原则：① 预应力钢筋张拉力和构件拼装力作用下，混凝土构件角部和端部不出现裂缝；② 遇水膨胀橡胶块在反复吸水膨胀后应力松弛较快，与三元乙丙之间黏结力下降，将导致防水性能下降，因此从长期防水效应角度出发，遇水膨胀橡胶截面尺寸不宜过大；③ 若遇水膨胀橡胶与混凝土沟槽黏结，橡胶发生膨胀后，膨胀应力大于胶水剪切应力时，将造成黏结面破坏，故遇水膨胀橡胶块不宜设置在沟槽底部;④ 考虑最不利工况防水性能,尽可能发挥遇水膨胀橡胶二次防水效应,即渗漏出现在密封槽—密封垫路径上。

9.3.2 密封垫截面优化性能

根据工程难点及截面优化准则,确定改进原有复合式密封垫截面型式,如图9.10 所示。基于原有密封垫,在两侧支腿外侧设置 1 mm 厚膨胀橡胶,保证防水时支腿两侧也能产生膨胀应力。

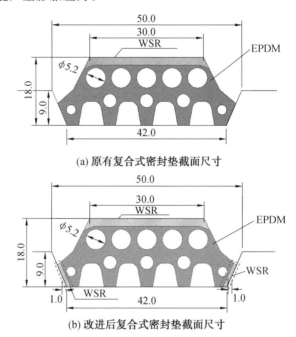

(a) 原有复合式密封垫截面尺寸

(b) 改进后复合式密封垫截面尺寸

图 9.10　复合式密封垫截面优化尺寸(单位:mm)

为保证密封垫压缩应力在许可装配应力 40 kN/m 内,针对完全压缩($\Delta=3$ mm)状态的优化复合式密封垫截面开展数值模拟研究,优化前后密封垫的闭合压缩力曲线如图 9.11 所示。优化后密封垫压缩受力过程与原有截面基本一致,但由于 WSR 橡胶硬度小于 EPDM,优化截面闭合压缩力为 29.66 kN/m,略小于原截面的 32.46 kN/m,有利于保障现场装配施工。

与原有截面模拟工况一致,开展接缝张开量为 $\Delta=3$ mm、4 mm、6 mm、8 mm、10 mm 和错台量为 $S=0$ mm、5 mm、10 mm 条件下,共 15 种工况的优化截面型式的密封垫压缩及完全膨胀数值模拟研究。张开量 $\Delta=6$ mm,错台量 $S=0$ mm、10 mm,优化前后密封垫二次防水效应下应变云图如图 9.12 所示。

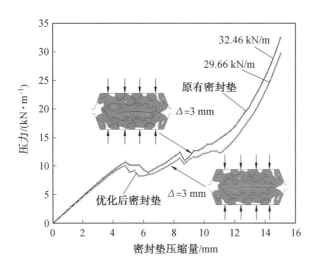

图 9.11　优化前后的复合式密封垫闭合压缩力

由于优化后密封垫遇水膨胀橡胶块体积增大,沟槽填充率较优化前有所提高,整体应变量增大。对比优化前后应变云图可知,密封垫支腿两侧应变数值存在较明显差异,改进截面后密封垫支腿与混凝土沟槽挤压应力更大,有效提高了密封槽防水性能。

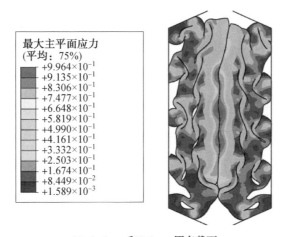

(a) $\Delta=6$ mm 和 $S=0$ mm 原有截面

图 9.12　优化前后复合式密封垫应变云图(彩图见附录)

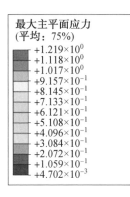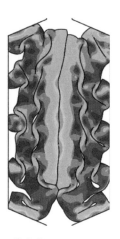

(b) $\Delta=6$ mm 和 $S=0$ mm 优化截面

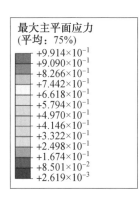

(c) $\Delta=6$ mm 和 $S=10$ mm 原有截面

续图 9.12

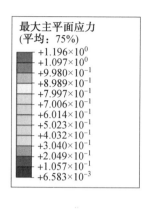

(d) $\Delta=6$ mm 和 $S=10$ mm 优化截面

续图 9.12

汇总不同错台量下密封垫的平均接触应力变化,见表 9.3、表 9.4 和表 9.5。由表可知:优化密封垫与原有截面变化趋势相同,平均接触应力随接缝张开量增大而减小,密封槽—密封垫路径平均接触应力数值均大于密封垫—密封垫路径;优化截面防水性能在密封槽—密封垫路径有大幅度提升,在密封垫—密封垫路径提升较小,且两路径平均接触应力差值 p_Δ 均小于 0.2 MPa。因此,认为 3 种错台量条件下,改进后复合式密封垫渗水仅发生在密封垫之间,能够让遇水膨胀橡胶充分发挥二次防水效应;接缝错台量越大,优化密封垫防水性能提升越明显,尤其在密封垫和密封槽交界面上,平均接触应力明显提升,说明优化截面可有效治理高错台量密封垫的渗水情况。

表 9.3 密封垫截面优化前后的平均接触应力对比($S=0$ mm)

张开量/mm	p_{D-D}/MPa		p_{C-D}/MPa		p_Δ/MPa
	原有截面	优化截面	原有截面	优化截面	
3	1.898	2.035	2.150	2.615	0.580
4	1.329	1.463	1.783	2.061	0.597
6	0.648	0.656	1.014	1.224	0.568
8	0.462	0.485	0.725	0.875	0.390
10	0.414	0.456	0.668	0.687	0.231

表中:p_{D-D} 为密封垫—密封垫间的平均接触应力;p_{C-D} 为密封槽—密封垫间的平均接触应力;p_Δ 为 p_{C-D} 和 p_{D-D} 的差值。

表 9.4　密封垫截面优化前后的平均接触应力对比($S=5$ mm)

张开量/mm	$p_{\text{D-D}}$/MPa		$p_{\text{C-D}}$/MPa		p_Δ/MPa
	原有截面	优化截面	原有截面	优化截面	
3	1.600	2.151	1.866	2.801	0.650
4	1.099	1.781	1.338	2.577	0.796
6	0.651	0.666	0.926	1.108	0.352
8	0.486	0.524	0.722	0.806	0.282
10	0.433	0.472	0.624	0.797	0.325

表 9.5　密封垫截面优化前后的平均接触应力对比($S=10$ mm)

张开量/mm	$p_{\text{D-D}}$/MPa		$p_{\text{C-D}}$/MPa		p_Δ/MPa
	原有截面	优化截面	原有截面	优化截面	
3	1.715	2.335	1.799	2.995	0.660
4	1.260	1.814	1.326	2.389	0.575
6	0.766	1.081	0.937	1.709	0.629
8	0.472	0.857	0.735	1.240	0.383
10	0.404	0.636	0.508	1.156	0.521

根据平均接触应力与防水能力关系式,计算优化后截面防水性能,优化前后密封垫防水能力提升如图 9.13 所示。由图可知,截面优化后密封垫综合防水性能得到明显改善。当张开量 $\Delta=10$ mm 及以内时,满足 0.68 MPa 短期防水要求,验证了截面优化准则的可行性。当张开量 $\Delta=10$ mm,错台量 $S=0$ mm 时,优化密封垫防水能力从 0.46 MPa 增加至 0.72 MPa,提升了 56.52%;当错台量 $S=5$ mm 时,优化密封垫防水能力从 0.39 MPa 增加至 0.52 MPa,提升了 33.33%;当错台量 $S=10$ mm 时,优化密封垫防水能力从 0.31 MPa 增加至 0.61 MPa,提升了 96.77%,说明优化截面可以有效治理张开量较大的不利工况。接缝错台量 S 越大,优化密封垫防水性能提升越显著,当 $S=10$ mm 时,防水能力提升了 12.04%~96.77%,有效防治了错台量较大时的渗漏情况。

第 9 章　高寒区地铁管片接缝多元防水技术

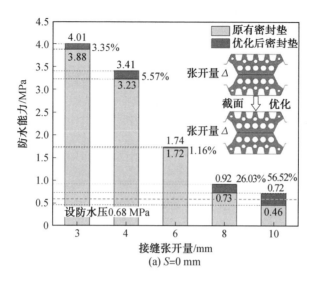

(a) $S=0$ mm

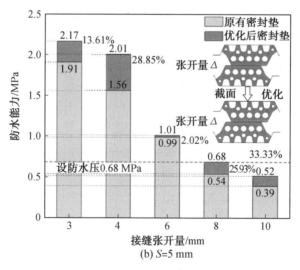

(b) $S=5$ mm

图 9.13　优化前后密封垫防水能力提升图

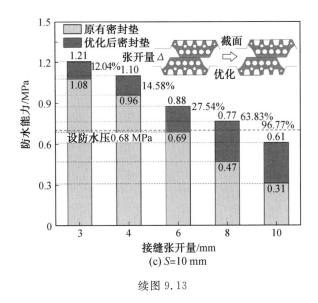

(c) $S=10$ mm

续图 9.13

9.4 重要认识与启示

为解决低温下管片黏结密封胶条易脱落问题,高效提升密封防水效果,增强密封垫耐寒性能,增大密封垫黏结有效应力面积与强度,开展高强环氧黏结剂和新型复合密封垫研究,主要结论如下:

(1)查明环境因素对材料微观结构的影响,发明低温高黏结 NH_2-MIL-125/环氧纳米复合黏结剂,解决了低温环境管片黏结密封胶条易脱落问题。

(2)设计新型复合式密封垫截面型式,建立多层次衬砌膨胀橡胶复合密封垫高效防水技术,以满足高寒区富水隧道施工的衬砌防水需求。

第 10 章

高寒区水热迁移机制下地铁站基坑冻胀特性

本章从土体冻胀机理出发,基于 Harlan 模型建立了冻土的三维水—热耦合模型方程,推导开放体系下土体冻胀系数与温度的函数关系,开展基坑分步开挖、支撑和越冬的全过程的冻害防护仿真模拟,分析高寒区越冬深基坑冻胀变形特性,从水分、温度和外界约束 3 方面揭示高寒区越冬深基坑冻胀变形防控机制,最后提出基于地下水热能的深基坑装配式充气膜节能保温系统。

第10章 高寒区水热迁移机制下地铁站基坑冻胀特性

10.1 引 言

地铁车站工程工期较长,不可避免出现裸露基坑经历冬歇期的现象。基坑土体的冻胀导致支护结构稳定性问题日益突出,亟须研究越冬深基坑的冻胀机理以及基坑支护结构变形规律,从而提高冻结期基坑安全性能。因此,从土体冻胀机理出发,基于 Harlan 模型,建立冻土的三维水-热耦合模型方程,推导开放体系下土体冻胀系数与温度的相关函数。通过联合调用子程序将耦合冻胀模型嵌入 ABAQUS 有限元求解器,构建深基坑冻胀分析模型并进行基坑开挖及冻害防控模拟,分析高寒区越冬深基坑冻胀变形特性,从水分、温度和外界约束 3 方面揭示冻胀变形防控机制。

10.2 高寒区冻结期冻土水-热-变形耦合方法

10.2.1 正冻土水-热耦合方程

以 Harlan 模型为基础,根据能量守恒定律和 Fourier 热传导定律推导冻土的传热方程,根据质量守恒定律和达西定律推导水分迁移方程,描述未冻水含量与温度的动态平衡关系。

建立温度场关于三维坐标和时间维度的函数关系:

$$T = f(x, y, z, t) \tag{10.1}$$

式中 T——温度;

x、y 和 z——空间三维坐标;

t——时间。

土体中热量传输的方式有热传导、热对流和热辐射 3 种,由于对流和辐射在

热量传递中的影响很小,所以仅考虑热传导的影响。为了便于推导,对复杂问题简化处理,假设如下:

① 土体为各向同性均质材料;

② 土颗粒和冰晶体都不可压缩;

③ 土体密度、比热容和导热系数均做常数处理。

取正冻土中任一平行六面体为研究对象,六面体各棱边分别与坐标轴对应平行,坐标原点在六面体顶点 O 处,如图 10.1 所示。由傅里叶定律可知,在任意微小时间段 dt 内,沿坐标轴正向经过 $x=x, y=y, z=z$ 3 个平面的热量 Q 表示为

$$dQ_x = -\lambda \frac{\partial T}{\partial x} dy dz dt$$

$$dQ_y = -\lambda \frac{\partial T}{\partial y} dx dz dt \quad (10.2)$$

$$dQ_z = -\lambda \frac{\partial T}{\partial z} dx dy dt$$

式中　λ——冻土的导热系数。

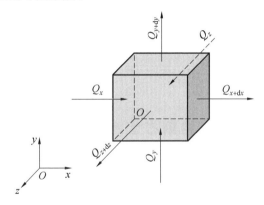

图 10.1　冻土微元体传热简图

同理,dt 时间内,沿坐标轴正向经过 $x=x+dx, y=y+dy, z=z+dz$ 3 个平面的传导热量为

$$dQ_{x+dx} = -\left(\lambda + \frac{\partial \lambda}{\partial x} dx\right) \frac{\partial}{\partial x} \left(T + \frac{\partial T}{\partial x} dx\right) dy dz dt$$

$$dQ_{y+dy} = -\left(\lambda + \frac{\partial \lambda}{\partial y} dy\right) \frac{\partial}{\partial y} \left(T + \frac{\partial T}{\partial y} dy\right) dx dz dt \quad (10.3)$$

$$dQ_{z+dz} = -\left(\lambda + \frac{\partial \lambda}{\partial z} dz\right) \frac{\partial}{\partial z} \left(T + \frac{\partial T}{\partial z} dz\right) dx dy dt$$

根据热力学第一定律,dt 时间内整个微元体热量的变化(热量增加,记为

ΔQ)等于通过边界面的热量差与内部热源产生的热量(记为Q_i)之和,即

$$\Delta Q = \Delta Q_0 + Q_i \tag{10.4}$$

将微元体中的相变潜热视为微元体中热源放出的热量,则有

$$Q_i = L\rho_i \frac{\partial W_i}{\partial t} \mathrm{d}x\mathrm{d}y\mathrm{d}z\mathrm{d}t \tag{10.5}$$

式中　　L——水变成冰时的相变潜热;

　　　　ρ_i——冰的密度;

　　　　w_i——冻土中孔隙冰的体积含量。

在 $\mathrm{d}t$ 时间内微元体内热量变化 ΔQ 为

$$\Delta Q = c_f \rho \frac{\mathrm{d}T}{\mathrm{d}t} \mathrm{d}x\mathrm{d}y\mathrm{d}z \tag{10.6}$$

通过微元体边界面的热量差 ΔQ_0 为

$$\Delta Q_0 = (\mathrm{d}Q_x + \mathrm{d}Q_y + \mathrm{d}Q_z) - (\mathrm{d}Q_{x+\mathrm{d}x} + \mathrm{d}Q_{y+\mathrm{d}y} + \mathrm{d}Q_{z+\mathrm{d}z}) \tag{10.7}$$

将式(10.5)、式(10.6)、式(10.7)代入式(10.4),得到冻土微元体传热方程:

$$(\mathrm{d}Q_x + \mathrm{d}Q_y + \mathrm{d}Q_z) - (\mathrm{d}Q_{x+\mathrm{d}x} + \mathrm{d}Q_{y+\mathrm{d}y} + \mathrm{d}Q_{z+\mathrm{d}z}) + L\rho_i \frac{\partial W_i}{\partial t}\mathrm{d}x\mathrm{d}y\mathrm{d}z\mathrm{d}t$$

$$= c_f \rho \frac{\mathrm{d}T}{\mathrm{d}t}\mathrm{d}x\mathrm{d}y\mathrm{d}z \tag{10.8}$$

将式(10.2)、式(10.3)带入式(10.8)后展开化简并略去二次项得

$$\frac{\partial}{\partial x}\left(\lambda \frac{\partial T}{\partial x}\right) + \frac{\partial}{\partial y}\left(\lambda \frac{\partial T}{\partial y}\right) + \frac{\partial}{\partial z}\left(\lambda \frac{\partial T}{\partial z}\right) + L\rho_i \frac{\partial W_i}{\partial t} = c_f \rho \frac{\mathrm{d}T}{\mathrm{d}t} \tag{10.9}$$

用梯度和散度的形式表示上述方程,即

$$\mathrm{div}(\lambda \mathrm{grand} T) + L\rho_i \frac{\partial W_i}{\partial t} = c_f \rho \frac{\mathrm{d}T}{\mathrm{d}t} \tag{10.10}$$

引入哈密顿算子∇,可得

$$\nabla(\lambda \nabla T) + L\rho_i \frac{\partial W_i}{\partial t} = c_f \rho \frac{\mathrm{d}T}{\mathrm{d}t} \tag{10.11}$$

式中　　c_f——冻土的比热;

　　　　ρ——土体的密度。

建立水分场控制方程来描述冻土中未冻水迁移的时间和空间过程,即建立未冻水含量关于三维空间和时间维度的函数关系:

$$W_u = f(x,y,z,t) \tag{10.12}$$

式中　　W_u——冻土中的未冻水体积含量;

　　　　x、y 和 z——空间三维坐标;

t——时间。

取正冻土中的任一平行六面体为微元体进行分析，六面体各棱边分别与坐标轴对应平行，坐标原点在六面体顶点 O 处，如图 10.2 所示。

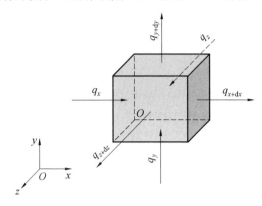

图 10.2 冻土微元体水分迁移示意图

在任意微小时间段 $\mathrm{d}t$ 内通过 $x=x, y=y, z=z$ 3 个平面的热量为

$$\begin{aligned} \mathrm{d}q_x &= \rho_\mathrm{w} \nu_x \mathrm{d}y\mathrm{d}z\mathrm{d}t \\ \mathrm{d}q_y &= \rho_\mathrm{w} \nu_y \mathrm{d}x\mathrm{d}z\mathrm{d}t \\ \mathrm{d}q_z &= \rho_\mathrm{w} \nu_z \mathrm{d}x\mathrm{d}y\mathrm{d}t \end{aligned} \tag{10.13}$$

式中 ρ_w——水的密度；

ν_x、ν_y 和 ν_z——冻土中未冻水流速沿 x、y 和 z 3 个方向的分量。

同理，在 $\mathrm{d}t$ 时间内沿坐标轴正向经过 $x=x+\mathrm{d}x, y=y+\mathrm{d}y, z=z+\mathrm{d}z$ 3 个平面传导的热量为

$$\begin{aligned} \mathrm{d}q_x &= \rho_\mathrm{w} \nu_{x+\mathrm{d}x} \mathrm{d}y\mathrm{d}z\mathrm{d}t \\ \mathrm{d}q_y &= \rho_\mathrm{w} \nu_{y+\mathrm{d}y} \mathrm{d}x\mathrm{d}z\mathrm{d}t \\ \mathrm{d}q_z &= \rho_\mathrm{w} \nu_{z+\mathrm{d}z} \mathrm{d}x\mathrm{d}y\mathrm{d}t \end{aligned} \tag{10.14}$$

式中 $\nu_{x+\mathrm{d}x}$、$\nu_{y+\mathrm{d}y}$ 和 $\nu_{z+\mathrm{d}z}$——冻土中未冻水流速在 $x=x+\mathrm{d}x, y=y+\mathrm{d}y$ 和 $z=z+\mathrm{d}z$ 3 个平面处沿 x、y 和 z 3 个方向的分量。

根据质量守恒定律，$\mathrm{d}t$ 时间内整个微元体含水量的变化（增加量，记为 Δq）等于通过边界面的流入量减去流出量（增加量，记为 Δq_0），即

$$\Delta q = \Delta q_0 \tag{10.15}$$

$\mathrm{d}t$ 时间内通过微元体边界面的水流量差为

$$\Delta q_0 = (\mathrm{d}q_x + \mathrm{d}q_y + \mathrm{d}q_z) - (\mathrm{d}q_{x+\mathrm{d}x} + \mathrm{d}q_{y+\mathrm{d}y} + \mathrm{d}q_{z+\mathrm{d}z}) \tag{10.16}$$

将式(10.13)、式(10.14) 代入式(10.16) 可以得到

$$\Delta q_0 = \rho_w [(\nu_x - \nu_{x+dx})dydz + (\nu_y - \nu_{y+dy})dxdz + (\nu_z - \nu_{z+dz})dxdy]dt \tag{10.17}$$

在微元体中有

$$\nu_{x+dx} = \nu_x + \frac{\partial \nu_x}{\partial x}dx$$

$$\nu_{y+dy} = \nu_y + \frac{\partial \nu_y}{\partial y}dy \tag{10.18}$$

$$\nu_{z+dz} = \nu_z + \frac{\partial \nu_z}{\partial z}dz$$

把式(10.18)代入式(10.17)并化简可得

$$\Delta q_0 = -\rho_w \left(\frac{\partial \nu_x}{\partial x} + \frac{\partial \nu_y}{\partial y} + \frac{\partial \nu_z}{\partial z} \right) dxdydzdt \tag{10.19}$$

由达西定律可知

$$(\nu_x, \nu_y, \nu_z) = -k \left(\frac{\partial \varphi}{\partial x}, \frac{\partial \varphi}{\partial y}, \frac{\partial \varphi}{\partial z} \right) \tag{10.20}$$

式中　k——土体的渗透系数。

将式(10.20)代入式(10.19)可得

$$\Delta q_0 = \rho_w \left[\frac{\partial}{\partial x}\left(k\frac{\partial \varphi}{\partial x}\right) + \frac{\partial}{\partial y}\left(k\frac{\partial \varphi}{\partial y}\right) + \frac{\partial}{\partial z}\left(k\frac{\partial \varphi}{\partial z}\right) \right] dxdydzdt \tag{10.21}$$

式中　φ——土水势；

$\frac{\partial \varphi}{\partial x}$、$\frac{\partial \varphi}{\partial y}$、$\frac{\partial \varphi}{\partial z}$——冻土微元体在 x、y 和 z 3个方向的土水势梯度。

根据土水势与体积含水量之间的关系，用未冻水体积含量表示式(10.21)为

$$\Delta q_0 = \rho_w \left[\frac{\partial}{\partial x}\left(D\frac{\partial W_u}{\partial x}\right) + \frac{\partial}{\partial y}\left(D\frac{\partial W_u}{\partial y}\right) + \frac{\partial}{\partial z}\left(D\frac{\partial W_u}{\partial z}\right) \right] dxdydzdt \tag{10.22}$$

式中　D——冻土的水分扩散系数，与土体中的未冻水含量 W_u 有关。

微元体内含水量在 dt 时间内的变化 Δq 可以用未冻水含量和孔隙冰含量的变化之和表示，即

$$\Delta q = \left(\rho_w \frac{\partial W_u}{\partial t} + \rho_i \frac{\partial W_i}{\partial t} \right) dxdydzdt \tag{10.23}$$

将式(10.22)、式(10.23)代入式(10.15)后得到水分迁移方程为

$$\frac{\partial W_u}{\partial t} + \frac{\rho_i}{\rho_w}\frac{\partial W_i}{\partial t} = \frac{\partial}{\partial x}\left(D\frac{\partial W_u}{\partial x}\right) + \frac{\partial}{\partial y}\left(D\frac{\partial W_u}{\partial y}\right) + \frac{\partial}{\partial z}\left(D\frac{\partial W_u}{\partial z}\right) \tag{10.24}$$

引入哈密顿算子∇，可得

$$\frac{\partial W_u}{\partial t} + \frac{\rho_i}{\rho_w}\frac{\partial W_i}{\partial t} = \nabla(D\ \nabla W) \tag{10.25}$$

综上,正冻土的土体温度场控制方程式(10.11)和水分场控制方程式(10.25)中的系数如冻土的比热容、水分扩散系数等都是和未冻水含量相关的变量,所以可以将式(10.11)和式(10.25)分别改写为式(10.26)和式(10.27):

$$\nabla[\lambda(W_u)\ \nabla T] + L\rho_i\frac{\partial W_i}{\partial t} = c_f(W_u)\rho\frac{dT}{dt} \tag{10.26}$$

$$\frac{\partial W_u}{\partial t} + \frac{\rho_i}{\rho_w}\frac{\partial W_i}{\partial t} = \nabla[D(W_u)\ \nabla W] \tag{10.27}$$

式中 ∇—— 哈密顿算子;

λ—— 冻土的导热系数;

W_u—— 未冻水的体积含水量;

T—— 土体的瞬时温度;

L—— 水变成冰的相变潜热;

ρ_i—— 冰的密度;

W_i—— 土的体积含冰率;

c_f—— 冻土的比热容;

ρ—— 土体的密度;

ρ_w—— 水的密度;

D—— 冻土中水分扩散系数;

t—— 时间。

正冻土的导热系数,根据经验公式取值:

$$\lambda(W_u) = 2.047 - 1.896 \times W_u \tag{10.28}$$

正冻土比热容,定义为

$$c_f(W_u) = c_{sf} + W_u c_w + W_i c_i \tag{10.29}$$

式中 c_{sf}—— 冻土骨架的比热容;

c_w—— 水的比热容;

c_i—— 冰的比热容。

$$D(W_u) = \frac{k(W_u)}{c_w(W_u)} I \tag{10.30}$$

$$k(W_u) = 0.0021 \times S_{rf}^8 \tag{10.31}$$

$$I = 10^{-10 W_i} \tag{10.32}$$

$$S_{rf} = \frac{W_u - W_r}{W_s - W_r} \tag{10.33}$$

$$c_w(W_u) = \frac{1}{cd\, W_u^{-(d+1)}} \qquad (10.34)$$

式中 c、d—— 与土体性质有关的系数。

正冻土水分扩散系数 $D(W_u)$ 计算见式(10.30)。其中,$k(W_u)$ 为非饱和土体的渗透率,对于非饱和粉质黏土,根据式(10.31) 计算其数值。S_{rf} 为冻土的相对饱和度,见式(10.33)。其中,W_s 为土的饱和含水率,W_r 为土的残余含水率。I 为抗阻因子,表示孔隙冰对土体中未冻水迁移的阻滞作用。$c_w(W_u)$ 为微分水容量,表示等温条件下土水势与体积含水量之间的定量关系,见式(10.34)。

上述非饱和正冻土的温度场、水分场两个控制方程中包含温度、未冻水体积含量以及孔隙冰体积含量 3 个未知量,因此必须引入一个联系方程进行水-热耦合方程的求解,即建立非饱和土体冻结过程中的相变平衡动态方程。

采用基于试验确定未冻水含量的快速方法,即冻土中未冻水体积含量与温度关系的经验表达式:

$$W_u = W_0 \left(\frac{T}{T_f}\right)^{-b} \quad (T < T_f) \qquad (10.35)$$

式中 W_0—— 土体初始含水量;

T_f—— 对应的起始冻结温度;

b—— 与土性有关的试验拟合系数值,砂土取 0.61,粉土取 0.47,黏土取 0.56。

引入固液比的概念,建立孔隙冰含量与温度、未冻水含量之间的关系:

$$B_I = \frac{W_i}{W_u} = \begin{cases} \dfrac{\rho_w}{\rho_i}\left[\left(\dfrac{T}{T_f}\right)^b - 1\right] & (T < T_f) \\ 0 & (T > T_f) \end{cases} \qquad (10.36)$$

至此,由上述温度场控制方程式(10.26)、水分场控制方程式(10.27) 和联系方程式(10.36),建立非饱和冻土的水-热耦合模型方程。

10.2.2 正冻土水-热耦合方程求解与验证

选用 COMSOL 软件中的偏微分方程模块(PDE) 进行上述水-热耦合模型方程的数值求解,方程定义界面如图 10.3 所示。模型方程由上节式(10.26)、式(10.27) 可以得到,将其化简成 COMSOL 中的方程模式为

$$c_f(W_u)\rho \frac{dT}{dt} + \nabla[-\lambda(W_u)\nabla T] = L\rho_i \frac{\partial W_i}{\partial t} \qquad (10.37)$$

$$\frac{\partial W_u}{\partial t} + \nabla[D(W_u)\nabla T] = -\frac{\rho_u}{\rho_w}\frac{\partial W_u}{\partial t} \qquad (10.38)$$

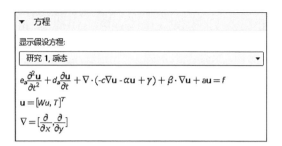

图 10.3　COMSOL 中 PDE 模块方程定义界面

将方程 $W_u=f(T)$ 的参数与 COMSOL 中假设方程一一对应并输入软件中，即可在 COMSOL 中建立非饱和土体的水－热耦合方程。首先，建立宽度为 8 cm，高度为 15 cm 的模型，模型尺寸及网格划分如图 10.4 所示，计算中所取的土体参数见表 10.1。土体初始温度为 0.5 ℃，边界采用狄利克雷边界条件，顶部温度为 －2.2 ℃，底部温度为 0.5 ℃。选择瞬态分析研究方法，计算时长设置为 100 h。

$t=100$ h 时的模型温度分布如图 10.5 所示。不同时刻土体温度沿高度分布如图 10.6 所示。由图可知，冻结过程中土柱温度趋于等梯度均匀分布。当 $t=50$ h 时，温度分布已经趋于稳定，从 $t=50$ h 到 $t=100$ h 土柱温度沿高度分布基本不再变化，所以取 $t=100$ h 为冻结稳定状态是合理的。

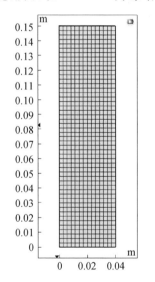 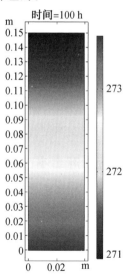

图 10.4　模型尺寸及网格划分　　图 10.5　模型温度分布($t=100$ h)（彩图见附录）

第 10 章 高寒区水热迁移机制下地铁站基坑冻胀特性

表 10.1 COMSOL 模型参数

符号	取值	单位	含义
T_0	273.15	K	0 ℃ 对应的开尔文温度
T_f	272.25	K	土体冻结温度
L	3.345×10^5	J/kg	冰的相变潜热
ρ_s	1 800	kg/m³	土体密度
ρ_d	1 550	kg/m³	土体干密度
ρ_w	1 000	kg/m³	水的密度
ρ_i	900	kg/m³	冰的密度
W_r	0.02	1	土体残余含水量
W_s	0.66	1	土体饱和含水量
c_{sf}	800	J/(kg·K)	冻土骨架比热容
c_w	4 180	J/(kg·K)	水的比热容
c_i	2 090	J/(kg·K)	冰的比热容
W_0	0.347	1	初始含水量

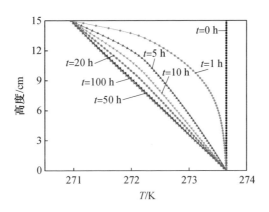

图 10.6 不同时刻土体温度沿高度分布

$t=100$ h 时孔隙冰含量沿高度分布如图 10.7 所示,图中曲线分为两段,上部为孔隙冰含量不为 0 的部分,孔隙冰含量在接近冷端的地方最高,随高度下降含冰量逐渐减少。下部为未冻结段,孔隙冰含量为 0。二者的分界线在距离冷端 7.3 cm 处,即计算冻结深度为 7.3 cm,试验结果为 8 cm,误差为 0.7 cm。另外,从验证例子中可以看出此位置在 $t=100$ h 时对应的温度为 -0.75 ℃,与设置的

初始冻结温度 −0.9 ℃ 相差 0.15 ℃，误差较小。

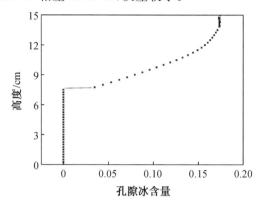

图 10.7　孔隙冰含量沿高度分布（$t = 100$ h）

未冻水含量沿高度分布如图 10.8 所示，图中未冻水含量沿高度的分布曲线可以分为两段，上部冻结段变化斜率较大，说明随着高度下降，未冻水含量逐渐增大。下部未冻结段的土体未冻水含量较高，但低于土柱冻结前的初始含水量 24.06%，说明未冻结段的水分有一部分向上迁移到冻结段。$t = 100$ h 时土柱中总含水量沿高度分布如图 10.9 所示，土体冻结后冻结段的总含水量大于未冻结段，且在冻结段中部总含水量最高。模拟值与试验值的对比如图 10.10 所示，中间竖线为土柱的初始含水量，曲线与初始含水量之间的面积（单侧）即代表土柱在冻结过程中的水分迁移量，模拟结果与试验结果的走势较为一致，且数值相差不大，能够较好地反映土柱在冻结完成后的水分迁移情况。

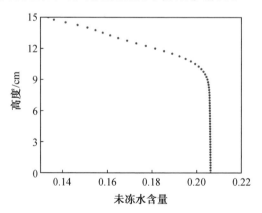

图 10.8　未冻水含量沿高度分布（$t = 100$ h）

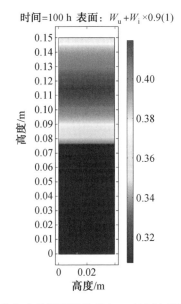

图 10.9　总含水量沿高度分布（$t = 100$ h）（彩图见附录）

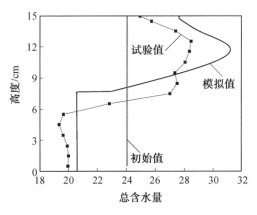

图 10.10　总含水量沿高度分布对比图

10.2.3　开放系统中冻胀系数确定

为更好地模拟实际条件，按图 10.11 所示方法设立边界补水条件。在试验土柱的下方设置一个模拟边界补充水分的土柱，两个土柱中初始含水量相同。在模拟试验土柱冻结的过程中，随着冻结锋面的向下推移，补充土柱中的自由水在土水势的作用下向上迁移。补充土柱中的水提供水分补给，相较于传统连通器直接补水的方法，与实际情况更为接近。

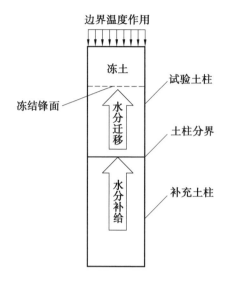

图10.11　边界补水条件方法示意

由于标准冻结深度为2 m,在建立试验模型时,取试验土柱的高度为2 m。对于补充土柱的高度,将通过一组试验来确定。先假定补充土柱高度为2 m,则整个土柱高度为4 m。试验中土体的冻结为单向冻结,土柱宽度的取值并不影响计算结果,取土柱宽度为1 m。

选用COMSOL进行试验建模与分析,建立土柱冻结模型的基本原理和方法与上节相同,用Gardner模型中的渗透系数模型代替上节中的渗透系数模型:

$$k = k_s S^l \left[1-(1-S^{1/m})^m\right]^2 \qquad (10.39)$$

式中　l、m——与土质相关的参数,对于粉质黏土,大小取值见表10.2。

采用COMSOL软件建立模型时,计算模块选用偏微分方程(PDE)模块,模型的控制方程和联系方程为

$$c_f(W_u)\rho \frac{dT}{dt} + \nabla[-\lambda(W_u)\nabla T] = L\rho_i \frac{\partial W_i}{\partial t} \qquad (10.40)$$

$$\frac{\partial W_u}{\partial t} + \nabla[D(W_u)\nabla T] = -\frac{\rho_u}{\rho_w}\frac{\partial W_u}{\partial t} \qquad (10.41)$$

$$W_u = W_0 \left(\frac{T}{T_f}\right)^{-b}, \quad T < T_f \qquad (10.42)$$

实际工程中涉及的土质主要为粉质黏土,因此COMSOL模型中土体参数按照粉质黏土的相关经验参数进行选取,参数取值见表10.2。

整个初始含水量$W_0=0.416(m^3/m^3)$,初始温度$T_i=0.5\ ℃$。设定边界条件

第10章　高寒区水热迁移机制下地铁站基坑冻胀特性

时,由于土柱的冻结为单向冻结,所以模型两个侧面设置为零通量,即有

$$n \cdot (-c \nabla u) = 0 \tag{10.43}$$

式中, $n = [W_u, T]^T$; $\nabla = [\partial/\partial x, \partial/\partial y]$。

表 10.2　COMSOL 模型参数

符号	取值	单位	含义
T_0	273.15	K	0 ℃ 对应的开尔文温度
T_f	272.85	K	土体冻结温度
L	3.345×10^5	J/kg	冰的相变潜热
ρ_s	1 900	kg/m³	土体密度
ρ_d	1 480	kg/m³	土体干密度
ρ_w	1 000	kg/m³	水的密度
ρ_i	900	kg/m³	冰的密度
W_r	0.05	1	土体残余含水量
W_s	0.60	1	土体饱和含水量
c_{sf}	800	J/(kg·K)	冻土骨架比热容
c_w	4 180	J/(kg·K)	水的比热容
c_i	2 090	J/(kg·K)	冰的比热容
W_0	0.416	1	初始含水量
l	0.5	—	Gardner 模型参数
m	0.26	—	Gardner 模型参数

土柱的上下边界采用狄利克雷边界条件,下边界设置为初始温度 $T_b = 0.5$ ℃。上边界的温度设置采用温度与时间相关的函数形式,采用从 0.5 ℃ 到 -25 ℃ 逐步降温的方法实现土柱的逐步冻结。设置 170 个分析步,代表土体的冻结期,每一步时长代表一天的时间长度,则土柱上边界的温度关于时间的函数可以表示为

$$T_{\text{top}} = 275.65 - 1.668 \times 10^{-6} t \tag{10.44}$$

式中　T_{top}——土柱上边界温度;

t——时间。

至此,模型初步建立完成,可以进行计算。土柱网格划分如图 10.12 所示,计算完成后土柱的温度云图如图 10.13 所示。

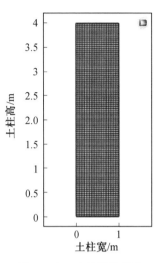

图 10.12 土柱网格划分

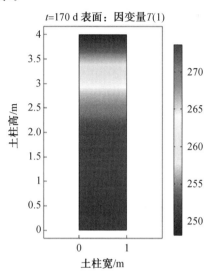

图 10.13 温度云图($t = 170$ d)(彩图见附录)

从图 10.13 可以看出,经过 170 d 的冻结之后,冻结温度 -0.3 ℃ 的位置在 2 m 的高度处,即单向冻结的深度为 2 m,与实际中当地标准冻结深度为 2 m 基本一致。

模型初步建立后,需要确定补充土柱的高度取值。采用控制变量法:在控制其他所有条件不变的前提下,选取补充土柱的高度 H,从 0.5 m 到 6 m 每隔 0.5 m 取一个值,共 10 组,分别进行上述单向冻结试验。最后以计算完成时试验土柱中总含水量为判断指标,进行补充土柱高度的优化设计,即随着补充土柱的高度增加,试验土柱中的总含水量基本不再改变时,补充土柱的最小高度为试验补充土柱高度。

170 d 冻结完成后各试验土柱中的总含水量如图 10.14 所示。由图可知,随着补充土柱高度 H 的增加,试验土柱冻结完成后的总含水量也随之增加,但增加的幅度随着 H 增加而减小并逐渐趋于平缓。试验土柱中总含水量同比增幅如图 10.15 所示。可以发现随着 H 的增加,总含水量的增幅逐渐趋于 0。当补充土柱的高度 H 达到一定数值后,其对试验结果的影响可以忽略。认为试验土柱中总含水量的增幅小于 1% 时可以忽略其对试验结果的影响,所以最后选取补充土柱高度为 4 m(增幅为 0.87%)进行正式试验。

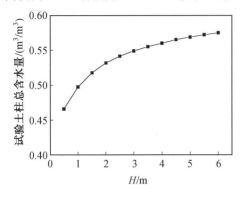
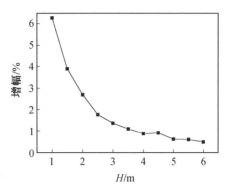

图 10.14　H 对试验土柱总含水量的影响　　图 10.15　总含水量同比增幅

正式试验同样按照前面的步骤和方法进行建模和计算,模型的网格划分如图 10.16 所示,计算完成后的孔隙冰含量云图如图 10.17 所示。由图可知,孔隙冰存在于距离土柱顶端 2 m 的范围内,与实际情况中土体冻结深度是吻合的,再次验证了本试验方法的可行性。

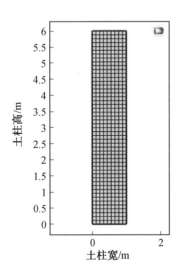
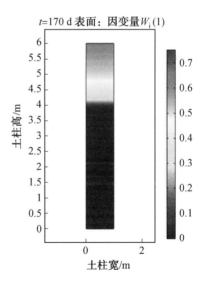

图 10.16　正式试验模型网格划分　图 10.17　孔隙冰含量云图($t=170$ d)(彩图见附录)

正式试验中设立补充土柱是为了模拟实际条件下的补水边界,因此在下面的结果分析中将取上方的试验土柱作为研究对象。利用冻结土柱中含水量以及

孔隙冰含量的变化推导冻胀量,进而求得冻胀系数为

$$\varepsilon^v = 0.09(W_0 + \Delta W - W_u) + \Delta W + (W_0 - n) \quad (10.45)$$

式中　ε^v——土柱的应变;
　　　W_0——试验土柱中的初始体积含水量;
　　　W_u——冻结170 d后试验土柱中未冻水的体积含量;
　　　ΔW——外界水分迁移量;
　　　n——试验土体的初始孔隙比,$0.09(W_0 + \Delta W - W_u)$为孔隙冰含量换算成的体积含水量;
　　　$W_0 - n$——初始气体体积含量。

在推导不同温度下物体的线膨胀系数时,通常是将整个物体升高(或降低)一定的温度,根据物体的长度改变量进行推导:

$$\alpha_1 = \frac{L_T - L_0}{L_0 \Delta T} \quad (10.46)$$

式中　α_1——物体的线膨胀系数;
　　　ΔT——物体温度的改变量;
　　　L_0——物体的初始长度;
　　　L_T——物体温度改变 ΔT 后的长度。

经过170 d的冻结之后,试验土柱的温度分布如图10.18所示,孔隙冰含量分布如图10.19所示,试验土柱中未冻水含量分布如图10.20所示,土柱中总含水量沿着高度的分布如图10.21所示,对比图10.19和图10.21可知土柱的冻结主要是由外界水分的迁移与冻结引起的。在冻结土柱的微小分段内进行冻胀系数的推导,在推导之前先做如下假设:

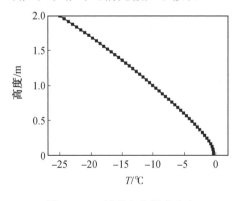

图10.18　试验土柱温度分布

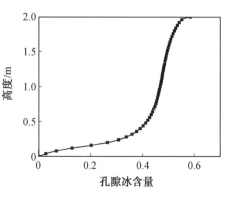

图10.19　试验土柱孔隙冰含量分布

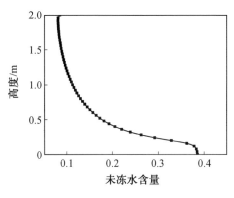
图 10.20　试验土柱中未冻水含量分布

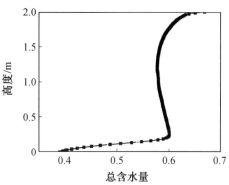
图 10.21　试验土柱总含水量分布

① 土体为各向同性材料；

② 土柱在任一微小分段内的冻胀系数可以代表整个土柱在该温度下的冻胀系数。

将试验土柱按照温度区间分段，从 0 ℃ 到 −25 ℃ 把整个土柱按温度分成 25 个区间，每个区间段为 1 ℃。从土柱底部开始，第一段为 (0 ℃，−1 ℃)，记为 T_1，则 T_2 为 (−1 ℃，−2 ℃)，T_3 为 (−2 ℃，−3 ℃)，…，T_{25} 为 (−24 ℃，−25 ℃)。T_1、T_2、T_3，…，T_{25} 每个温度区间边界所对应的高度依次分别为 (h_0, h_1)、(h_1, h_2)、(h_2, h_3)，…，(h_{24}, h_{25})，记为 H_1、H_2、H_3，…，H_{25}。

根据计算结果，可以计算第 j 个温度区间内的平均温度为

$$T_{\text{ave},j} = \frac{\int_{h_{j-1}}^{h_j} T \mathrm{d}h}{h_j - h_{j-1}}, \quad j=(1,2,3,\cdots,25) \tag{10.47}$$

第 j 个温度区间内的平均孔隙冰含量为

$$W_{\text{iave},j} = \frac{\int_{h_{j-1}}^{h_j} W_\text{i} \mathrm{d}h}{h_j - h_{j-1}}, \quad j=(1,2,3,\cdots,25) \tag{10.48}$$

第 j 个温度区间内的平均未冻水含量为

$$W_{\text{uave},j} = \frac{\int_{h_{j-1}}^{h_j} W_\text{u} \mathrm{d}h}{h_j - h_{j-1}}, \quad j=(1,2,3,\cdots,25) \tag{10.49}$$

根据式(10.45)，第 j 个温度区间单位长度的土柱膨胀量为

$$\Delta L_j = 0.09 W_{\text{iave},j} + (W_{\text{uave},j} + 0.9 W_{\text{iave},j} - W_0) + (W_0 - n), j=(1,2,3,\cdots,25) \tag{10.50}$$

第 j 个温度区间的土柱单位长度膨胀后的长度为

$$L_j = 1 + \Delta L_j, \quad j = (1, 2, 3, \cdots, 25) \tag{10.51}$$

根据式(10.46)第 j 个温度区间的土柱的冻胀系数为

$$\alpha_{1,j} = \frac{L_j - L_0}{L_0 T_{\text{ave},j}}, \quad j = (1, 2, 3, \cdots, 25) \tag{10.52}$$

计算不同微小温度区间段内 j 为1到25时的冻胀系数值,并作其关于区段平均温度的散点如图10.22所示。

利用MATLAB中的CFTOOL工具,将图10.22中冻胀系数与温度的关系拟合成曲线,如图10.23所示,函数关系可以用下式表示,便于后续ABAQUS软件中对材料冻胀性能的二次开发。

$$\alpha_1 = \frac{-0.003\,16\,T^3 + 0.057\,2\,T^2 + 0.006\,177T - 0.000\,161\,1}{T^3 + 3.513\,T^2 + 7.707T + 5.503} \tag{10.53}$$

式中　　T——土柱中任意一点的温度;

　　　　α_1——温度为 T 时的冻胀系数。

拟合优度 $R^2 = 0.99$。

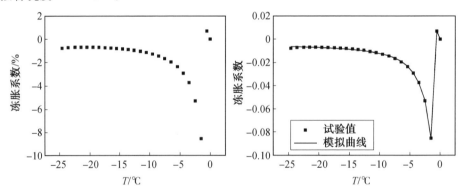

图10.22　冻胀系数随温度的变化　　　图10.23　α_1 关于 T 的曲线拟合

10.2.4　冻结期冻土水－热－变形耦合模型数值实现

运用试验与理论相结合的方法,根据冻胀试验的结果得到土体冻胀系数与温度相关的函数,即式(10.53),使用FORTRAN语言编写UEXPAN子程序,实现随温度连续变化的土体冻胀系数模拟。在基坑开挖完成后,赋予其初始温度场,并对基坑土体和支护体系施加边界温度作用进行越冬模拟,从而实现基坑越冬的水－热－力多物理场耦合。

10.3 高寒区冻结期地铁站基坑冻胀分析与变形控制

10.3.1 基坑有限元模型

由于基坑的平面尺寸和开挖深度都较大,所以可以忽略空间效应对基坑围护结构变形的影响,长度方向取基坑标准段 18 m。同时根据圣维南原理,研究区域选取开挖尺寸的 3~5 倍,可以同时满足计算精度和速度要求。考虑到基坑纵断面的对称性,选取基坑对称平面一侧 80 m×85 m 的范围建立三维计算模型。半结构模型断面尺寸及支撑布置如图 10.24 所示。利用 ABAQUS 的 Part 模块建立模型的几何形状时,钢支撑选用梁单元并赋予截面几何特征,围护桩则根据抗侧刚度等效原则将其换算成 800 mm 厚地下连续墙并采用三维实体单元进行模拟。对于土体、钢围檩等其他部件均采用三维实体单元。

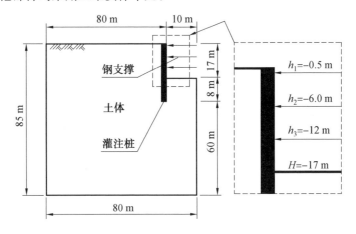

图 10.24 基坑模型断面示意图

模型将土层简化为 5 层,土体均选用弹塑性本构模型,破坏准则选用 Mohr-Coulomb 模型。将坑底以下土体的弹性模量提高到原模量值的 4 倍,土层参数按表 10.3 选取,支护桩、钢支撑、钢围檩的计算参数见表 10.4。

模型采用 ABAQUS 自动平衡法平衡土体初始地应力,平衡地应力后的位移云图如图 10.25 所示。墙体和土体的接触选用可以模拟脱离状态的面面接触,墙体和钢围檩选用面对面 Tie 约束,钢围檩和钢支撑选用点对面 Tie 约束。

表 10.3　模型建立时各土层主要参数取值

土层	厚度 Δh/m	重度 γ/(kN·m^{-3})	压缩模量 E/MPa	泊松比 ν	黏聚力 c/kPa	内摩擦角 φ/(°)	导热系数 λ/(W·m^{-1}·K^{-1})	比热容 c/(J·kg^{-1}·K^{-1})	含水量 w/%
杂填土	1.5	16.0	9	0.40	10	10	0.80	1 010	7
粉质黏土	16.5	19.5	22.5	0.28	20	20	0.93	1 406	28
细砂	6	18.0	45	0.25	0	30	2.07	840	—
中粗砂	20	20.3	60	0.20	0	35	2.07	840	—
砂岩	41	23.0	120	0.20	0	40	2.04	920	—

表 10.4　支护桩、钢支撑及钢围檩的主要计算参数

名称	支护桩	钢支撑	钢围檩
重度 γ/(kN·m^{-3})	25.0	78.5	78.5
弹性模量 E/MPa	31 000	210 000	210 000
泊松比 ν	0.20	0.23	0.23
导热系数 λ/(W·m^{-1}·K^{-1})	1.74	58.20	58.20
比热容 c/(J·kg^{-1}·K^{-1})	920	480	480

土体、钢围檩、维护墙体及底板均选用 C3D8 单元进行模拟。钢管内支撑选用 B31 单元。模型网格划分如图 10.26 所示。设置载荷和边界条件模拟基坑土体的实际受力状态。施加初始应力模拟三道钢支撑载荷。在距基坑顶部边缘 1 m 处施加 20 kPa 的条形面载荷模拟开挖中的施工载荷。由于基坑开挖之前采用了大口径坑外降水将地下水控制在基坑开挖面 1 m 以下,因此,在数值模拟中未考虑地下水渗流对基坑变形的影响。

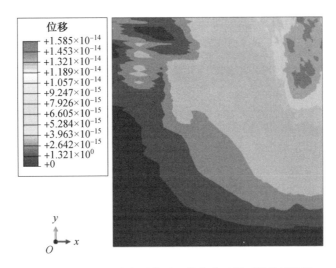

图 10.25　地应力平衡后土体位移云图（彩图见附录）

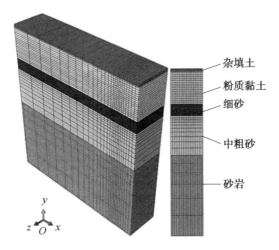

图 10.26　模型土体网格划分

10.3.2　地面温度与初始温度场

利用近地面大气温度来计算地面温度,根据当地 2015 年 5 月 1 日到 2016 年 4 月 30 日的气象数据建立日平均气温随时间的变化。

如图 10.27 所示,对日平均气温变化曲线进行拟合（以 2015 年 5 月 1 日为第 1 天）,拟合公式见下式,此式为当地日平均气温的时程曲线及拟合函数,便于后面的模型分析。

$$T = 5.95 + 22.91 \times \sin(0.017\ 29t + 0.230\ 6) \tag{10.54}$$

式中　t——时间变量，d；

　　　T——第 t 天对应的日均地面温度，℃。

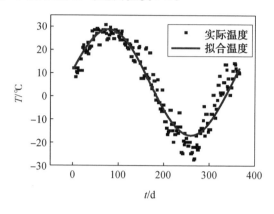

图 10.27　日平均气温变化

利用 ABAQUS 软件建立二维平面土柱进行冻结分析，验证拟合函数式 (10.54) 的合理性，计算结果如图 10.28 所示。绘制温度变化曲线如图 10.29 所示。由图可见，土柱的冻深为 2 m 左右，与当地标准冻深为 2 m 的规律吻合。

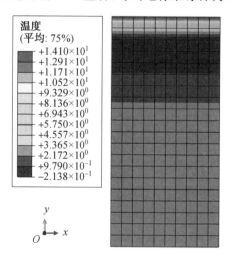

图 10.28　土柱冻结分析云图（彩图见附录）

以开挖完成后的基坑为初始模型，对其施加初始温度场及温度边界条件，如图 10.30 所示。在距离基坑底部、基坑侧壁、基坑顶部地面 6 m 及以上深度的区域施

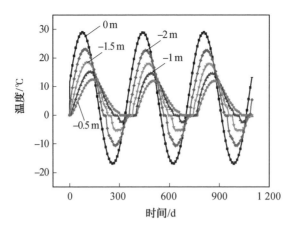

图 10.29 不同深度土温随时间变化曲线

加 $T = 2.9$ ℃ 的恒定温度,在基坑侧壁、基坑顶部地面、基坑底部、钢支撑等与大气接触的部分施加温度边界条件,由此开始计算基坑越冬分析的初始温度场。

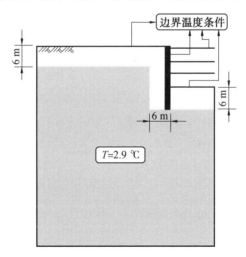

图 10.30 初始温度场及边界条件的施加示意图

10.3.3 冻结期水分迁移模拟

为贴近实际工程土体水分迁移情况,在冻结试验土柱下方设定模拟补水边界条件的补充土柱,冻结前初始含水量相同,上层冻结试验土柱随着温度降低,土水势产生两个作用:补充土柱中的未冻自由水向冻结锋面迁移;补充土柱发挥补水作用。从不同土层含水量的大小可以判断基坑土体的冻胀主要发生在粉质黏土层,且各项物理参数与黏土性质非常接近,所以在越冬模拟时,将冻土的力学参数用下列公式表示。在 ABAQUS 中根据下列公式设置土体随温度变化的力学参数如图 10.31 所示。

$$E_T = 22.5 + 11.3 |T|^{0.6} \tag{10.55}$$

$$\nu_T = 0.28 - 0.007 |T| \tag{10.56}$$

$$c_T = \begin{cases} 20 + 6 |T|^{1.24}, & T \leq 0 \\ -95 q^2 + 87q, & T > 0 \end{cases} \tag{10.57}$$

$$\varphi_T = 20 + 3.4 |T|^{0.38} \tag{10.58}$$

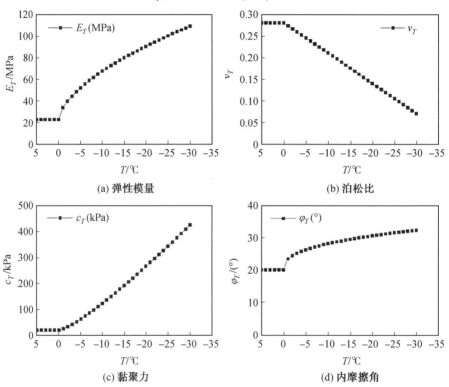

图 10.31 低温下粉质黏土的力学参数

ABAQUS 中,土体、钢支撑等构件的单元类型均采用三维温度 — 位移耦合单元,以模拟冻结过程中的热力耦合过程。将基坑与大气接触面向土体一侧 6 m 处及更深处设置为 2.9 ℃ 恒温层,再将土体与空气接触的地表及基坑侧壁、底部边界温度设置为式(10.54)表示的地面温度变化曲线(从 2015 年 10 月 1 日开始,即 $t = 154$ d 开始)。

10.3.4 冻结期基坑冻胀变形

2015年10月到2016年4月末的日平均气温变化曲线如图10.32所示。从11月3日开始日平均气温低于0℃并逐渐开始下降，此时基坑表层土体已经发生冻结现象。从11月17日开始日平均气温降至−10℃以下，并在较长时间内保持较低温度，土体的冻结加剧。1月20日之后日均气温达到最低值−25℃，之后逐步回升但仍然是长时间的低温态势，直到3月17日回升至0℃以上并保持持续正温，这时土体开始逐渐解冻。

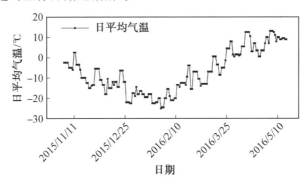

图10.32 当地日均气温变化曲线

基坑工程于10月末完成底板浇筑后开始过冬，由越冬过程中不同深度处墙体的位移变化(图10.33)可以得出，越冬前后距墙顶0 m处的位移变化较小，而在5 m、10 m和15 m的深度处位移变化较大，其中15 m深度处位移从15.22 mm增大到21.30 mm，增幅约40%。

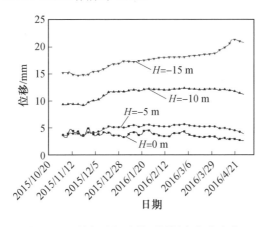

图10.33 越冬基坑墙体不同深度位移变化

越冬阶段钢支撑轴力的变化如图 10.34 所示,可知第一道钢支撑的轴力变化幅度不大,而第二、三道钢支撑的变化幅度较大。其中第三道钢支撑增幅最大,在次年 4 月 12 日达到 3 370.27 kN,模拟误差为 6.51%,与越冬前相比,增加了 172.64%,超过了施工控制值 2 480 kN。因此,该基坑的冻胀变形主要是由基坑侧壁粉质黏土层的冻结引起,上覆杂填土层由于含水量相对较低,冻胀作用不明显,而下层的粉质黏土含水量较大,会产生较大的冻胀作用。

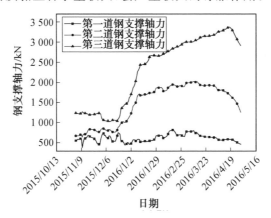

图 10.34 越冬阶段钢支撑轴力变化

基坑的冻胀主要由基坑侧壁土体的冻结引起,对基坑侧壁做保温处理可减小支护结构的冻胀变形。采用防火型 XPS 板(挤塑聚苯乙烯泡沫板)对基坑侧壁进行贴覆,分别模拟了不同厚度 XPS 板对基坑侧壁保温作用的影响,绘制不同厚度 XPS 板作用下基坑越冬后的墙身位移曲线(图 10.35)、墙身最大位移(图 10.36)以及第三道钢支撑最大轴力(图 10.37)。

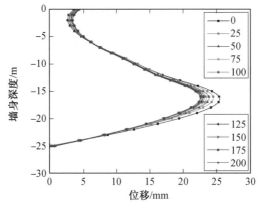

图 10.35 不同厚度 XPS 板作用下墙身位移曲线

由墙身最大位移模拟结果(图 10.36)可以看出,在基坑越冬时,使用 XPS 板贴覆基坑侧壁可以减小围护结构的最大位移,支护墙体在越冬过程中的最大位移随着 XPS 板厚度的增加,呈逐渐减小的趋势。当 XPS 板的厚度小于 50 mm 时,墙体最大位移的减小效果较为明显;当 XPS 板的厚度超过 50 mm 时,墙体最大位移的变化趋于平缓。

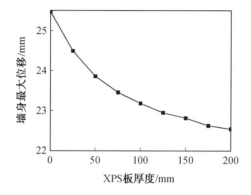

图 10.36 不同厚度保温板墙身最大位移

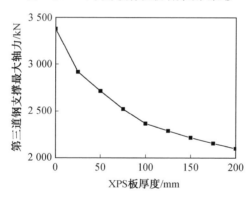

图 10.37 不同厚度保温板第三道钢支撑最大轴力

由第三道钢支撑最大轴力模拟结果(图 10.37)可以看出,第三道钢支撑在越冬后的最大轴力也随着 XPS 板厚度的增加呈逐渐减小的趋势。当保温板厚度小于 100 mm 时,第三道钢支撑的最大轴力减小幅度较为明显。当 XPS 板厚度为 100 mm 时,该越冬基坑第三道钢支撑的最大轴力为 2 268.15 kN,较未做防护措施时降低了 32.7%,且低于控制值 2 480 kN。当 XPS 板的厚度大于 100 mm 时,数值变化趋于平缓,即保温效果增加不再明显。综合考虑不同工况下围护结构的位移和钢支撑的轴力变化,越冬基坑做保温措施时,宜选用 100 mm 厚的

XPS保温板对基坑侧壁进行贴设。

10.4　高寒区冻结期地铁站基坑冻胀变形防控机制

对于越冬期深基坑冻胀变形的防控措施,从造成冻胀变形的水分、温度和外界约束条件等本质因素出发,提出以下几种不同的控制方法:

①水分控制:水是造成冻胀的主要因素之一,因此在越冬期来临之前,通过减小土体中的含水量来减小或消除冻胀。

②温度控制:温度梯度是造成基坑侧壁冻胀的另一主要因素,主要有保温隔热法和加热法两种措施。隔热措施是在基坑与大气环境接触的部位铺设保温板、泡沫冰、珍珠岩板等热绝缘材料,以降低土体中的温度梯度,进而减小冻胀。加热措施是越冬期在基坑侧壁土体内设加热蒸汽针以阻止土体温度的降低,进而减小或消除冻胀。

③外界约束条件控制:主要从支护体系的角度出发,可以将支护结构由刚性结构换成柔性结构以减小水平冻胀力,也可以从加大围护结构埋深、加大钢支撑的预加应力等其他设计因素出发减小基坑土体冻胀引起的围护结构变形。

10.5　基于地下水热能的深基坑装配式充气膜节能保温系统

10.5.1　技术概况

高寒地区的深基坑支护工程,由于基坑缺乏有效的保温措施与结构,开挖区域内的排水系统等结构的冻结与基坑土的冻胀将导致基坑维护结构出现形变脱落,危害基坑安全。越冬基坑冻害问题受气候影响显著,传统固定式、嵌入式的保温设施往往会造成大量资源浪费且延缓施工进度。针对这一问题,结合实际工程需求研发季节性冻土区基坑外可拼装式的充气膜结构保温结构及系统,可方便、快捷、有效地解决冬季基坑越冬保温的难题。

装配式充气膜节能保温结构主体可分为支撑结构与可拼装充气膜结构两部分。支撑结构与充气膜结构通过定位孔进行联结,并通过在顶部设置可拼装透明树脂板实现自然采光作用。整体结构布置情况如图10.38所示。

第 10 章　高寒区水热迁移机制下地铁站基坑冻胀特性

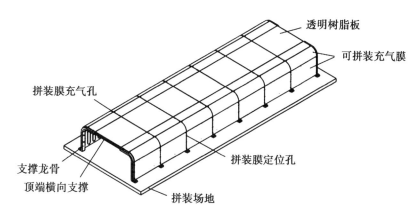

图 10.38　装配式充气膜节能保温结构整体视图

支撑结构包括装配式支撑龙骨和顶端横向支撑,如图 10.39 所示。装配式支撑龙骨主要用于整个拼装结构的支撑与定位,主要包括定位孔、脚肋、固定螺栓孔和顶端插销孔。其中,定位孔用于拼装于其上的充气膜结构定位用;脚肋用于加强龙骨的结构节点刚度,提高龙骨工作时的稳定性;固定螺栓孔用于将龙骨与地面固定,也方便后期龙骨的拆除;顶端插销孔主要用于支撑龙骨与顶端横向支撑固定,增加保温结构的整体稳定性,同时为可拼装透明树脂板提供支撑力点。

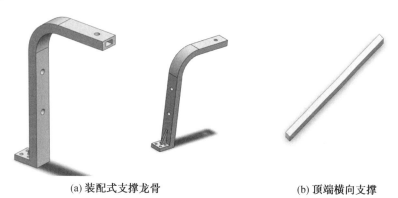

(a) 装配式支撑龙骨　　　　　　　(b) 顶端横向支撑

图 10.39　支撑结构部件图

可拼装充气膜结构包括侧向可拼装充气膜、弧形可拼装充气膜以及顶端可拼装充气膜,如图 10.40 所示。其中,侧向可拼装充气膜主要包括地源热水循环管、拼装膜定位孔与拼装膜充气孔,工作时可将基坑地下深部处的地源热水通过地源热水循环管进行热循环,为整个保温结构提供热力源;弧形可拼装充气膜、顶端可拼装充气膜为拼装充气膜结构，与其他结构共同组成了保温系统。

(a) 侧向可拼装充气膜结构

(b) 弧形可拼装充气膜结构

(c) 顶端可拼装充气膜结构

图 10.40　可拼装充气膜部件图

装配式充气膜节能保温结构利用地下水热能可实现深基坑的保温作用，有效避免深基坑冻害问题的发生。该结构由地源热泵系统将地源深处的热力水源抽送到地表后，接入可拼装充气式地热循环膜结构中的地热循环导管，地源热泵供热防冻系统的整体视图如图 10.41 所示。地源热泵系统主要由压缩机、冷凝器、节流器及蒸发器组成，基于逆卡诺循环实现热量交换。热泵制热系数可达 5.0 以上，可以提取及供给 5 倍于耗电量的热能。

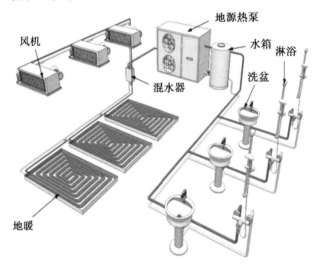

图 10.41　地源热泵供热防冻系统

热力水源进入地热循环导管后，由于各个拼装完成的地热循环导管相互串联，地源深处热力能源不断加热保温结构，整个结构温度始终保持在 0 ℃ 以上。系统热量来自地源热能，循环冷却后的水体可通过管道系统排入自然界的水系

第 10 章 高寒区水热迁移机制下地铁站基坑冻胀特性

中,实现无污染、零排放。在整个循环的过程中,系统可通过分区协同温控系统进行智能信息化控制。协同温控系统通过预设的电路控制系统调控循环泵的工作状态,由循环泵进行持续的智能化补液。泵内进水与出水采用四进四出式,可以实现对 4 个分区的有效控温,从而保证整个装配式充气膜节能保温系统温度始终稳定且可控。

可拼装式充气膜结构拼装的环数可根据实际基坑所处的环境与当地冬季温度的特点自行动态调整,有效避免基坑围护结构发生冻害,可长久保证高寒冻土区深基坑结构的功能性与稳定性。此外,该结构通过装配式结构进行拼接安装,大大提高了拼装时效性和拆卸灵活性,对于解决高寒冻融环境下基坑工程中的病害问题具有重要的实用价值。

10.5.2 技术效果分析与评价

针对高寒地区的深基坑支护工程冻胀作用后发生的冻害问题,研发了一种装配式可充气膜的保温结构与系统。该系统可为保温结构提供热源,使得冬季较低的冷空气无法侵入基坑结构,可有效地保护基坑结构。越冬期过后,装配可充气膜结构可泄压后折叠收起,既可有效避免资源过度浪费,又能很好保护基坑结构,可以实现较好的经济效益。基于地下水热能的深基坑装配式充气膜节能保温系统总体具有以下优点:

①采用装配式结构。构成充气膜节能保温结构的各部件均由工厂预制加工生产,可有效减少现场湿作业环节对保温结构最终质量的影响,规避了因施工工序要求而带来的施工间歇等问题。采用装配式结构拼接方便,可随时取用;气温回升时,可按需求拆卸,灵活性和实用性强,具有良好的经济效益。此外,装配式结构还可大大减少施工现场的扬尘,保证现场及周边的环境,对实现绿色施工具有重要意义。

②充气式膜结构构造简单,在装配式可充气膜保温结构与系统中安装、搬运、装卸均较为方便,在深基坑工程现场气温回升不需要应用此结构时,对充气膜结构进行泄压即可将其折叠存放,节省了存放空间。

③应用地源热泵进行保温。地源热泵通过进入膜结构的循环水对整体系统进行保温,运行费用低,节能效果强,运行可靠稳定,保证了系统的高效性和经济性;地源热泵系统的能量主要来源于地热能,可实现零排放,契合国家可持续发展理念。

④采用智能温控。通过温控器部件调节控制循环泵的运行,可以根据工程现场实际情况进行智能化温度调控,保证装配式充气膜节能保温系统温度始终

稳定且可控,符合环保、节能、舒适和智能化的发展理念。

10.6 重要结论与启示

基于 Harlan 模型建立了冻土的水—热耦合模型方程,设计数值模拟试验,推导开放体系下土体冻胀系数与温度的函数关系。利用有限元分析软件建立了基坑的三维模型,通过联合调用子程序将耦合冻胀模型嵌入 ABAQUS 求解器,开展了基坑分步开挖、支撑和越冬全过程的冻害防护仿真模拟,分析越冬深基坑冻胀变形特性,从水分、温度和外界约束 3 方面揭示高寒区越冬深基坑冻胀变形防控机制,主要结论与启示如下:

(1) 验证开放体系下土体的冻胀主要由水分的迁移引起,水分迁移的主要范围约为冻结深度以下 4 m。获得土体冻结后含冰量和未冻水含量的变化,推导出土体冻胀系数与温度的变化关系。

(2) 未做防护措施的基坑在越冬后墙身最大位移比越冬前增大 40%,底层钢支撑的轴力增幅达到 173%,表明深基坑支护结构的冻胀变形主要由基坑侧壁粉质黏土层的冻结引起。建议季节性冻土区的同类工程在越冬时,加强控制墙身最大位移与底部支撑轴力的防护措施。

(3) 通过模拟不同厚度的 XPS 板对基坑的保温效果,建议工程选用保温法进行冻胀防护时,可选用 100 mm 的防火型 XPS 板对基坑侧壁进行保温处理。

(4) 深基坑装配式充气膜节能保温系统兼具装配式结构与充气膜结构的便携性与实用性,通过地源热泵循环使地热能源进入膜结构实现保温功效,并基于智能温控系统进行调温控制。整体结构拼装方便,拆卸简便,可长久保证高寒冻土区深基坑结构的功能性与稳定性,对解决高寒区深基坑工程的冻害问题具有重要实用价值。

第 11 章

高寒区地铁站基坑预应力锚索失效与安全评价

本章从支护结构冻胀变形分析、支挡设计、可靠性评价和对温度变化的力学响应特性出发,揭示越冬期和春融期预应力锚索拉力演变规律,构建冻胀力累积效应和锚拉力突变的预应力锚索失效模型,揭示越冬期水热迁移下预应力锚索失效与深基坑局部大变形牵连机制,提出基于旋转—滑移机制的深基坑预应力锚索安全支护评价方法,最后研发高寒区预应力自调节抗冻拔螺纹锚杆支护体系。

第11章 高寒区地铁站基坑预应力锚索失效与安全评价

11.1 引　言

深大裸露基坑常因施工周期较长而面临越冬问题,冻结期由于土体冻胀而导致预应力锚固支护结构失效问题日渐凸显。同时,国内外针对高寒冻融区深基坑冻结期预应力锚固结构可靠性的研究较少,致使深基坑锚固支护缺乏科学合理的设计方法和施工技术。支护结构冻胀变形分析、支挡设计、可靠性评价和对温度变化的力学响应特性等缺乏可靠的理论依据与可行的技术方法,一直处于"经验施工、动态设计"的被动窘境。因此,亟须提出可靠的高寒冻融区深基坑冻结期预应力锚索失效判别与安全评价方法。

11.2 地铁站基坑预应力锚索拉力现场监测方案

11.2.1 工程简介

拟建地铁车站深基坑长为245.70 m,宽为20.5 m,结构底板埋深为19.1 m。车站为装配式车站,选用明挖法与局部盖挖法相结合的施工方案。

当地属温带大陆性半湿润季风气候类型,冬季漫长而且寒冷。每年冻结期为11月～翌年4月,1月份月平均气温为-16.1 ℃,最低气温达-36.5 ℃,冻深为1.5～1.8 m,最大冻土深度达到1.69 m。

车站深基坑围护结构标准段采用预应力锚索锚固结构,两侧端部采用围护桩+钢管内支撑,基坑平面尺寸为240.5 m×22.9 m,开挖深度为19.7 m～20.1 m,现场测试标准段基坑宽度为22.5 m,结构底板埋深为19.7 m。基坑标准段支护采用ϕ800 mm的钢筋混凝土钻孔灌注桩,桩间距为1.3 m,桩身长为

23 m。为保证基坑安全越冬，分为两个阶段施工，入冬前基坑开挖至底板埋深 19.7 m 处，次年恢复施工后开挖下部基坑以及完成地铁车站施工。

基坑根据支护情况和周边环境差异划分为 5 个剖面，设 5 道锚索，水平间距均为 1.3 m，采用一桩一锚型式，预应力锚索规格及设计参数见表 11.1。深基坑工程完成第五层锚索张拉后进入冻结期。针对冻结期，除锚固支护结构外，还需在冠梁处施加钢支撑，如图 11.1(a)和(b)所示，并覆盖珍珠岩保温层，如图 11.1(c)所示。

(a) 冠梁处施加钢支撑

(b) 钢支撑支护

(c) 覆盖珍珠岩保温层

图 11.1　珍珠岩保温层与钢支撑支护

表 11.1　预应力锚索规格及设计参数表

剖面 2—2	锚索长度/m			锚固体直径/mm	水平倾角/(°)	钢绞线	轴力标准值/kN	预加轴力/kN
	总长	锚固段	自由段					
第一道	21.0	13.0	8.0	250	15/13	3×7ϕ_s15.2	77.8	60
第二道	23.0	16.0	7.0	250	15/13	3×7ϕ_s15.2	169.8	122
第三道	27.0	20.0	7.0	250	15/13	3×7ϕ_s15.2	329.1	244
第四道	24.0	17.0	7.0	250	15/13	3×7ϕ_s15.2	453.1	325
第五道	15.0	10.0	5.0	250	15/13	3×7ϕ_s15.2	312.0	256

11.2.2　监测方案

为系统研究越冬深基坑冻胀机理与锚固支护结构受力及变形变位规律，对围护桩顶端水平位移、围护桩变形、预应力锚索拉力、基坑侧壁向内 3 m 范围内土温和深层桩体水平位移进行冻结期现场监测。基坑侧壁向内 3 m 范围内温度场监测可获得冻胀作用影响范围，并为热力耦合研究奠定基础。围护桩顶端水平位移监测可以获得基坑在桩顶处水平位移的演变规律，评估锚索锚固效果。

通过冻结期围护桩受力及变形监测可掌握冻结期桩身演变规律,研究锚索拉力与桩变形间的相关关系。通过分析冻结期锚索拉力波动规律可准确甄别影响冻结期预应力锚固支护结构性能的主控因素。现场监测项目及所用仪器和要求见表 11.2。

表 11.2 监测项目及要求

序号	监测项目	监测仪器	监测要求
1	桩顶端水平位移监测	TCRA1201 全站仪	测距 1 mm±1 ppm
2	围护桩变形监测	CX-901F 型基坑测斜仪	分辨率 0.02 mm/500 mm
3	锚索拉力监测	609 频率仪	分辨率不宜低于 0.2%F·S
4	基坑三层锚索处侧壁土温	JMT-36C 温度传感器、温度采集模块 JMWT-32RT	可测范围-50 ℃～80 ℃,分辨率 0.1 ℃,ϕ6 mm

(1)桩顶端水平位移监测。

测点布设在围护桩顶处,布设间距约为 10 m,如图 11.2 所示。施工期间应采取有效措施,确保监测点的正常使用,监测期间应定期检查监测点的稳定性。如遭到破坏后在原位置处重新布设,并立即采集初始值,将先前破坏测点的累计沉降计入该测点的累计位移中。

图 11.2 桩顶水平位移监测点示意图

(2)围护桩变形监测。

在基坑标准段、阳角和阴角按间距 30 m 布设测斜管,测斜管埋设现场如图 11.3 所示,所用测斜仪如图 11.4 所示。

图11.3 测斜管埋设现场实景图

图11.4 CX—901F型基坑测斜仪

(3)预应力锚索拉力监测。

在基坑主测断面沿剖面南北两侧每层预应力锚索均布设了测力计,锚索测力计安装现场如图11.5所示,609频率仪如图11.6所示。

图11.5 锚索测力计安装现场实景图

图11.6 609频率仪

(4)基坑侧壁向内3 m范围内土温监测。

基坑侧壁处上覆土层为填土层和粉质黏性土。填土层堆积时间短,密实程度低,结构松散,透水性强,当降雨降雪补水时将会形成汇水通道,低温下易发生冻胀;粉质黏土层为可塑土层,土体自稳能力较差,且为冻胀敏感性土。冻结期受双向冻结作用,侧壁土体发生明显冻胀,对锚固支护体系变形有很大影响,故监测基坑侧壁向内3 m范围内土温以便确定侧壁冻结状态,掌握冻结期冻结过程中温度对支护桩受力变化的影响情况,确定侧壁冻深。

沿基坑侧壁分别打3道深为3 m,孔径为80 mm的水平监测孔,3道水平监测孔对应基坑深度分别为$h=1.5$ m、5 m和8.6 m,每个监测孔内由基坑侧壁向外扩展方向等间距按 0.5 m、1.5 m、2.0 m、2.5 m 和 3 m 深度分别布设 5 个土体温度传感器,温度监测点布设如图 11.7 所示,温度监测点布置剖面图如图 11.8 所示。

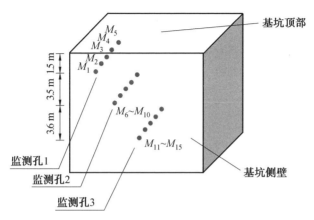

图 11.7　温度监测点布置

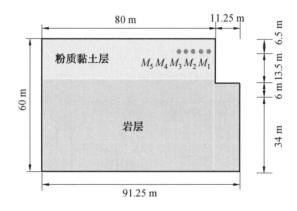

图 11.8　温度监测点布置剖面图

土体温度监测仪器采用 JMT－36C 型号的土体温度传感器,监测所用温度采集模块如图 11.9 所示。

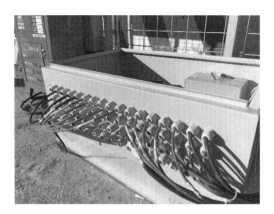

图 11.9 温度采集模块

11.3 地铁站基坑预应力锚索拉力监测结果与预测

11.3.1 冻结期锚索拉力演化规律

选取基坑剖面南北两侧各 5 层预应力锚索监测值分析冻结期预应力锚索拉力演变规律,如图 11.10 和图 11.11 所示。

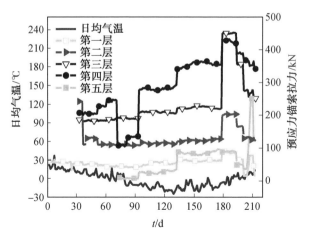

图 11.10 基坑北侧纵预应力锚索拉力监测值变化曲线

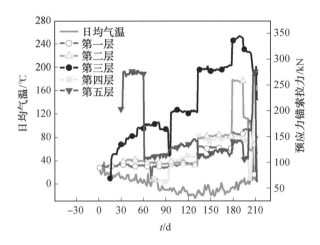

图 11.11　基坑南侧纵预应力锚索拉力监测值变化曲线

预应力锚索拉力随时间变化规律可概括成 4 个阶段。第一阶段为拉力损失后稳定阶段。剖面南北两侧 5 层预应力锚索拉力均出现了 60%～80% 的衰减,分析可知预应力锚索打孔定位有偏差且孔壁粗糙,使得安装锚索时钢绞线与孔内壁接触产生沿锚索孔道摩擦,引发钢绞线受力不均匀,导致锚索拉力衰减。锚索所处土层为粉质黏土层,锚索注浆形成锚固段导致锚索孔周围土体发生扰动引发土体变形、注浆体围压改变,土体与注浆体间接触状态发生变化,引发锚索拉力损失,同时注浆时土体孔隙水压力改变,导致锚索拉力损失。最后,完成锚索安装,土体受到锚索初始预应力的主动作用力,促使粉质黏土层向远离基坑内部变形,即此阶段锚索发挥很大的锚固支护作用,故锚索呈现拉力损失趋势。

第二阶段为小幅增长阶段。基坑土体处于初始冻胀期,部分粉质黏土层土温达过冷温度发生冻结,其余粉质黏土未达到过冷状态,锚索拉力小幅增长。土方开挖施工期,主动土压力起主要作用,基坑上部土体受主动土压力有向基坑内部侧移的趋势,此时锚索发挥锚固作用,限制土体侧移,导致锚索拉力增加。

第三阶段为拉力剧增及剧增后平台期。基坑正式进入基坑冻结期后,锚索拉力急剧增大,分析可知低温期粉质黏土层水分以及毛细水补水冻结,土体冻胀量急剧增加,可从同时期桩顶端水平位移显著增加得到验证,桩变形增大引发固定于桩上腰梁的锚索自由段变形量明显增加,导致轴力增加。由于土体与注浆体间有黏结效应,土体冻胀增加通过两者接触面引发注浆体发生形变,而注浆体与预应力锚索胶结面也有黏结效应,注浆体形变进一步导致锚索变形增大,也会导致拉力激增。且拉力每"跃迁"到一个值后,均进入一段平台期。

第四阶段为拉力减小期。进入春融期后,基坑土体逐步解冻,冻胀作用逐渐减小甚至消失,基坑侧壁土体冻胀回缩,桩顶端水平位移趋于稳定或减小,锚索拉力回落至施工拉力损失值附近。

11.3.2 春融期锚索拉力演化规律

选取 2021 年 3～6 月期间地铁车站预应力桩锚体系的锚索轴力监测数据进行分析。具体为剖面 1—1 北侧和南侧各 5 道锚索,剖面 2—2 北侧和南侧各 3 道锚索,共 16 道锚索,分别记为 PAC1－(N/S)－(1/2/3/4/5) 和 PAC2－(N/S)－(1/2/3)。

(1)同一剖面锚索轴力变化值分析。

同一剖面不同高度处锚索轴力变化值演变规律如图 11.12～11.15 所示。在春融前期,基坑土体于 3 月 15 日左右随气温上升而融化,但土体强度因冻融损伤后有一定程度的折减,锚索在 3 月 15 日前后达到轴力变化值的峰值点。在春融中期与后期,随基坑土体完全融化,土体强度趋于稳定,故预应力锚索轴力变化值呈平稳波动状态。

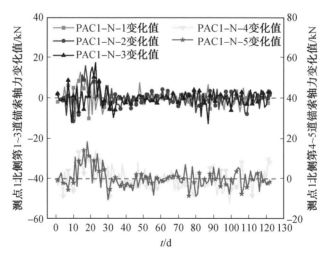

图 11.12 剖面 1—1 北侧锚索轴力变化值

第 11 章 高寒区地铁站基坑预应力锚索失效与安全评价

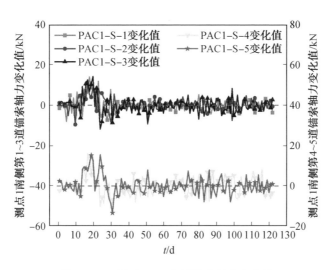

图 11.13 剖面 1—1 南侧锚索轴力变化值

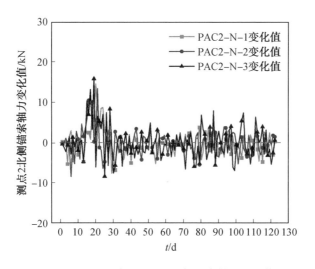

图 11.14 剖面 2—2 北侧锚索轴力变化值

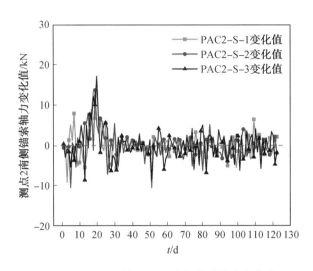

图 11.15　剖面 2—2 南侧锚索轴力变化值

(2) 同一剖面锚索轴力监测值分析。

同一剖面不同高度处锚索轴力监测值演变规律如图 11.16～11.19 所示。锚索轴力监测值整体的演变趋势基本相同,即春融初期先小幅波动(具体为 3 月 15 日前后至 4 月 10 日前后)再骤增而后回落、中期稳定波动、后期逐渐减小。在春融前期 3 月 15 日前后,基坑土体开始经历为期一个月左右的冻融循环状态,基坑气温午后升至 0 ℃ 以上,土体融化后水向下入渗,夜晚气温降至零下,土体开始冻结。春融前期,桩后土体融化后水分难以有效排出,滞留于冻结层与未冻结层的分界面处,分界面地温降至零下后反复冻结,产生冻胀力,土体的承载力显著减弱,土体对围护桩的作用力显著增加,进一步增强围护桩悬臂端向基坑内侧发生位移的趋势。围护桩的侧移趋势使得与围护桩上腰梁固定连接的预应力锚索的自由段发生拉伸变形,导致预应力锚索轴力在春融前期出现骤增现象。进入春融中后期,土体基本完全融化,土体性质与预应力桩锚体系工作状态趋于稳定,预应力锚索轴力均开始缓慢减小。

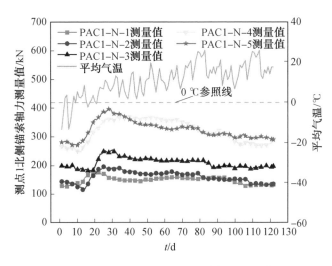

图 11.16　剖面 1—1 北侧锚索轴力监测值

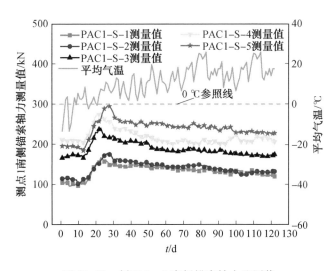

图 11.17　剖面 1—1 南侧锚索轴力监测值

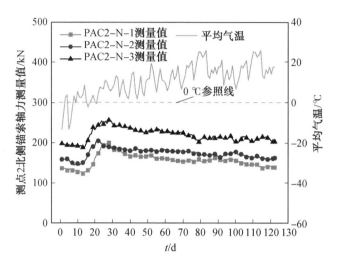

图 11.18　剖面 2—2 北侧锚索轴力监测值

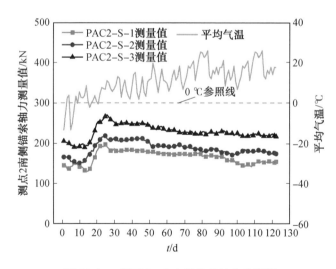

图 11.19　剖面 2—2 南侧锚索轴力监测值

11.3.3 考虑冻融温度变化的锚索拉力定量预测

采用主成分分析(PCA)和自回归分布滞后模型(ARDL),建立考虑滞后效应的温度-锚索拉力 ARDL 模型,利用 PCA 消除多因素间的多重共线性,模拟冻结期温度变化与锚索拉力演化规律。

(1)样本与指标选取。

选择冻结期 2020 年 11 月～2021 年 4 月锚索拉力监测值和日气温数据,共 604 个样本,将温度(X)和锚索拉力(Y)分别作为解释变量和被解释变量。选用单位根检验法(ADF)对模型中两个时间序列进行平稳性检验,见表 11.3。由表可知,温度序列通过了 5% 的显著水平检验,为平稳时间序列,但由于对锚索拉力取一阶差分后才通过 5% 的显著水平检验,故其为非平稳时间序列,取拉力绝对值(Y_t)作为拉力变化量(ΔY_t)的因变量:

$$\Delta Y_t = Y_{t+1} - Y_t \tag{11.1}$$

表 11.3 温度与锚索拉力平稳性检验

序列类型	显著性水平	t 统计量	ADF 检验统计量	P 值
锚索拉力序列	1%	−3.46		
	5%	−2.88	−0.77	0.81
	10%	−2.56		
锚索拉力一阶差分序列	1%	−3.46		
	5%	−2.88	−4.85	0.00
	10%	−2.56		
温度序列	1%	−3.46		
	5%	−2.88	−3.61	0.00
	10%	−2.56		

由于温度滞后效应和前期拉力值对拉力演变过程的影响,故设置两者的滞后项作为解释变量,首先对拉力变化量(ΔY_t)和温度(X_t)时间序列分别分析自相关性和偏相关性,如图 11.20 所示。

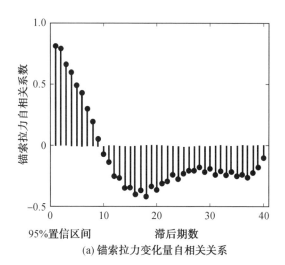

(a) 锚索拉力变化量自相关关系

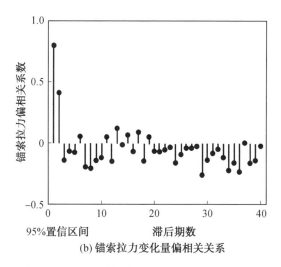

(b) 锚索拉力变化量偏相关关系

图 11.20　两个时间序列的自相关和偏相关关系

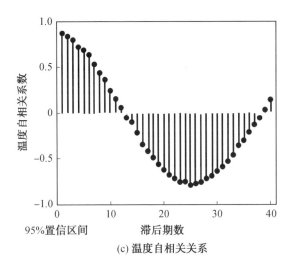

(c) 温度自相关关系

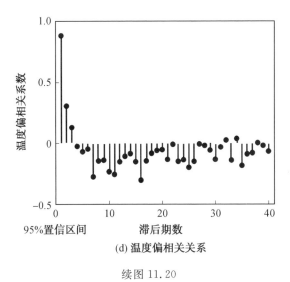

(d) 温度偏相关关系

续图 11.20

拉力变化量(ΔY_t)和温度(X_t)时间序列呈现显著自相关拖尾性和偏相关断尾性。根据截断期可知,两者都存在显著滞后效应,故选用 BIC 信息准则确定滞后期数。由表 11.4 可知,最优滞后期取表中为 1 时最小时拉力变化量(ΔY_t)和温度(X_t)BIC 值最小。

表 11.4 取不同滞后期对应的 BIC 值

滞后期	ΔY_t	X_t
0	7.01	6.66
1	6.14	5.12
2	6.15	5.20
3	6.20	5.21
4	6.30	5.30

为消除多重共线性(表 11.5),选用 PCA 降维法对各解释变量先计算 KMO 值进行适应性检验。1 期和 2 期 Y_t 的 KMO 值分别为 0.77 和 0.84,故 ΔY_t 不适合作为主成分提取,对 X_t 等其他解释变量进行 PCA 计算的结果见表 11.6 和表 11.7。对全部解释变量降维处理后特征值高于 1 的主成分的总贡献率为 76.80%,而 X_t 第一主成分贡献率高达 92.83%,故仅对 1 期和 2 期 X_t 提取主成分。

第一主成分 G_1 对各期 X 作回归分析,得

$$G_1 = -4.6906 + 0.0673 X_t + 0.0704 X_{t-1} + 0.0701 X_{t-2} \quad (11.2)$$

第一主成分可作为当期温度与滞后 1 期和 2 期温度的综合指标。

表 11.5 温度对应的相关系数矩阵

变量	X_t	X_{t-1}	X_{t-2}
X_t	1.000	—	—
X_{t-1}	0.779	1.000	—
X_{t-2}	0.832	0.843	1.000

表 11.6 3 个主成分对应特征值和贡献率

主成分	特征值	贡献率 %	累积贡献率 %
G_1	2.654	92.83	92.83
G_2	0.212	4.9	97.73
G_3	0.145	2.27	100.0

表 11.7　5 个主成分对应特征值和贡献率

主成分	特征值	贡献率 %	累积贡献率 %
F_1	3.904	78.10	78.10
F_2	0.624	12.51	90.61
F_3	0.210	4.22	94.83
F_4	0.156	3.11	97.94
F_5	0.106	2.06	100

（2）模型构建。

将锚索拉力变化量 ΔY_t 作为被解释变量,将滞后 1 期和 2 期的 ΔY_t 和 PCA 分析温度与滞后 1 期和 2 期温度综合指标 G_1 作为解释变量,建立 ARDL 模型:

$$\Delta Y_t = \beta_1 \Delta Y_{t-1} + \beta_2 \Delta Y_{t-2} + \alpha G_1 + \mu_1 \tag{11.3}$$

式中, μ_1——$N(0,1)$ 的误差项。

（3）模型评价与预测。

采用 Stata 软件对样本进行 ARDL 模型回归分析,得到

$$G_1 = 0.309\,6\Delta Y_{t-1} + 0.306\,3\Delta Y_{t-2} - 0.063\,5\,X_t - 0.062\,3\,X_{t-1} - 0.051\,4\,X_{t-2} + 4.123 \tag{11.4}$$

式中, ΔY 项单位均为 kN;X 项单位均为 ℃。

各参数见表 11.8,解释变量系数均通过 5% 显著水平 t 检验,表明模型选取的所有解释变量均对锚索拉力变化有显著影响。

表 11.8　模型各参数

变量	系数	t 统计量	P 值
F_1	3.904	78.10	78.10
F_2	0.624	12.51	90.61
F_3	0.210	4.22	94.83

模型的 D-W 统计量是 1.801,接近 2,表明模型无残差自相关情况,证明自变量和因变量之间存在因果关系。模型 $R^2 = 0.84$,其原因是所建模型只将回归项目和温度项作为解释变量。为了进一步验证模型可靠性,将拉力模型预测值与拉力监测值进行对比,如图 11.21 所示。可知拉力预测曲线与监测曲线趋势基

本吻合,预测值与监测值误差范围为1.53%~10.87%,表明ARDL回归模型较为可靠。

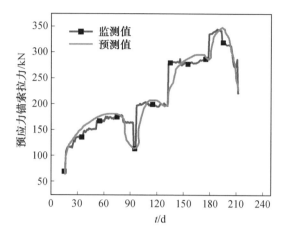

图 11.21　锚索拉力监测值与预测值对比曲线图

11.4　冻融环境预应力锚索失效模式与深基坑局部大变形关联性

11.4.1　冻融环境深基坑预应力锚索数值分析方法

（1）工程概况和参数设定。

基坑平面尺寸为 240.5 m×22.9 m,开挖深度为 19.7 m 至 20.1 m,即深基坑平面尺寸较大且开挖深度较深,故不计空间效应影响。依据圣维南原理,建模分析区域合理范围取基坑开挖尺寸的 3~5 倍。现以基坑标准段为研究对象,考虑深基坑纵断面具有对称性,取有限元模型长度为 91.25 m,高为 60 m,宽取 3 根护坡桩间距,即 4.2 m,半基坑有限元模型断面尺寸及支护布置如图 11.22 所示。

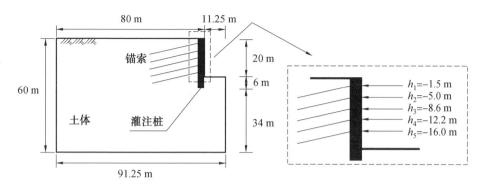

图 11.22　三维基坑模型断面示意图

为了提升模型收敛速度并简化计算,在建模过程中,依据抗弯刚度等效的原则将钻孔灌注围护桩等效为 570 mm 厚的地下连续墙,并用三维实体单元进行模拟,换算公式为

$$h = 0.838 D \sqrt[3]{1/(1+t/D)} \qquad (11.5)$$

式中　D——围护桩直径;

　　　t——围护桩净距。

基坑标准段桩间距为 1.3 m,桩径为 0.8 m,围护桩净距为 0.5 m,代入上式算得等效地下连续墙厚度为 0.57 m。为提升计算效率,加密基坑侧壁处网格,距侧壁较远处网格稀疏设置,最终模型网格划分如图 11.23 所示,预应力锚固支护结构有限元模型如图 11.24 所示。

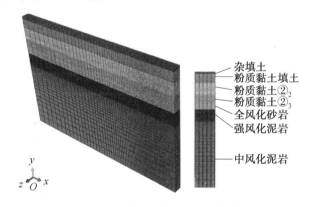

图 11.23　深基坑模型土体网格划分

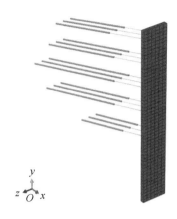

图 11.24　预应力锚固支护结构模型

为尽可能接近实际工程施工状态,故在距深基坑顶部 1 m 处施加 25 kPa 的条形面载荷,由于施工现场采取了降水井措施,故模型不考虑渗流效应。$5\times 7\phi_s 15.2$ 代表锚孔内 5 根锚索同时受力,每根锚索为由 7 根钢丝绞成的直径为 15.2 mm 的钢绞线。遵循截面积和弹性模量相等的等效原则将孔内锚索等效为一个整体,第一道、第二道、第四道、第五道锚索分别等效为截面积为 432 mm^2、432 mm^2、864 mm^2 和 720 mm^2 的单根钢绞线。土层物理力学参数见表 11.9,围护桩主要计算参数见表 11.10,等效后预应力锚索对应参数见表 11.11。

表 11.9　土层物理力学参数

土层	厚度 Δh/m	重度 γ/(kN·m^{-3})	弹性模量/MPa	泊松比 ν	黏聚力 c/kPa	内摩擦角 φ/(°)	导热系数 λ/(W·m^{-1}·K^{-1})	比热容 c/(J·kg^{-1}·K^{-1})
杂填土	1.1	17.5	9	0.33	5.0	8.0	0.80	1 010
粉质黏土填土①$_1$	4.8	19.7	34.5	0.32	37.0	18.0	0.93	1 406
粉质黏土②$_2$	5.8	19.7	34.5	0.31	32.0	18.0	1.42	1 600
粉质黏土②$_3$	5.5	20.2	59	0.27	39.0	18.0	1.58	1 430
全风化砂岩④$_1$	2.4	20.2	120	0.25	50.0	25.0	3.0	920

续表 11.9

土层	厚度 Δh/m	重度 γ/(kN·m^{-3})	弹性模量/MPa	泊松比 ν	黏聚力 c/kPa	内摩擦角 φ/(°)	导热系数 λ/(W·m^{-1}·K^{-1})	比热容 c/(J·kg^{-1}·K^{-1})
强风化泥岩 ③$_2$	6.1	21.7	150	0.24	60.0	25.0	1.8	1 019
中风化泥岩 ③$_3$	34.3	21.3	100	0.21	120.0	35.0	2.1	1 002

表 11.10 围护桩主要计算参数

比热容 c	重度 γ/(kN·m^{-3})	弹性模量 E/GPa	泊松比 ν	导热系数 λ
920	25	31	0.20	1.74

表 11.11 等效后预应力锚索对应参数

层号	等效钢绞线直径/mm	重度 γ/(kN·m^{-3})	弹性模量 E/GPa	泊松比 ν	导热系数 λ/(W·m^{-1}·K^{-1})	比热容 c/(J·kg^{-1}·K^{-1})
1	23.45	76.93	195	0.3	58.20	480
2	23.45	76.93	195	0.3	58.20	480
3	30.28	76.93	195	0.3	58.20	480
4	33.17	76.93	195	0.3	58.20	480
5	30.28	76.93	195	0.3	58.20	480

(2)地表温度场与初始温度场。

在研究高寒区基坑工程中,处理模型温度边界时,将直接与大气相接的边界条件设定为地表温度,一般取近地面大气温度等效地表温度进行分析求解。取自中国气象站官网中一年气象数据(2019年5月1日至2020年4月30日),整理并建立日均近地表大气温度的时程曲线(图 11.25)。

求得地表温度场为

$$T = 6.33 + 23.02 \times \sin(0.017\,214t + 0.230\,2) \tag{11.6}$$

式中 t——时间,d;

T——第 t 天日均地表温度,℃。

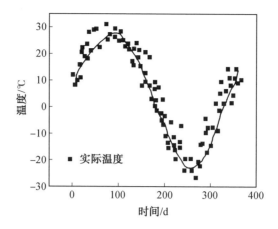

图 11.25 日均地表温度变化曲线拟合

(3) 土体冻胀过程模拟方法。

依据冻胀试验推导出的冻胀系数随温度变化的函数关系式，选用 FORTRAN 语言编程 UEXPAN 子程序达到冻胀系数可随温度连续改变的目的。随着土体冻结，土体中孔隙结构和固体颗粒联结关系不断发生变化，导致土体结构改变较大，致使土体物理力学性质衰减，故土体弹性模量 E、泊松比 ν、黏聚力 c、内摩擦角 φ 均与温度有关，表达式为

$$E_T = \begin{cases} 22.5 + 11.3 \, |T|^{0.6} & T \leqslant 0 \\ 22.5 & T > 0 \end{cases} \tag{11.7}$$

$$\nu_T = \begin{cases} 0.28 - 0.007 \, |T| & T \leqslant 0 \\ 0.28 & T > 0 \end{cases} \tag{11.8}$$

$$c_T = \begin{cases} 20 + 6 \, |T|^{1.24} & T \leqslant 0 \\ 20 & T > 0 \end{cases} \tag{11.9}$$

$$\varphi_T = \begin{cases} 20 + 3.4 \, |T|^{0.38} & T \leqslant 0 \\ 20 & T > 0 \end{cases} \tag{11.10}$$

模拟从 2020 年 11 月 1 日至次年 4 月 1 日（即 $t=185$ d 开始，至 $t=336$ d 结束）越冬全过程，冻结期基坑温度变化如图 11.26 所示，顶部与侧壁交界处为双向冻结，故温度改变速率显著较坑底快。

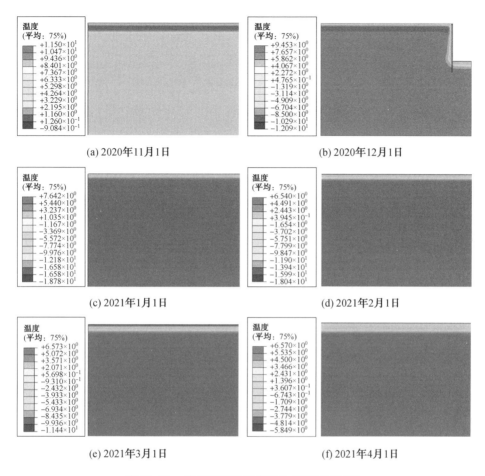

图 11.26 冻结期基坑温度变化(彩图见附录)

11.4.2 冻融环境深基坑预应力锚索可靠性分析

(1) 冻结期深基坑预应力锚索拉力演化规律。

侧壁温度监测值与模拟值对比曲线如图 11.27 所示。由图可知,基坑侧壁 2 m 范围内温度监测值与模拟值趋势基本一致,但是模拟值稍大于监测值。由于基坑侧壁内土体不受阳光直射,传热较为缓慢,故基坑侧壁内土温对环境温度变化响应比较迟缓。其次由于锚索注浆等施工影响导致基坑侧壁土体含水率较高,水分吸收了部分太阳辐射能,导致监测值低于模拟值。

锚索拉力模拟曲线如图 11.28 所示,呈现冻结期拉力剧增,3月开始拉力显著下降的趋势,选取剖面4—4第四层锚索进行对比,如图 11.29 所示。结果显示

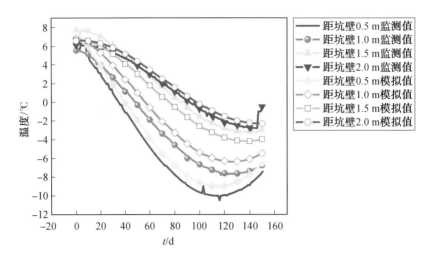

图 11.27　侧壁温度监测值与模拟值对比曲线

监测值与模拟值变化趋势基本吻合。分析可知,首先,施工现场在基坑冠梁处施加钢支撑,而钢支撑有限制基坑位移和桩体变形变位的效果,但模型未构建钢支撑,故模拟拉力要低于现场监测拉力值。其次,施工方用混凝土喷射连续墙,具有一定的防护基坑限制位移的作用,分担了一部分载荷。加之温度对锚索拉力变化的影响具有滞后性,且前期温度的影响效应不可忽略。最后,实际地层分布不均而模型是按照平均厚度构建土层,上述因素均导致了模拟值与监测值具有一定的差别。

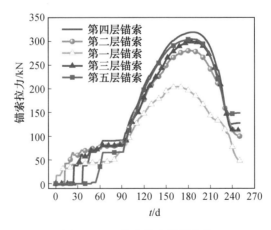

图 11.28　锚索拉力模拟曲线

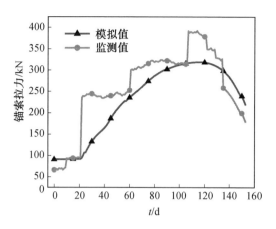

图 11.29　锚索拉力监测值与模拟值对比

（2）春融期深基坑预应力锚索拉力演化规律。

根据模型温度计算结果，3月1日、3月15日、4月1日和4月15日（春融前期）的基坑地温云图如图 11.30 所示。5月1日、5月15日、6月1日和6月15日（春融中、后期）的基坑地温云图如图 11.31 所示。

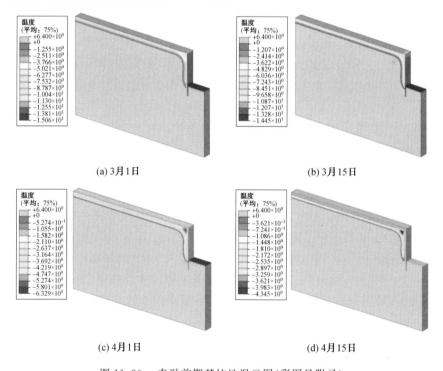

图 11.30　春融前期基坑地温云图（彩图见附录）

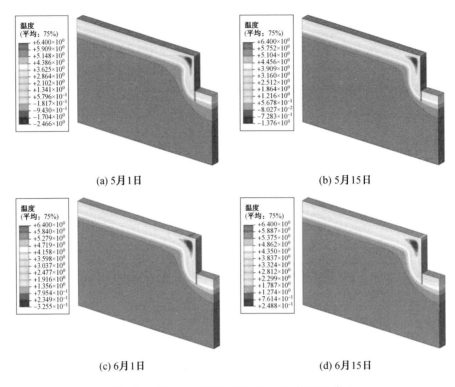

(a) 5月1日　　(b) 5月15日　　(c) 6月1日　　(d) 6月15日

图 11.31　春融中、后期基坑地温云图（彩图见附录）

2021 年春融前期（3 月 1 日～4 月 9 日）监测基坑地温变化趋势分为 3 个阶段。第一阶段（3 月 1 日～3 月 15 日）的气温基本处于 $-12 \sim 12$ ℃ 的跃升式阶段，日平均气温大部分时间仍处于零下，模拟温度函数为 $T=-12\cos \omega_2 t$，土体不会表现出明显的融化现象，土体冻结层温度仅有极小幅度的上升，土体冻结层厚度和位置无明显变化，如图 11.30(a) 和 (b) 所示。第二阶段（3 月 15 日～3 月 30 日）的气温处于 $-6 \sim 16$ ℃ 的上升式波动状态，此阶段日平均气温均零上，冻融循环效应更明显，模拟温度函数为 $T=5-11\cos \omega_2 t$，土体表层融化，土体冻结层温度有一定幅度的上升，但土体冻结层厚度和位置仍没有明显变化，如图 11.30(b) 和 (c) 所示。第三阶段（3 月 31 日～4 月 9 日）的气温处于 $-4 \sim 20$ ℃ 的稳定式波动状态，此阶段日最低气温处于零下但日平均气温、最高气温和最低气温均较为稳定，模拟温度函数为 $T=8-12\cos \omega_2 t$，土体表现出较为明显的融化现象，土体冻结层温度有较大幅度的上升，且土体冻结层厚度变薄、冻结浅层由于受气温上升影响更快已基本融化，如图 11.30(c) 和 (d) 所示。

2021年春融中期与后期（4月10日～6月30日）的气温相较于春融前期第三阶段有一定的上升，整体保持相对稳定的状态，基本处于4～24 ℃的稳定式波动状态，此阶段日最低气温在一段时间的上升后全面突破至零上，模拟温度函数为 $T=14-10\cos\omega_2 t$，春融中期土体冻结层呈现明显的融化现象，如图11.31所示。春融中期土体冻结层基本融化，春融后期土体温度基本回归常温。靠近基坑临空面和地表的阳角处，在冻结期间由于受到来自地表和临空面的双向冻结，冻胀现象最明显且该处地温最低；进入春融后期，虽然受到来自地表和临空面的双向升温，但该阳角处的冻结土体仍最难融化，直至春融中后期才完全融化。根据模型锚索轴力计算结果，3月1日、4月1日、5月1日和6月1日的预应力锚索轴力云图如图11.32所示。春融期间基坑自上而下的5道锚索轴力随时间的变化曲线如图11.33所示。

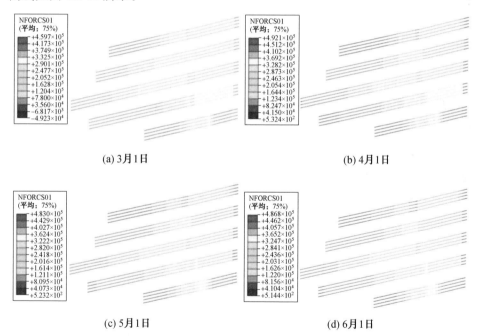

(a) 3月1日   (b) 4月1日

(c) 5月1日   (d) 6月1日

图11.32　春融期间预应力锚索轴力云图（彩图见附录）

预应力锚索轴力最大值均位于自由段端部，如图11.33所示，轴力沿着自由段逐渐减小，在自由段与锚固段分界处轴力出现极大幅度的减小，锚固段轴力基本保持在较低水平，由于桩后水土压力在春融期间也是自桩顶至桩底逐渐增大，故底部锚索较上部锚索会承担更大的载荷，因此图11.33中预应力锚索轴力均是由第一道至第五道逐渐增大。

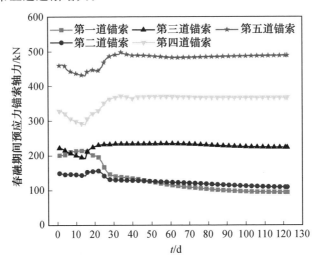

图 11.33　春融期间预应力锚索轴力变化曲线

春融期五道预应力锚索轴力自上而下依次增大,由于桩后水土压力随桩深增加逐渐增大,底部预应力锚索承担的载荷更大。春融期锚索轴力的演变规律与监测值基本一致,春融初期轴力逐渐减小,前期轴力先增加后回落,中期与后期大部分预应力锚索轴力逐渐减小。

春融初期,气温较低且正温持续时间较短,冻结层土体融化量与正冻结量极小且基本相当,临空面土体有一定融化量时,围护桩会有较小的回弹趋势,而临空面下部土体的冻胀力在该阶段会有少许削弱,故围护桩整体回弹量稍大于该阶段产生的变形量。第一道锚索在围护桩上的锚固点处于基坑阳角处,该区域在冻结期冻胀效果最为明显,且在春融初期受温度影响较临空面下部土体也更大,该区域在春融初期就会有一定的冻融循环现象,冻融过程中会造成土体微裂隙,冰晶融化后土体将形成大孔隙。因春融初期临空面下部土体融化量极小而基坑阳角处土体由于冻融循环作用孔隙比增大,基坑顶地表土体部分融化水下渗后将滞留在基坑阳角区域的底部而不会继续大量下渗,故第一道锚索锚固处的土体在春融初期的正冻结量将大于融化量,对围护桩相关区域的冻胀力将增大,因此在刚进入春融初期时轴力比第二道锚索更大,且在春融初期有一定的增大趋势。

在春融前期,冻结层土体冻融循环效应更为明显,土体融化量开始大于正冻结量,但融水持续下渗使得临空面下部土体的冻结量有一定程度的增大,进而围护桩悬臂段下部所受冻胀力逐渐增大,导致锚索轴力增大。另外,融化水下渗使得围护桩顶部桩后土体在冻融循环过程中的冻结量逐渐减小,围护桩顶部所受冻胀力开始减小,故第一道锚索在春融前期轴力逐渐减小。春融中后期,日最低气温突破至零上,土体开始全面融化,冻结层厚度逐渐变薄,浅冻结层完全融化,围护桩所受冻胀力逐渐消失,桩后水土压力与围护桩水平位移趋于稳定,预应力锚索轴力均呈现平缓的减小趋势。

11.4.3 基于冻胀力累积效应和锚拉力突变的锚索失效模型

基于传热学理论和基坑土体冻胀时固液两相共存下的热传导微分方程,得到了冻结锋面移动规律,建立了与含水率和时间等因素相关的自由冻胀变形计算公式。随后将预应力锚索对基坑的支护作用视为无穷多个沿其长度方向的剪切分布力作用,考虑土体冻结时冻结层与融土层的刚度差异,将刚度当层法与Mindlin解相结合,推导基坑内部剪切力作用时位移解析解。最后通过锚索侧面和相接触的基坑土体在锚索长度方向上锚固界面处的位移协调条件,建立锚索剪切分布力的黎曼积分方程,利用Newton-Cotes法的复合梯形积分公式和编程进行求解。

(1) 耦合分析模型建立与求解。

随着气温逐渐下降,冻结锋面向坡体内部推进,基坑开始发生冻胀变形,从而使得基坑与锚索之间产生相对滑动趋势,锚索对土体的冻胀变形具有一定程度的抵抗作用,限制土体冻胀变形。另一方面,锚索在冻胀作用力下又会产生相应的拉拔变形,二者相互作用不断调整,直至达到新的平衡状态为止。针对融土区中的锚索建模属于单一土层介质问题,而季节冻土区会出现融土层与冻土层,属于双层介质问题,故耦合模型考虑了融土层与冻土层双层介质的刚度差异性。

① 仅在高寒区基坑冻胀作用下垂直于基坑坡面的自由冻胀变形。

为了便于计算,只考虑了基坑的冻结区与未冻区,且假设冻土与未冻土每层均为各向同性、均质的弹性连续体系,冻结锋面为二者可移动相变交界面,如图11.34所示。

根据一维热传导问题,可得到冻结区和未冻区微分方程分别为

$$\frac{\partial T_f}{\partial t} = \alpha_f \frac{\partial^2 T_f}{\partial z^2} \tag{11.11}$$

$$\frac{\partial T_u}{\partial t} = \alpha_f \frac{\partial^2 T_u}{\partial z^2} \tag{11.12}$$

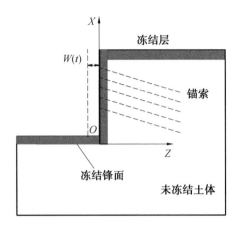

图 11.34　基坑冻结示意图

其中，

$$\alpha_f = \frac{k_f}{c_f \rho_f}, \alpha_u = \frac{k_u}{c_u \rho_u} \tag{11.13}$$

式中　T_f——冻结区土体温度；

T_u——未冻区土体温度；

α_f, α_u——冻结区与未冻区土体热扩散系数；

k_f——冻结区土体导热系数；

k_u——未冻区土体导热系数；

C_f——冻结区土体比热容；

C_u——未冻区土体比热容；

ρ_f, ρ_u——冻结区与未冻区土体饱和密度。

初始条件表达式为

$$\left.\begin{array}{c} T_f(z,0) = T_u(z,0) = T_0 \\ T_f(s(t),t) = T_u(s(t),t) = 0 \end{array}\right\} \tag{11.14}$$

边界条件表达式为

$$\left.\begin{array}{c} T_f(0,t) = T_a \\ T_u(\infty,t) = T_0 \end{array}\right\} \tag{11.15}$$

式中　T_0——土体初始温度；

T_a——平均气温；

$s(t)$——t 时刻冻结锋面位置。

在冻结锋面 $s(t)$ 处的热平衡微分方程为

$$\left(k_f\frac{\partial T_f}{\partial z} - k_u\frac{\partial T_u}{\partial z}\right) = L_s\frac{\mathrm{d}s(t)}{\mathrm{d}t} \qquad (11.16)$$

式中　L_s——单位体积土体的相变潜热。

结合式(11.11)～(11.16)可求得冻结锋面 $s(t)$ 与冻结时间 t 的关系为

$$s(t) = A\sqrt{t} \qquad (11.17)$$

其中,系数 A 可由式 11.18 求得:

$$\frac{T_1 \mathrm{e}^{-\frac{A^2}{4a_f}}}{\Phi\left(\frac{A}{2\sqrt{a_f}}\right)} + \frac{k_u\sqrt{a_f/a_u}\,\mathrm{e}^{-\frac{A^2}{4a_f}}T_0}{k_f\left(1-\Phi\left(\frac{A}{2\sqrt{a_u}}\right)\right)} = -\frac{L_s A\sqrt{a_f\pi}}{2k_f} \qquad (11.18)$$

$$\Phi(y) = \frac{2}{\sqrt{\pi}}\int_0^y \mathrm{e}^{-\lambda^2}\mathrm{d}\lambda \qquad (11.19)$$

结合式(11.11)～(11.19)可得冻胀变形 $W(t)$ 计算公式为

$$W(t) = \int_0^{s(t)} \eta\,\mathrm{d}z \qquad (11.20)$$

式中,η 为与土的密度、含水量等因素相关的冻胀率,可通过对相关冻胀试验实测数据拟合得到冻胀率计算公式。

② 仅在锚索锚固段长度方向的接触剪切分布力作用下的基坑变形。

锚索对基坑支护作用可视为沿着锚索长度方向给基坑施加的无穷多个剪切分布力,这个力与基坑作用在锚索表面的剪切力是一对相互作用力,即二者大小相等,方向相反,如图 11.35 所示。

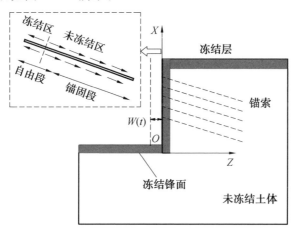

图 11.35　基坑对锚索表面作用的剪切分布力

此外,由于 Mindlin 解的适用条件是各向同性的线弹性体,而冻结基坑模型是冻结层与未冻层并存的刚度不同的弹性体。为应用半空间各向同性线弹性体的 Mindlin 基本解来求解在剪切分布力作用下接触面上任一点的基坑变形,须采用刚度当层法将基坑冻结层与未冻结层转换成均质单一弹性层进行计算,其转换原理如图 11.36 所示。

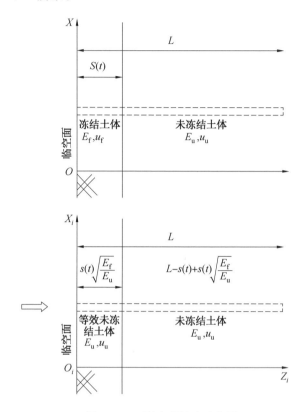

图 11.36 刚度当层法示意图

图中 E_f、E_u、ν_f 和 ν_u 分别为冻结和未冻结土体的弹性模量和泊松比,与含水率、温度等因素相关,$s(t)$ 为冻结锋面位置,L 为锚索总长,第 i 个锚索锚具坐标为 $(X,0)$。刚度当层坐标系与实际坐标系均为 XOZ。

根据各向同性线弹性体的 Mindlin 基本解与下式,可得在坐标系 OXZ 中一点 (X_{di},ζ) 集中力作用下,基坑冻结层与未冻结层双刚度地层中任意一点 (X,Z_k) 的位移 W_z,即

$$W_z = \frac{P}{16\pi G(1-\mu)}\left[\frac{3-4u}{R_3} + \frac{(Z-m)^2}{R_3^2} + \frac{8(1-u)^2-(3-4u)}{R_4}\right.$$

$$+ \frac{(3-4u)(Z-m)^2 - 2mZ}{R_4^2} + \frac{6mZ(Z+m)^2}{R_4^5}\Bigg] \qquad (11.21)$$

对接触面上微元体剪切分布力作用下的 Mindlin 解沿着接触面长度方向积分,求得整个接触界面上任一点的基坑变形,当微元体长度无限小时,可将剪切分布力视为集中力,如图 11.37 所示。冻结区接触界面微元体 $\mathrm{d}\zeta_{z1}$ 上的剪切分布力沿微元体长度方向合力为 $\pi d_0 \tau(\zeta_{z1})\mathrm{d}\zeta_{z1}$,未冻结区接触界面微元体 $\mathrm{d}\zeta_{z2}$ 上的剪切分布力沿微元体长度方向合力为 $-\pi d_0 \tau(\zeta_{z2})\mathrm{d}\zeta_{z2}$。

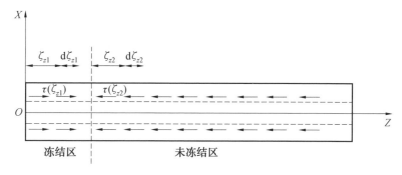

图 11.37　接触界面微元体剪切力分布

③ 接触剪切分布力作用下预应力锚索轴向变形。

由图 11.38 可见,锚索受到基坑作用的接触剪切分布力时同样会发生轴向变形,在锚固段长度方向 r 处的轴向力 $N(r)$ 为

$$N(r) = \begin{cases} \pi d_0 \int_0^r -\tau(\zeta_{z1})\mathrm{d}\zeta_{z1} & r \leqslant s(t) \\ \pi d_0 \left[\int_0^{s(t)} -\tau(\zeta_{z1})\mathrm{d}\zeta_{z1} + \int_{s(t)}^r \tau(\zeta_{z2})\mathrm{d}\zeta_{z2} \right] & r > s(t) \end{cases} \qquad (11.22)$$

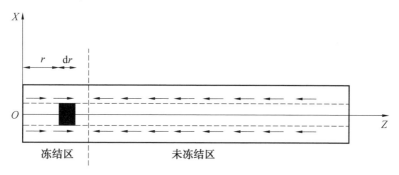

图 11.38　剪切分布力作用下的锚索轴向变形

④ 锚索与基坑接触面变形协调条件建立与求解。

锚索与冻胀基坑位移协调如图 11.39 所示,温度下降时首先发生自由冻胀变形 $W(t)$,变形视为无锚索约束时基坑坡面与拟设的接触面上任一点的相对变形。在此基础上,在锚索约束作用下,即在接触剪切分布力下基坑坡面与接触面上任一点的相对变形为 $\Delta W(k)$,通过叠加相对变形可得到锚索实际变形 $\Delta W(k)$,由于基坑与锚索始终接触,故锚索变形 ΔW 与基坑实际变形相等,有

$$W(t) - \Delta W_S(k) = \Delta W_R(k) \tag{11.23}$$

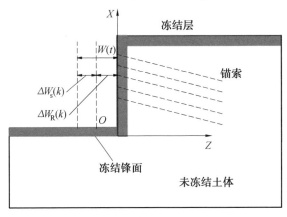

图 11.39　位移协调示意图

结合预应力锚索在冻结锋面 $s(t)$ 位置处的轴力平衡方程,这样一共有 $2n+1$ 个方程对应求解 $2n+1$ 个未知数,从而获得冻胀影响下的锚索轴力和剪应力。此外,当剪切分布力微元作用点 ζ_i 与位移计算点 Z_k 之间的距离趋于 0 时,位移迅速增大到无穷,为了获得位移计算值具体收敛解,根据土锚接触界面传递剪切分布载荷时总是存在一定的剪动厚度的特性,可通过在剪切分布力作用点与位移计算点间设置一个微间隙方法来克服位移计算值的发散性。

(2) 解析解与数值解、实测值对比分析。

为了验证推导的解析解的准确性,将解析解、现场试验实测值和冻胀作用下锚索内力有限元数值解进行对比分析。其中锚索冻胀轴力现场实测值指的是温度计和冻胀计监测坡体处于 0 ℃ 以下且有冻胀位移时刻的锚索轴力与前一未冻时刻锚索轴力的差值;冻胀作用下锚索轴力数值解指的是冻结模拟时刻的锚索轴力与未冻结时刻锚索轴力的差值。

① 现场试验。

季节冻土区某拟建场地的基坑高为 21 m,根据勘察报告知坑底在地下水位

以上,土体主要为粉质黏土,为了对冻胀作用下锚索长度方向的轴力进行监测,需要在每层锚索上的不同位置处交错布置多个振弦式钢筋计和温度传感器,如图 11.40 所示。试验时间为当年 10 月份至次年 4 月份,该工程共选择了 2 个典型断面安装 14 个钢筋计进行监测,其中每个断面有 7 个测点。

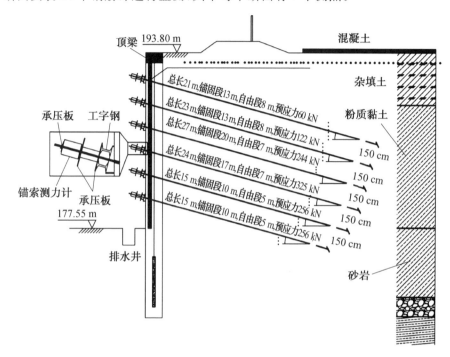

图 11.40　现场试验传感器布置

② 数值模型。

在一般的冻土相关热学计算中可只考虑冻融两种状态的热力学参数,未冻结时的弹性模量和泊松比分别为 53 MPa 和 0.29,冻结时的弹性模量和泊松比分别为 128 MPa 和 0.22,土体其他热力学参数可根据表 11.9 选取,锚索弹性模量和泊松比分别为 21 GPa 和 0.20,采用热力耦合模块进行模拟分析,用弹性杆单元模拟锚索,二维实体单元模拟基坑土体,土体采用 Mohr-Coulomb 弹塑性模型,锚索与土体之间的接触关系采用 Embedded region 嵌入约束。

在地表与坡面施加正弦曲线形式的温度边界,模型底部边界给定热流密度 $0.042\ \mathrm{W \cdot m^{-2} \cdot s^{-1}}$,模型两侧为绝热边界,相变温度区间取 $-0.2 \sim 0.2\ ℃$,模型初始温度取 $-2\ ℃$;位移边界条件为模型两侧边界限制水平位移,底部边界固定约束,上部边界自由不受约束。此外,由于现有软件还不能直接模拟土骨架中空隙水冻结引起的冻胀问题,需要将土体的冻胀率换算为热膨胀系数,即将冻胀问题转化为热应力过程形式的等效模拟,其中考虑冰水相变过程的冻胀系数,与冻胀率之间换算公式为

$$\eta = 0.45(W - 0.75W_p) \tag{11.24}$$

式中　　W——冻结深度范围内平均含水量;

　　　　W_p——土体塑限含水量。

③ 结果分析与对比。

冻结时锚索轴力的理论值、数值模拟结果与实测值均在同一数量级,且变化趋势总体上一致,其中第二排锚索轴力在峰值点处的理论解、数值解和实测值分别为104.1 kN、103.5 kN和96.8 kN,理论解、数值解比实测值分别高7.54%和6.92%;第三排锚索轴力在峰值点处的理论解、数值解和实测值分别为107.6 kN、105.8 kN和98.2 kN,理论解、数值解比实测值分别大9.57%和7.73%。这3种方法得到的结果存在差异:一方面因为现场实测时冬季气温并不是很低,使得土体冻胀程度偏弱;另一方面因为冻结深度范围内的土体具有不均匀冻胀性,初始冻胀程度从表面至内部逐渐减弱,而理想建模认为冻土与未冻土每层均为各向同性、均质的弹性连续体系,即冻结层范围内土体冻胀程度相同,均等于初始冻胀。因此对于相同冻结深度范围内的土体,通过理论计算和数值模拟得到的冻胀程度比实际值稍大一些。

11.4.4　预应力锚索失效与深基坑局部大变形牵连机制

(1) 冻融环境下基坑大变形演化规律。

冻结期桩体变形如图11.41所示,可知冻结稳定期1月~2月桩体呈梭形,冻结初期11月和12月呈S形。梭形桩体最大水平位移为58~78 mm,且桩体中下部位移显著较顶部和底部大;S形桩体最大水平位移为27~33 mm,变形较为均匀。梭形桩体最大水平位移是S形桩体的2.14~2.36倍,故冻结稳定期需对桩体中下部加强支护。

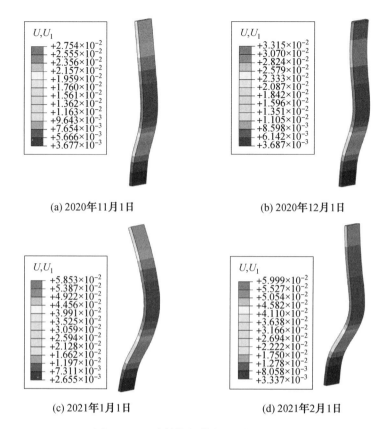

图 11.41　冻结期桩体变形(彩图见附录)

根据计算结果,3月1日、4月1日、5月1日和6月1日的围护桩桩身变形云图(变形放大50倍)如图11.42所示,春融期间3月1日~6月15日的围护桩桩身水平位移随桩深的变化曲线如图11.43(a)所示,春融前期3月15日~4月1日的围护桩桩身水平位移随桩深的变化曲线分别如图11.43(b)、(c)和(d)所示。

桩身水平位移沿围护桩自下而上逐渐增大,且围护桩下部水平位移变化较围护桩中部与上部更大。第五道锚索锚固点以下桩身水平位移变化跨度较大,而第五道锚索锚固点以上桩身水平位移变化跨度则很小,这是由于五道预应力锚索为围护桩分担了部分载荷,从而对围护桩悬臂段的水平位移起到限制作用。分析得知,桩后和基坑底部冻结层土体在春融前期发生了不同程度的冻融循环过程,即不同高度处的水土压力、冻胀力和预应力锚索轴力均不断变化,导致春融期不同深度处的桩后压力和桩身弯矩发生不同幅度的变化。

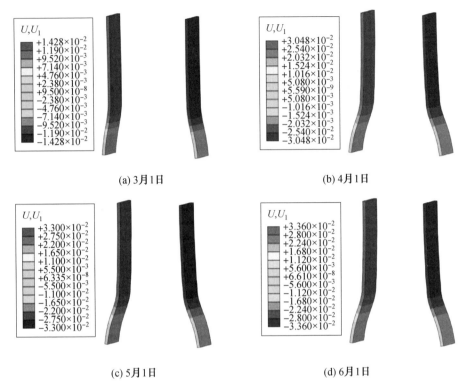

图 11.42 春融期间桩身变形云图(彩图见附录)

(2) 冻融环境深基坑大变形与锚索预应力演化关联机制。

冻结期,随着温度的降低,基坑侧壁土体冻胀效应逐步累积,侧向位移随之增大,引发围护桩侧向变形,在预应力锚索达到极限状态之前,锚索拉力随着温度的降低逐渐增大以抵抗基坑冻胀变形,基坑侧壁土体的冻胀作用引发的附加变形为锚索拉力增长的主控因素,温度与补水条件是决定这一过程中附加载荷幅值和演化规律的主导因素。春融期,预应力锚索拉力在经历一段时间的增长后,进入平稳下降的过程,而对应的基坑变形则表现出先增大后稳定不变的过程。由于冻土融化过程中,基坑土体含水量增大引发基坑侧壁稳定性降低,导致基坑变形增大,从而导致锚索拉力的增大。春融期结束后,基坑变形逐渐稳定,预应力锚索拉力发生一定程度的松弛,并逐渐趋于稳定。总体而言,冻结期和春融期引发基坑大变形的主要因素有所差异,但温度与补水条件都是影响基坑大变形与预应力锚索拉力变化的重要因素。

第11章 高寒区地铁站基坑预应力锚索失效与安全评价

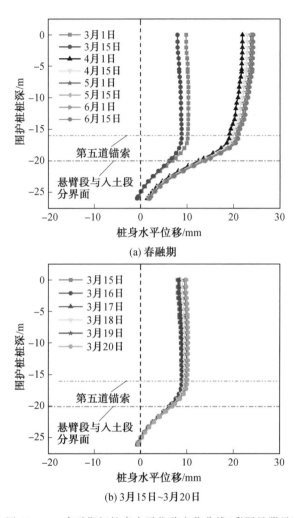

(a) 春融期

(b) 3月15日~3月20日

图11.43 春融期间桩身水平位移变化曲线(彩图见附录)

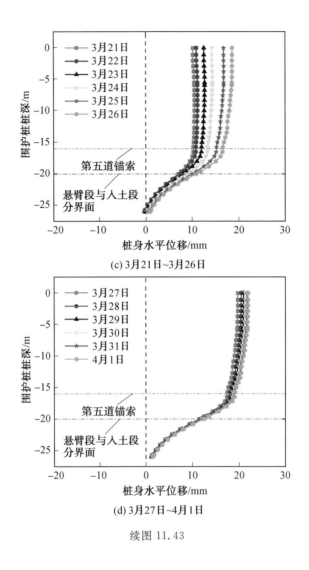

(c) 3月21日~3月26日

(d) 3月27日~4月1日

续图 11.43

11.5 基于旋转－滑移机制的基坑安全性评价方法

（1）基坑滑塌极限分析。

土的膨胀和收缩变形通常会产生裂隙，这些裂隙构成了裂隙面，裂隙面具有明显的方位特征，基坑破坏通常沿该裂隙面发生。实验研究表明，裂隙面倾角范围为 0 ~ 30°。为了得到更准确的结果，构建了一种与现场调查完全相似的旋转平移机制,如图 11.44 所示。将滑动的土体视为由旋转块和平移块组合而成的块体,为了使旋转块和平移块的速度相协调,假定旋转块的速度不连续面与平移块的速度不连续面相切,并设定锚索有相同的锚固力倾角。为了确保预应力有效地作用在滑动土体上,将锚索锚固段延伸至斜坡的滑动面之外。

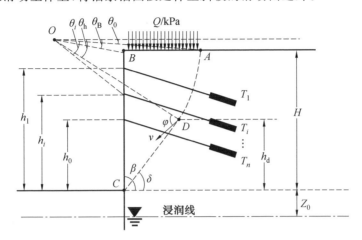

图 11.44　具有旋转平移破坏机制的深基坑潜在滑动区示意图

(2) 非饱和土强度。

在莫尔 - 库仑破坏准则中具有对非饱和土的特性的描述,吸力对土体强度的贡献可以视为一个内聚值。根据 Vanapalli 提出的非饱和土理论,毛细黏聚力可使用土体 - 水特征曲线(SWCC)表示为

$$c_{\text{cap}} = \psi \left[\left(\frac{\theta_w - \theta_r}{\theta_s - \theta_r} \right) \tan \varphi' \right] \quad (11.24)$$

式中　ψ——基质吸力;

　　　θ_w——体积含水量;

　　　θ_r 和 θ_s——残余和饱和体积含水量。

有效饱和度见下式:

$$\theta_w = \left[1 - \frac{\ln(1 + \psi/\psi_r)}{\ln(1 + 10^6/\psi_r)} \right] \frac{\theta_s}{\{\ln[e + (\psi/a)^n]\}^m} \quad (11.25)$$

式中　ψ_r——残余基质吸力,a 描述了拐点处的基质吸力,与土体的进气压力密切相关;

　　　n——拐点对应的 SWCC 的斜率;

　　　m——取决于残留水含量的拟合参数。

数学上,稳态下基质吸力的解析表达式为

$$\psi = -\frac{1}{a}\ln\left[(1+q/k_s)\,\mathrm{e}^{-a\gamma_w(z+z_0)} - q/k_s\right] \tag{11.26}$$

式中　a——接近进气压力的倒数；

　　　q——垂直流速；

　　　k_s——饱和渗透系数；

　　　γ_w——水的单位质量；

　　　z——纵坐标；

　　　z_0——潜水线深度（采用 $z_0 = 2.0$ m）。

非饱和土的单位土重可表示为

$$\gamma' = \gamma_d + \theta_w \gamma_w \tag{11.27}$$

式中　θ_w——体积含水量；

　　　γ_d——干重度。

根据水、气、颗粒之间的关系，可求得饱和土体体积含水量为

$$\theta_s = \frac{\gamma_s - \gamma_d}{\gamma_s} \tag{11.28}$$

式中　γ_s——土体饱和重度。

(3) 深基坑预应力锚索滑塌变形的半解析方法。

① 重力的功率。

根据半解析概念，可以很容易地计算土体重力功率。分别采用分层求和法和旋转体积分法计算平移块体和旋转块体对应的土体重力功率。土重力总功率由土块中的重力功率组成：当 $\theta_h > \theta_B$ 时，土体重力的总功率由土块 $ABFD$、FED 和 ECD 各自的重力功率组成；当 $\theta_h \leqslant \theta_B$ 时，土体重力的总功率为土块 AFD 与 $BEDF$ 重力功率之和。土重力引起的功率可以很容易地根据半解析概念计算。对于旋转－平移机制，分别采用分层求和法和旋转体积分法计算平移块和旋转块对应的土重力总功率，如图 11.45 所示，因此有

$$W_\gamma = \begin{cases} W_\gamma^{ABFD} + W_\gamma^{FED} + W_\gamma^{ECD} & (\theta_h > \theta_B) \\ W_\gamma^{AFD} + W_\gamma^{BEDF} & (\theta_h \leqslant \theta_B) \end{cases} \tag{11.29}$$

对于裂隙较深的基坑土体，如图 11.45(a) 所示，块体 ECD 的总重力功率可以通过各微分单元重力功率求和得出，即

$$\begin{aligned}
W_\gamma^{ECD} &= r_0 \, h_d^2 \omega \sum_{i=1}^{m} \frac{(i-0.5)\sin(\beta-\delta)\sin(\delta-\varphi)\gamma'(z_i)\exp(\theta_h-\theta_0)\tan\varphi'}{m^2 \sin\delta \sin\beta} \\
&= r_0 \, h_d^2 \omega \sum_{i=1}^{m} \frac{(i-0.5)\sin(\pi/2-\delta)\sin(\delta-\varphi)\gamma'(z_i)\exp(\theta_h-\theta_0)\tan\varphi'}{m^2 \sin\delta}
\end{aligned}$$

$$\tag{11.30}$$

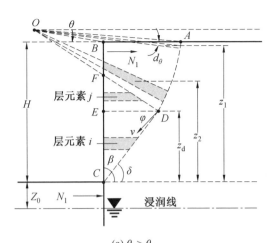

(a) $\theta_h > \theta_B$

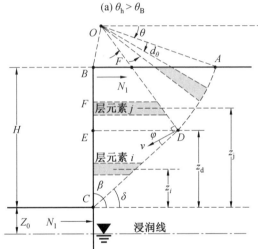

(b) $\theta_h \leq \theta_B$

图 11.45 非饱和土重力的功率计算简图

式中 $\gamma'(z_i)$——层元素 i 的单位质量；

ω——角速度；

r_0——旋转滑块体半径；

h_d——通过分层法得到的土层厚度；

z_i——层元素 i 与地面之间的垂直距离。

函数关系见下式：

$$z_i = \frac{i-0.5}{m} h_d \tag{11.31}$$

块 FED 中土体重力的功率可以推导为

$$W_\gamma^{FED} = r_0 \omega h_d \sum_{j=1}^{m} \frac{(j-0.5)\sin(\beta-\delta)\sin(\delta-\varphi)\gamma'(z_j)\exp(\theta_h-\theta_0)\tan\varphi'}{m^2 \sin\delta \sin\beta} \times$$

$$\left[H - \frac{r_0 \sin(\theta_h-\theta_B)\sin\theta_0 \sin\beta}{\sin\left(\frac{\pi}{2}-\beta+\delta-\varphi\right)\sin\theta_B} - h_d \right]$$

$$= r_0 \omega h_d \sum_{j=1}^{m} \frac{(j-0.5)\cos\delta\sin(\delta-\varphi)\gamma'(z_j)\exp(\theta_h-\theta_0)\tan\varphi'}{m^2 \sin\delta} \times$$

$$\left[H - \frac{r_0 \sin(\theta_h-\theta_B)\sin\theta_0}{\sin(\delta-\varphi)\sin\theta_B} - h_d \right] \quad (11.32)$$

类似的,$\gamma'(z_j)$ 为层单元 j 的单位质量,z_j 是层单元 j 和地面之间的垂直距离,函数式见下式:

$$z_j = \frac{m-j+0.5}{m}\left[H - \frac{r_0 \sin(\theta_h-\theta_B)\sin\theta_0}{\sin(\delta-\varphi)\sin\theta_B} - h_d \right] + h_d \quad (11.33)$$

对于旋转块体 ABFD,可以使用旋转体积分方法推导土体重力的功率,即

$$W_\gamma^{ABFD} = \frac{1}{4} r_0^3 \omega \int_{\theta_0}^{\theta_B} \gamma'(z_1) \cos\theta \left[\exp(\theta-\theta_0)\tan\varphi' + \frac{\sin\theta_0}{\sin\theta} \right]^2 \times$$

$$\left[\exp(\theta-\theta_0)\tan\varphi' - \frac{\sin\theta_0}{\sin\theta} \right] +$$

$$\frac{1}{4} r_0^3 \omega \int_{\theta_B}^{\theta_h} \gamma'(z_2) \cos\theta \left[\exp(\theta-\theta_0)\tan\varphi' + \frac{\cos\theta_B \sin\theta_0}{\cos\theta \sin\theta_B} \right]^2 \times$$

$$\left[\exp(\theta-\theta_0)\tan\varphi' - \frac{\cos\theta_B \sin\theta_0}{\cos\theta \sin\theta_B} \right] d\theta \quad (11.34)$$

其中 $\gamma(z_1)$ 和 $\gamma(z_2)$ 为无穷小的单位质量,z_1 和 z_2 分别为无穷小的形心与地面之间的垂直距离,即

$$z_1 = H - \frac{1}{2} r_0 \left[\exp(\theta-\theta_0)\tan\varphi' \sin\theta - \sin\theta_0 \right] \quad (11.35)$$

$$z_2 = H - \frac{1}{2} r_0 \left[\exp(\theta-\theta_0)\tan\varphi' \sin\theta - \frac{\cos\theta_B \sin\theta_0 \sin\theta}{\cos\theta \sin\theta_B} \right] \quad (11.36)$$

对于图 11.45(b) 所示具有较浅裂缝的滑体,也可以很容易地计算出土体重力的总功率。土块 ECD 中土体重力功率的计算与下式中的计算保持一致。平移土块 BEDF 中的土体重力功率为

$$W_\gamma^{BEDF} = r_0 \omega \sum_{j=1}^{m} \left\{ \frac{j r_0 \sin(\theta_B-\theta_h)\sin\theta_0 (H-h_d)}{m \sin\theta_h \sin\theta_B} + \frac{(j-0.5)(H-h_d)}{m^2}\left[\frac{\cos\delta h_d}{\sin\delta} - \frac{r_0 \sin(\theta_B-\theta_h)\sin\theta_0}{\sin\theta_h \sin\theta_B} \right] \right\} \times$$

$$\gamma'(z_j)\sin(\delta-\varphi)\exp(\theta_h-\theta_0)\tan\varphi' \tag{11.37}$$

旋转土块 AFD 中的土体重力功率可表示为

$$W_\gamma^{AFD}=\frac{1}{4}r_0^3\omega\left\{\int_{\theta_0}^{\theta_h}\gamma'(z_1)\cos\theta\left[\exp(\theta-\theta_0)\tan\varphi'+\frac{\sin\theta_0}{\sin\theta}\right]^2\times\right.$$

$$\left.\left[\exp(\theta-\theta_0)\tan\varphi'-\frac{\sin\theta_0}{\sin\theta}\right]d\theta\right\} \tag{11.38}$$

② 毛细管黏聚力的功率耗散。

对于旋转平移机制,由于土黏聚力而耗散的能量包括沿线性和对数螺旋速度不连续面耗散的能量,见下式:

$$D_{C_{cap}}=D_{C_{cap}}^{AD}+D_{C_{cap}}^{DC} \tag{11.39}$$

沿线性和对数螺旋速度间断面耗散的能量可以导出为

$$D_{C_{cap}}^{AD}=\omega r_0^2\int_{\theta_0}^{\theta_h}C_{cap}(z_3)\exp2(\theta-\theta_0)\tan\varphi'd\theta \tag{11.40}$$

$$D_{C_{cap}}^{DC}=\int_0^{h_d}\frac{dl}{\sin\delta}c_{cap}(z_4)v_h\cos\varphi'=\omega r_0\exp(\theta_h-\theta_0)\tan\varphi'\frac{\cos\varphi'}{\sin\delta}\int_0^{h_d}c_{cap}(z_4)dl \tag{11.41}$$

式中 $c_{cap}(z_3)$ 和 $c_{cap}(z_4)$——无穷小的毛细管黏聚力,其中 z_3 和 z_4 分别为无穷小质心和浸润线之间的垂直距离,即

$$z_3=h_d+z_0+r_0\exp(\theta_h-\theta_0)\tan\varphi'\sin\theta_h-r_0\exp(\theta-\theta_0)\tan\varphi'\sin\theta \tag{11.42}$$

$$z_4=l+z_0 \tag{11.43}$$

③ 锚索与围护桩的工作速率耗散和附加载荷。

锚索锚固力的功率见下式:

$$W_T=\omega\sum_{i=1}^{mT}T_i l_i\sin(\theta_i-\xi) \tag{11.44}$$

式中 T_i——锚对单位宽度滑动质量施加的力;

l_i 和 θ_i——锚头的极坐标;

ξ——锚点与水平线的夹角。

围护桩的功率见下式:

$$W_N=N_1H\cot\delta \tag{11.45}$$

滑体顶部超载 Q 的功率见下式:

$$W_Q=Q\omega L_{AB}(r_0\cos\theta_0-0.5L_{AB}) \tag{11.46}$$

$$L_{AB}=\frac{h_d+r_0\cos\theta_0\tan\delta-r_h\cos\theta_h\tan\delta}{\tan\delta} \tag{11.47}$$

当基坑侧壁土体达到极限状态时,即可建立能量平衡方程。令安全系数对角度的一阶偏导数为 0,则得到最小安全系数,获取基坑最不利状态下的变形情况。

11.6 高寒区深基坑抗冻拔自调节预应力锚固技术

11.6.1 技术概况

目前,高寒区现有的基坑支护抗冻拔主要通过基坑四周铺上隔热材料,锚杆(索)置入深度和长度加大等传统方法实现,并未考虑土体内部温度对锚杆或锚索的影响。在暖季到来后,活动层土体融化,支护结构所受上拔力消失,结构会停留在其上拔后位置,甚至产生一定的沉降、倾斜,但是由于支护结构一侧土体存在摩阻力支撑,结构不会回到上拔前位置。因此,在一个冻融循环作用周期内,锚杆会产生净上拔量。随着活动层反复冻融,锚杆重复上述冻拔过程,冻拔量不断累积增长,最终导致支护结构整体产生过大的累积冻拔量,难以保证预期的防护效果,影响正常使用甚至引发安全事故。

综合分析现有抗冻拔锚杆技术存在的不足,研发了高寒区预应力自调节抗冻拔螺纹锚杆支护体系。采用带有贯穿孔和转动轴的锚固片一体化锚固端,在预应力锚筋中部设置膨胀垫片加大了支护结构、灌浆体和土体的接触面积。锚固端、灌浆体、膨胀垫片三者共同作用,提高锚杆的约束力,减小切向冻胀力,使上拔力小于约束力,以满足支护体系抗拔和抗冻胀需求。

高寒区抗冻拔螺纹锚杆基坑支护体系主要由坡面防护区、锚头区、锚固段、锚固端组成。锚头区包括保护帽、螺栓、锚筋、锚具、固定板,如图 11.46 所示。通过设置锚头区将锚筋紧锁在锚具上,锚具与固定板整体固定在基坑侧壁,锚固段装配膨胀垫片连接锚筋,增人砂浆接触面积,提供摩负阻力。锚固端的锚具员入指定位置后旋转锚筋打开压缩弹簧阀门,放下锚固片,紧固土体内部,提供持续锚固力。基坑侧壁采用少量螺纹连接件与 HRB335/6 mm 钢筋连接,最后用砂浆抹面。

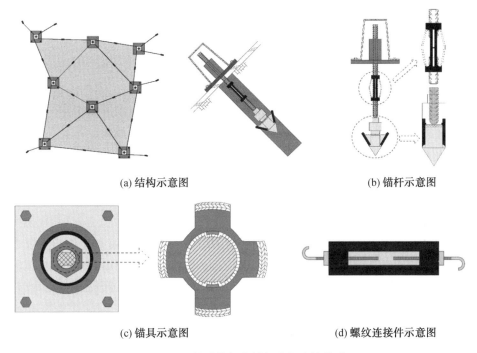

(a) 结构示意图 (b) 锚杆示意图

(c) 锚具示意图 (d) 螺纹连接件示意图

图 11.46　抗冻拔螺纹锚杆基坑支护体系

11.6.2　技术效果分析与评价

研发的高寒区抗冻拔螺纹锚杆基坑支护体系在锚筋置入过程中，锚固片一直处于闭合状态，到达指定区域后转动锚筋一端的转动轴，锚固片释出，紧紧嵌固在土层中，加之灌浆体的填充，增大了结构、浆液、土体的接触面积，提高了整体的锚固力；同时膨胀垫片和新型锚头的设置，可以减弱冻融循环对锚杆周围应力状态的影响，提供持续的锚固力和负摩阻力，为支护结构提供更大的上拔阻力，抑制锚杆冻拔和结构失效破坏，从而提升抗冻拔效果。膨胀垫片、锚头端部、锚具锁口均采用螺纹孔，锚筋可以通过扭转接入，操作简单，安装便捷，锚头贯穿孔的设计提高了锚筋置入速度和深度，大大提升施工效率。

新型支护结构可以提升锚固力，增强抗冻胀性，减少锚杆置入深度和长度，进而减少钢材和灌浆体的使用，降低工程造价，同时坡面防护采用螺纹连接件和HRB335钢材，降低了传统的挂钢筋网喷射混凝土的工程量以及水泥和钢材使用量，符合环保性要求，进一步降低支护成本。

11.7 重要结论与启示

依托某地铁车站深基坑预应力锚固支护工程,揭示越冬期和春融期预应力锚索拉力演变规律,构建冻胀力累积效应和锚拉力突变的预应力锚索失效模型,揭示越冬期水热迁移下预应力锚索失效与深基坑局部大变形牵连机制,提出基于旋转-滑移机制的深基坑预应力锚索安全支护评价方法,主要结论如下:

(1)地铁基坑冻融期预应力锚索拉力演变规律:越冬期经历小幅波动、跃迁后进入平台期和骤减或显著反弹3个阶段,春融期经历骤增、平稳波动和不同幅度增大3个阶段。

(2)越冬深基坑桩顶端水平位移现场监测结果表明,未加锚索支护的桩顶端水平位移越冬期增幅最大,锚索限制桩顶端水平位移效果明显,在越冬期桩顶端水平位移受基坑土体冻胀作用显著,水平位移增量远超深基坑开挖阶段。故在越冬基坑设计时应充分考虑冻胀作用引起的水平位移且在越冬期加强监测。

(3)由基坑侧壁土温现场监测结果可知,受冻胀影响土层为距侧壁1.8 m范围内,且越冬初期土体温度梯度较大,温度变化较为剧烈。基于预应力锚索拉力监测值,推断温度是影响锚索拉力的重要因素,且两者之间可能存在具有滞后效应的负相关关系。

(4)预应力锚索轴力变化幅值的变化规律基本相似,春融前期轴力变化幅值最大且波动幅度最大,春融后期轴力变化幅值和波动幅度次之,春融中期轴力变化幅值和波动幅度最小。所有预应力锚索轴力的变化规律基本相似,春融初期逐渐减小,前期骤增后回落,但回落速度有一定的差异,中期与后期大部分预应力锚索轴力保持较为缓慢的减小趋势。

(5)结合冻结锋面移动规律、刚度当层法与Mindlin解推导了锚索接触界面上任意一点位移解析解,通过接触界面上的位移协调条件建立了关于剪切力的黎曼积分方程,得到解析解与有限元数值解、实测值在整体趋势上基本吻合的结论,表明冻胀效应耦合模型可以较好地刻画高寒区深基坑预应力锚索实际冻胀状态。

(6)考虑高寒区地铁越冬深基坑支护结构破坏失效的固有问题,提出带有贯穿孔和转动轴的锚固片一体化锚固端,研发了一种高寒区预应力自调节抗冻拔螺纹锚杆支护体系,进行了支护体系防冻害效果评价,取得了良好的工程应用效果和经济效益。

参 考 文 献

[1] 周幼吾,郭东信,邱国庆,等.中国冻土[M].北京:科学出版社,2000.

[2] 苏林军.高寒区隧道冻害预测与对策研究[D].成都:西南交通大学,2007.

[3] 陈建勋.寒冷地区隧道防冻隔温层设计计算方法及应用[J].土木工程学报, 2004,37(11):85-88.

[4] 乜凤鸣,刘艳.多年冻土及高寒区铁路隧道衬砌开裂探讨[J].低温建筑技术, 2002,24(3):54-55.

[5] YURKEVICH P. Developments in segmental concrete linings for subway tunnels in Belarus[J]. Tunn Undergr Space Technol,1995,10(3):353-365.

[6] KONRAD J M,DUQUENNOI C. A model for water transport and ice lensing in freezing soils[J]. Water Resour. Res. ,1993,29(9):3109-3124.

[7] LAI Y M, WU Z W, ZHU Y L,et al. Nonlinear analysis for the coupled problem of temperature and seepage fields in cold regions tunnels[J]. Sci China Ser D Earth Sci,1999,42(1):23-29.

[8] THOMACHOT C,MATSUOKA N,KUCHITSU N,et al. Frost damage of bricks composing a railway tunnel monument in central Japan: field monitoring and laboratory simulation[J]. Nat. Hazards Earth Syst. Sci, 2005,5(4):465-476.

[9] ASAKURA T, KOJIMA Y. Tunnel maintenance in Japan[J]. Tunn Undergr Space Technol,2003,18(2/3):161-169.

[10] TABER S. Frost heaving[J]. The Journal of Geology,1929,37(5):428-461.

[11] EVERETT D H. The thermodynamics of frost damage to porous solids[J]. Trans. Faraday Soc.,1961,57(0):1541-1551.

[12] HARLAN R L. Analysis of coupled heat-fluid transport in partially frozen soil[J]. Water Resour. Res.,1973,9(5):1314-1323.

[13] JAME Y W,NORUM D I. Heat and mass transfer in a freezing unsaturated porous medium[J]. Water Resour Res,1980,16(4):811-819.

[14] TAYLOR G S,LUTHIN J N. A model for coupled heat and moisture transfer during soil freezing[J]. Can Geotech J,1978,15(4):548-555.

[15] GUYMON G L,LUTHIN J N. A coupled heat and moisture transport model for Arctic soils[J]. Water Resour Res,1974,10(5):995-1001.

[16] O'NEILL K,MILLER R D. Exploration of a rigid ice model of frost heave[J]. Water Resour Res,1985,21(3):281-296.

[17] FOWLER A C,KRANTZ W B. A generalized secondary frost heave model[J]. SIAM J Appl Math,1994,54(6):1650-1675.

[18] PETERSON R A,KRANTZ W B. A mechanism for differential frost heave and its implications for patterned-ground formation[J]. J Glaciol,2003,49(164):69-80.

[19] 曹宏章,刘石. 饱和颗粒土冻结过程的数值模拟[J]. 工程热物理学报,2007,28(1):128-130.

[20] SHENG D C,AXELSSON K B,KNUTSSON S. Finite element analysis for convective heat diffusion with phase change[J]. Comput Meth Appl Mech Eng,1993,104(1):19-30.

[21] MICHALOWSKI R L,ZHU M. Frost heave modelling using porosity rate function[J]. Int J Numer Anal Meth Geomech,2006,30(8):703-722.

[22] KONRAD J M,MORGENSTERN N R. Prediction of frost heave in the laboratory during transient freezing[J]. Can Geotech J,1982,19(3):250-259.

[23] NIXON J F. Field frost heave predictions using the segregation potential concept[J]. Can Geotech J,1982,19(4):526-529.

[24] 徐学祖. 土体冻胀和盐胀机理[J]. 地球科学进展,1998,13(6):83.

[25] LI S, ZHANG M, TIAN Y, et al. Experimental and numerical investigations on frost damage mechanism of a canal in cold regions[J]. Cold Regions Science and Technology,2015,116:1-11.

[26] COLLI P,VERDI C,VISINTIN A. Free boundary problems:theory and applications[M]. Berlin:Springer,2004.

[27] AMOR H,MARIGO J J,MAURINI C. Regularized formulation of the variational brittle fracture with unilateral contact:numerical experiments [J]. J Mech Phys Solids,2009,57(8):1209-1229.

[28] KUHN C,MÜLLER R. A continuum phase field model for fracture[J]. Eng Fract Mech,2010,77(18):3625-3634.

[29] MIEHE C,HOFACKER M,WELSCHINGER F. A phase field model for rate-independent crack propagation:robust algorithmic implementation based on operator splits[J]. Comput Meth Appl Mech Eng,2010,199(45-48):2765-2778.

[30] FRANCFORT G A,MARIGO J J. Revisiting brittle fracture as an energy minimization problem[J]. J Mech Phys Solids,1998,46(8):1319-1342.

[31] BOURDIN B,FRANCFORT G A,MARIGO J J. Numerical experiments in revisited brittle fracture[J]. J Mech Phys Solids,2000,48(4):797-826.

[32] MIEHE C, WELSCHINGER F, HOFACKER M. Thermodynamically consistent phase-field models of fracture:variational principles and multi-field FE implementations[J]. Numerical Meth Engineering,2010,83(10):1273-1311.

[33] NGUYEN T T,YVONNET J,ZHU Q Z,et al. A phase field method to simulate crack nucleation and propagation in strongly heterogeneous materials from direct imaging of their microstructure[J]. Eng Fract Mech, 2015,139:18-39.

[34] BIOT M A. General theory of three-dimensional consolidation[J]. J Appl Phys,1941,12(2):155-164.

[35] WILSON Z A,LANDIS C M. Phase-field modeling of hydraulic fracture [J]. J Mech Phys Solids,2016,96:264-290.

[36] WHEELER M F, WICK T, WOLLNER W. An augmented-Lagrangian method for the phase-field approach for pressurized fractures[J]. Comput

Meth Appl Mech Eng,2014,271:69-85.

[37] HEIDER Y,MARKERT B. A phase-field modeling approach of hydraulic fracture in saturated porous media[J]. Mech Res Commun,2017,80:38-46.

[38] EHLERS W,LUO C Y. A phase-field approach embedded in the Theory of Porous Media for the description of dynamic hydraulic fracturing[J]. Comput Meth Appl Mech Eng,2017,315:348-368.

[39] PILLAI U, HEIDER Y, MARKERT B. A diffusive dynamic brittle fracture model for heterogeneous solids and porous materials with implementation using a user-element subroutine[J]. Comput Mater Sci,2018,153:36-47.

[40] PISE M,BLUHM J,SCHRÖDER J. Elasto-plastic phase-field model of hydraulic fracture in saturated binary porous media[J]. Int J Multiscale Comput Eng,2019,17(2):201-221.

[41] MIEHE C,HOFACKER M,SCHÄNZEL L M,et al. Phase field modeling of fracture in multi-physics problems. Part II. Coupled brittle-to-ductile failure criteria and crack propagation in thermo-elastic – plastic solids[J]. Comput Meth Appl Mech Eng,2015,294:486-522.

[42] WANG T,LIU Z,CUI Y,et al. A thermo-elastic-plastic phase-field model for simulating the evolution and transition of adiabatic shear band. Part I. Theory and model calibration[J]. Engineering Fracture Mechanics,2020(232):1-12.

[43] KLINSMANN M, ROSATO D, KAMLAH M, et al. Modeling crack growth during Li insertion in storage particles using a fracture phase field approach[J]. J Mech Phys Solids,2016,92:313-344.

[44] 管枫年,严厉,杨冬玲.水平冻胀力对挡土墙的破坏作用及防冻害设计[J].建筑技术,1996,27(10):681-683.

[45] 赵坚,那文杰,曹顺星.季节冻土区挡土墙抗冻结构设计方法[J].黑龙江交通科技,2001,24(5):14-16.

[46] 梁波,王家东,严松宏,等.多年冻土地区L型挡土墙土压力(冻胀力)的分析与试验[J].冰川冻土,2002,24(5):628-633.

[47] 孙建军.冻土地区既有隧道上地铁车站深基坑工程实践[J].地下工程与隧

道,2011(3):14-18,56.

[48] 张俊,朱浮声,王助,等.沈阳某超深基坑支护系统监测分析[J].东北大学学报(自然科学版),2010,31(3):444-447.

[49] 崔高航,赵杉妮.哈尔滨某越冬深基坑工程施工安全监测[J].山西建筑,2019,45(7):79-81.

[50] 周磊.深季节冻土地区地下连续墙水平冻胀力模型试验研究[D].徐州:中国矿业大学,2020.

[51] 王艳杰.季节性冻土区越冬基坑水平冻胀力研究[D].北京:北京交通大学,2014.

[52] 沈琪,孙超.季冻区温度变化对基坑支护结构影响模拟分析[J].吉林建筑大学学报,2021,38(2):29-32,47.

[53] 林园榕.北京越冬基坑水平冻胀演化规律及防冻胀措施研究[D].北京:北京交通大学,2020.

[54] 邵莹.呼和浩特地铁深基坑支护冻胀影响数值分析[J].铁道工程学报,2020,37(4):22-25,48.

[55] 吕康成,崔凌秋,等.隧道防排水工程指南[M].北京:人民交通出版社,2005.

[56] 李蓉,李伟.高原多年冻土隧道渗漏水治理技术研究[J].地下工程与隧道,2009(S1):81-83.

[57] 潘红桂.高寒地区运营铁路隧道渗漏水及冻害整治技术研究[D].成都:西南交通大学,2014.

[58] ELLIOT G M, SANDFORT M R, MAY J C. How to prevent tunnel ice-up?[J]. Int J Rock Mech Min Sci Geomech Abstr,1996,33(6):A278.

[59] National Fire Protection Association. NFPA 502, Standard for road tunnels, bridges, and other limited access highways[M]. Quincy:NFPA,2011.

[60] 邵福元.高原环境对隧道施工的影响及其对策[J].铁道建筑,2000,40(2):14-15.

[61] 崔凌秋,金祥秋.寒冷地区隧道渗漏水的主要原因及预防措施[J].东北公路,2002(1):75-76.

[62] SPAANS E J A, BAKER J M. Examining the use of time domain reflectometry for measuring liquid water content in frozen soil[J]. Water

Resour Res,1995,31(12):2917-2925.

[63] 赖远明,吴紫汪,朱元林,等.大坂山隧道围岩冻融损伤的CT分析[J].冰川冻土,2000,22(3):206-210.

[64] LAI Y M,WU Z W,ZHU Y L,et al. Nonlinear analysis for the coupled problem of temperature and seepage fields in cold regions tunnels[J]. Sci China Ser D: Earth Sci,1999,42(1):23-29.

[65] THOMACHOT C,MATSUOKA N,KUCHITSU N,et al. Frost damage of bricks composing a railway tunnel monument in Central Japan: field monitoring and laboratory simulation[J]. Nat Hazards Earth Syst Sci,2005,5(4):465-476.

[66] ASAKURA T,KOJIMA Y. Tunnel maintenance in Japan[J]. Tunn Undergr Space Technol,2003,18(2-3):161-169.

[67] 范磊,曾艳华,何川,等.高寒区硬岩隧道冻胀力的量值及分布规律[J].中国铁道科学,2007,28(1):44-49.

[68] 刘玉勇,吴剑,郑波,等.高海拔严寒地区特长公路隧道温度场计算分析[J].科学技术与工程,2011,11(18):4262-4267.

[69] 刘玉勇.高海拔严寒地区特长公路隧道隔热层敷设材料选型[J].四川建筑,2011,31(6):195-198.

[70] 赵吉明,郭兴,盛煜,等.大坂山隧道洞内保温性能分析[J].公路隧道,2007(3):57-58.

[71] 邵福元.大坂山隧道保温防寒系统的施工技术[J].铁道建筑,1999,39(10):27-29.

[72] 刘海京,田明有,黄伦海,等.大坂山高寒隧道病害处治工程[J].公路隧道,2011(4):43-45.

名 词 索 引

A

ARDL 模型 11.3

B

冰透镜体 1.3

C

参考温度 7.3
冲击速度 7.3
初始剪切模量 7.3
传热方程 10.2
脆性断裂 1.3
错台量 7.3

D

DMF 9.2
达西定律 4.2
袋外数据（OOB）集 5.2
导水槽 6.2

等效导热系数 4.2
狄利克雷边界条件 10.2
第二冻胀理论 1.3
第一冻胀理论 1.3
电伴热主动供热系统 6.2
动力学特性 9.2
冻结锋面 1.3
冻结速率 1.3
冻结缘 1.3
冻胀机理 1.3
冻胀敏感性 1.3
冻胀系数 10.1
短期防水设计指标 7.4
对称拉伸振动 9.2
多阶跃迁 1.1

E

2-氨基对苯二甲酸 9.2
二次防水效应 7.1

F

反分析法　4.4
防寒门　1.4
防排水板　6.2
非对称拉伸振动　9.2
分凝冻结区　4.2
分凝势　1.3
复冰机制　1.3
复合功能层　6.3
复合密封垫　9.1
傅里叶热传导定律　10.2
傅里叶变换红外光谱仪　9.2
傅里叶定律　7.2

G

Gini 值　5.2
刚性冰模型　1.3
隔热保温法　1.4
固化剂　9.2
广义克劳修斯－克拉珀龙方程　1.3
归一化剪应力　8.4

H

Harlan 模型　10.1
哈密顿算子　4.2
宏观多孔介质　1.3
环向损伤　5.6
环氧纳米复合黏结剂　9.2

J

基坑　1.1
基质吸力　11.5
畸变矫正　2.2
极差值　6.3
剪切强度测试　9.2
交联　9.2
接触应力增量　7.6
截面优化准则　9.3
界面力　7.2
局部盖挖法　11.2

K

开环反应　9.2
柯西应力张量　7.2
克劳修斯－克拉珀龙方程　4.2
孔隙冰压力　1.3
孔隙尺寸　1.3
孔隙率函数　1.3

L

拉格朗日算法　7.2
冷端温度　2.2
历史变量法　4.3
立体校正　2.2
粒子速度　7.3
零水分通量　5.5
硫化作用　7.4

M

Mindlin 解　11.4
Mooney-Rivlin 二参数模型　7.3
马氏补水瓶　2.2
毛细吸力　1.3
密封槽填充率　7.6
明挖法　11.2

莫尔-库仑破坏准则　11.5

N

N,N—二甲基甲酰胺(DMF)　9.2
Newton-Cotes 法　11.4
NH_2—BDC　9.2
NH_2—MIL—125　9.2
纳米团聚现象　9.2
纳维-斯托克斯方程　7.2
能量守恒定律　10.2
逆卡诺循环　10.5
黏弹性材料本构模型　8.4
牛顿流体　7.2
黏结效应　11.3

O

欧拉算法　7.2
耦合冻胀模型　10.1

P

PC-Heave 模型　1.3
PID 控制　2.2
排水折减系数　6.2
膨胀应力　7.1
平均接触应力　7.1

Q

嵌入约束　11.4
桥接配位　9.2
亲水性树脂　7.4
球量-偏量分割法　1.3

R

热力学第一定律　10.2

热敏电阻　2.2
韧性断裂　9.2
融沉作用　4.2

S

SEM 测试　9.2
渗水路径　7.4
圣维南原理　10.3
双酚 A 型环氧树脂　9.2
双向流固耦合效应　7.2
水动力模型　1.3
水分扩散系数　10.2
水分迁移方程　4.2
水力传导度　1.3
随机森林算法　5.1

T

Takashi 模型　1.3
弹簧蓄能密封圈　2.2
弹塑性本构模型　10.3
钛基 MOFs　9.2
梯度膨胀　7.4
体积膨胀倍率　7.4
土水势　10.2
土体-水特征曲线　11.5

U

UEXPAN　4.2
UMATHT　4.2
USDFLD　4.2

V

V-G 模型　4.2

W

微型 DPT 2.2
未冻水含量 1.3
稳定系数法 1.3
无水甲醇 9.2

X

XPS 板 10.3
XRD 衍射图谱 9.2
显著水平检验 11.3
线膨胀系数 4.3
线性 Us-Up Hugoniot 状态方程 7.3
相变潜热 1.3
相变微胶囊 6.2
相场法 1.3
橡胶硬度 7.3

Y

压缩应力 7.1
一阶突变 1.1
异丙醇钛（TPOT） 9.2
应变势能 7.3
应力松弛 7.4
有效应力面积 9.1
原位冻结 1.3

Z

张开量 7.3
质量守恒定律 10.2
滞后效应 11.3
主成分分析 11.3
主应变空间分解法 1.3
装配力 7.4
装配式充气膜 10.5
自回归分布滞后模型（ARDL） 11.3
自举法 bootstrap 5.2
最大孔隙变化率 1.3

附录 部分彩图

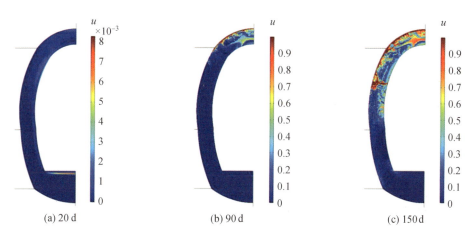

图 5.23 防水层未破损条件下浅埋低温段隧道衬砌开裂模式

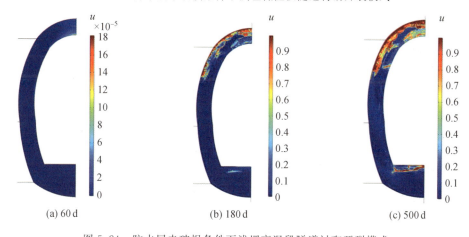

图 5.24 防水层未破损条件下浅埋高温段隧道衬砌开裂模式

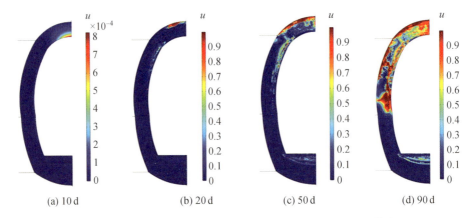

图 5.25 拱顶防水层破损条件下浅埋低温段隧道衬砌开裂模式

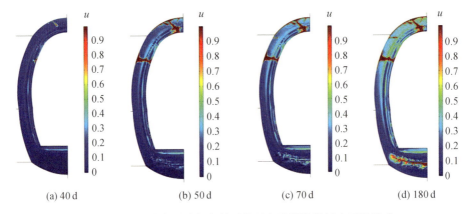

图 5.26 拱顶防水层破损条件下浅埋高温段隧道衬砌开裂模式

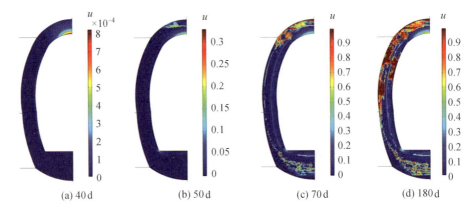

图 5.27 边墙防水层破损条件下浅埋低温段隧道衬砌开裂模式

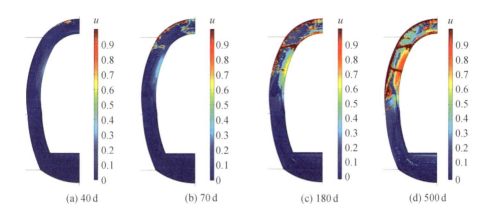

图 5.28 边墙防水层破损条件下浅埋高温段隧道衬砌开裂模式

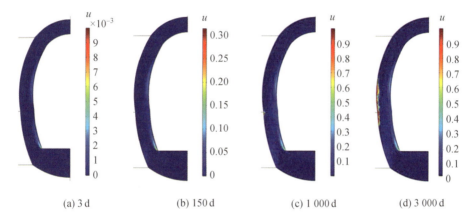

图 5.29 防水层未破损条件下深埋低温段隧道衬砌开裂模式

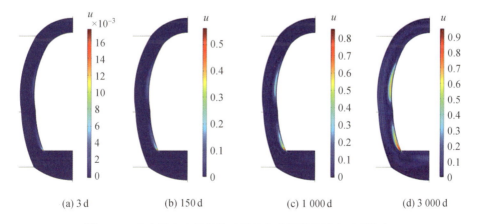

图 5.30 防水层未破损条件下深埋高温段隧道衬砌开裂模式

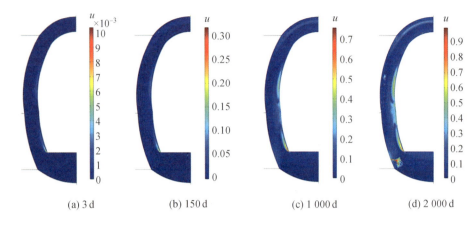

图 5.31 拱顶防水层破损条件下深埋低温段隧道衬砌开裂模式

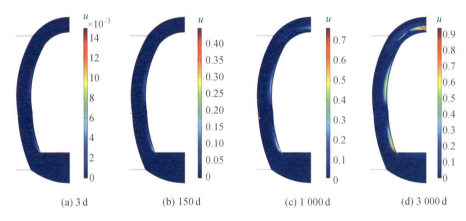

图 5.32 拱顶防水层破损条件下深埋高温段隧道衬砌开裂模式

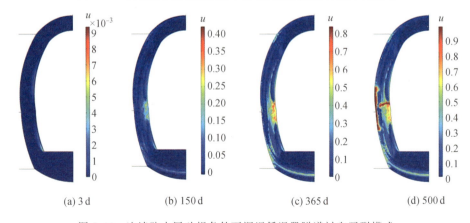

图 5.33 边墙防水层破损条件下深埋低温段隧道衬砌开裂模式

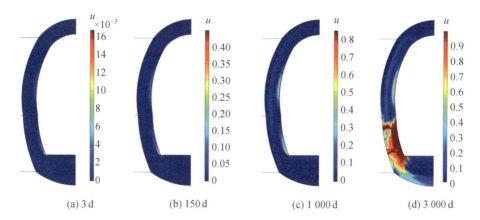

图 5.34 边墙防水层破损条件下深埋高温段隧道衬砌开裂模式

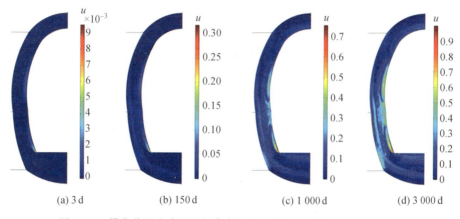

图 5.35 拱脚范围防水层破损条件下深埋低温段隧道衬砌开裂模式

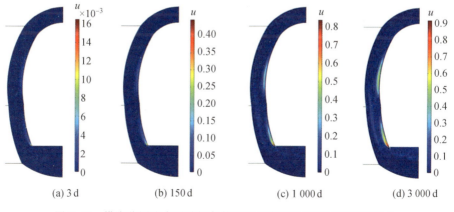

图 5.36 拱脚范围防水层破损条件下深埋高温段隧道衬砌开裂模式

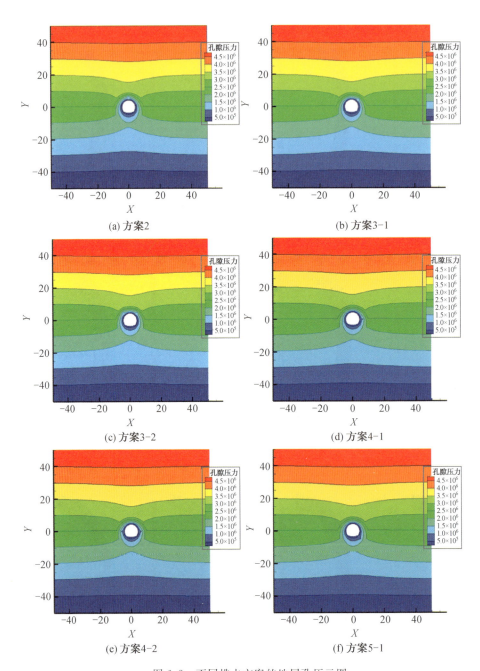

图 6.2 不同排水方案的地层孔压云图

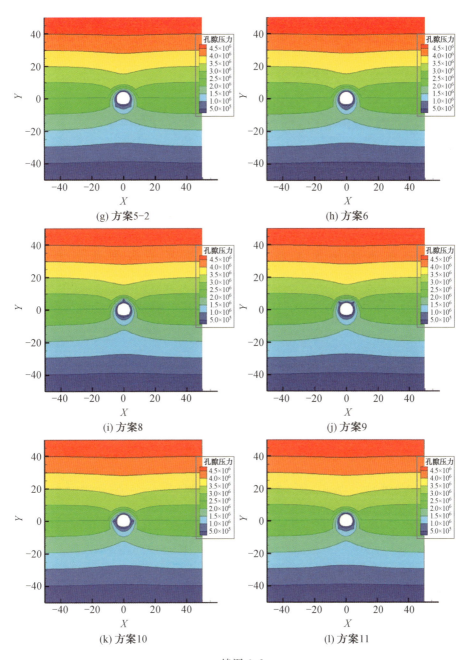

续图 6.2

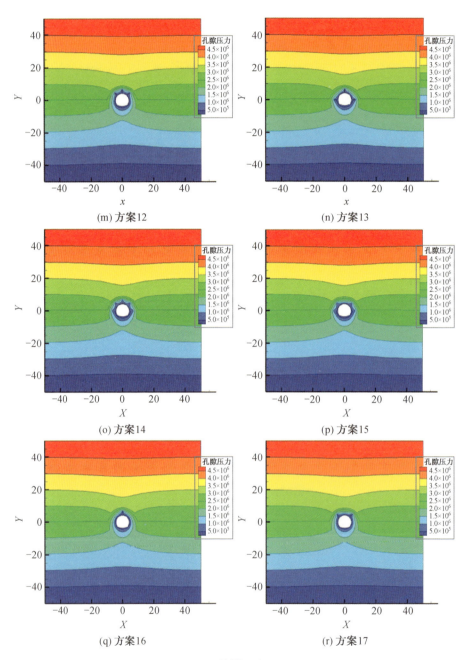

续图 6.2

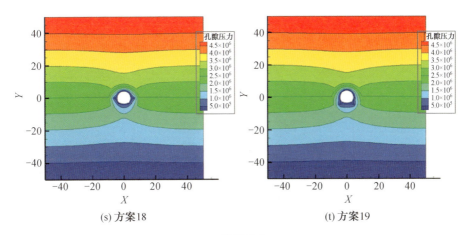

(s) 方案18   (t) 方案19

续图 6.2

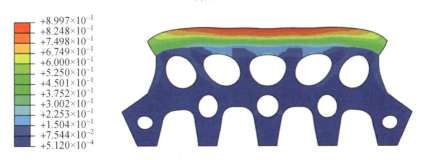

图 7.9 复合式密封垫自由膨胀应变云图

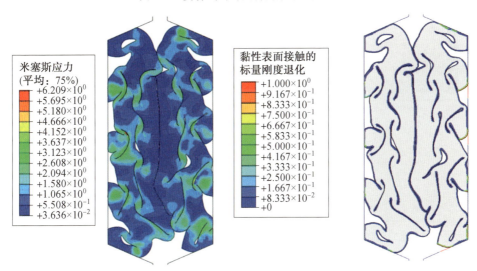

图 7.16 $\Delta=3$ mm 时应力云图(单位:MPa)   图 7.17 $\Delta=3$ mm 时黏结面强度云图

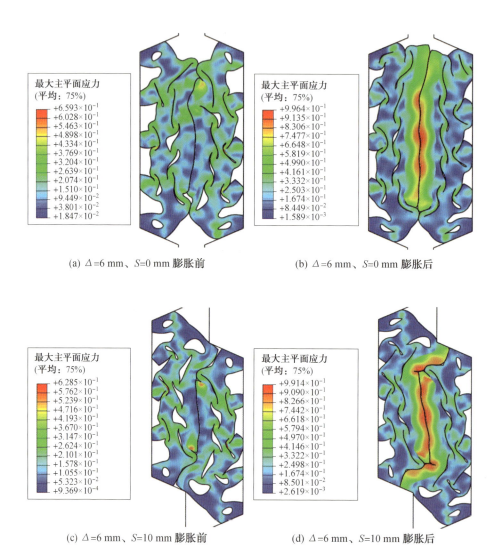

图 8.1 复合式密封垫膨胀前后的应变云图

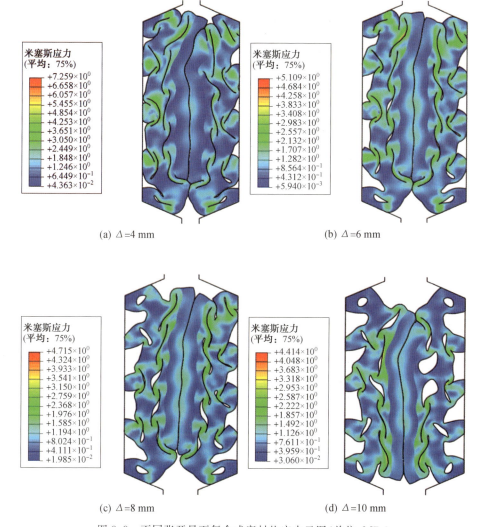

图 8.8 不同张开量下复合式密封垫应力云图(单位:MPa)

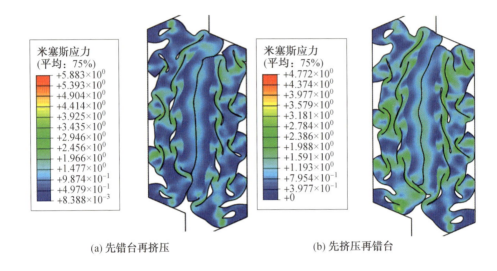

(a) 先错台再挤压　　(b) 先挤压再错台

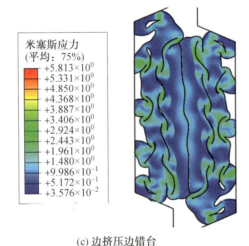

(c) 边挤压边错台

图 8.10　$\Delta=6$ mm、$s=5$ mm 时 3 种错台方式应力云图(单位:MPa)

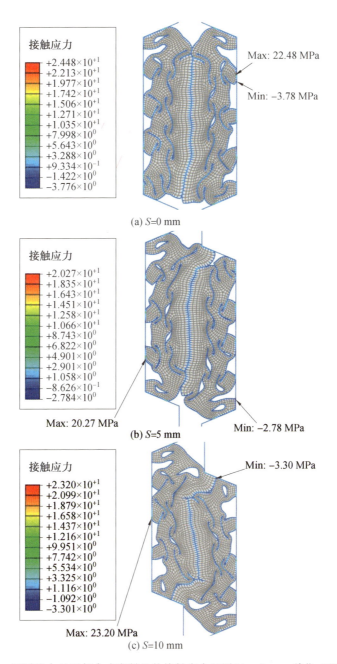

图 8.11 不同错台量下复合式密封垫的接触应力云图（$\Delta=6$ mm，单位：MPa）

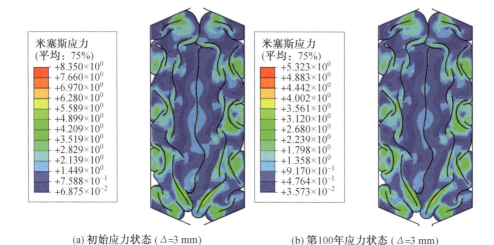

(a) 初始应力状态 ($\Delta=3$ mm)　　　　(b) 第100年应力状态 ($\Delta=3$ mm)

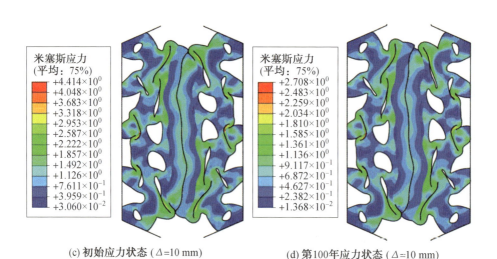

(c) 初始应力状态 ($\Delta=10$ mm)　　　　(d) 第100年应力状态 ($\Delta=10$ mm)

图 8.13　复合式密封垫老化时变应力云图（单位：MPa）

附录 部分彩图

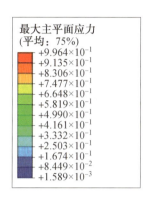 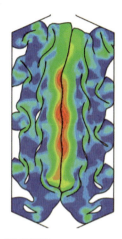

(a) $\Delta=6$ mm 和 $S=0$ mm 原有截面

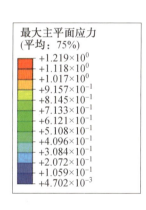 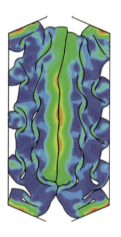

(b) $\Delta=6$ mm 和 $S=0$ mm 优化截面

图 9.12　优化前后复合式密封垫应变云图

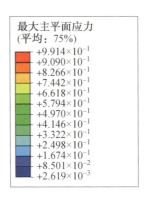
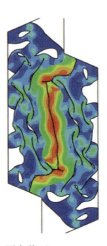

(c) $\Delta=6$ mm 和 $S=10$ mm 原有截面

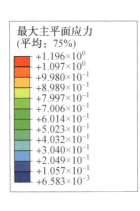
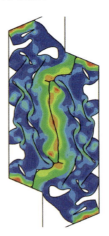

(d) $\Delta=6$ mm 和 $S=10$ mm 优化截面

续图 9.12

附录　部分彩图

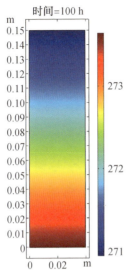

图 10.5　模型温度分布（$t=100$ h）

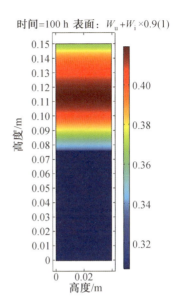

图 10.9　总含水量沿高度的分布（$t=100$ h）

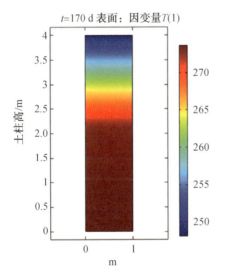

图 10.13　温度云图（$t=170$ d）

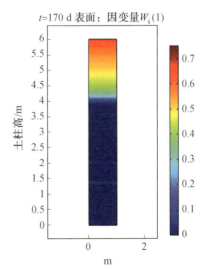

图 10.17　孔隙冰含量云图（$t=170$ d）

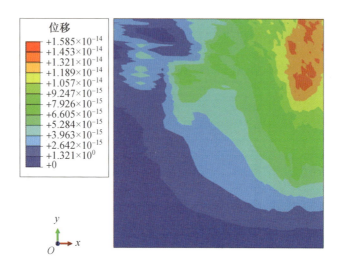

图 10.25 地应力平衡后土体位移云图

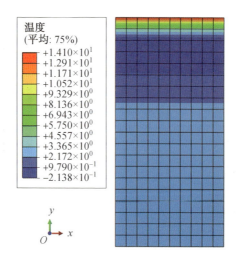

图 10.28 土柱冻结分析云图

附录　部分彩图

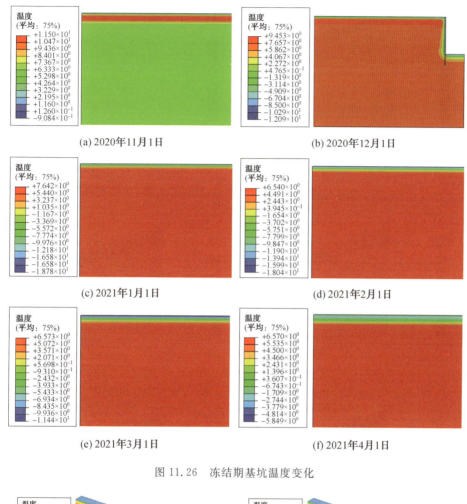

图 11.26　冻结期基坑温度变化

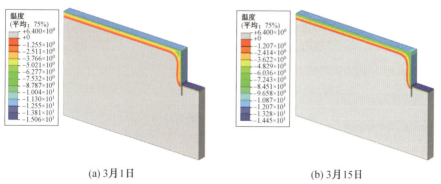

图 11.30　春融前期基坑地温云图

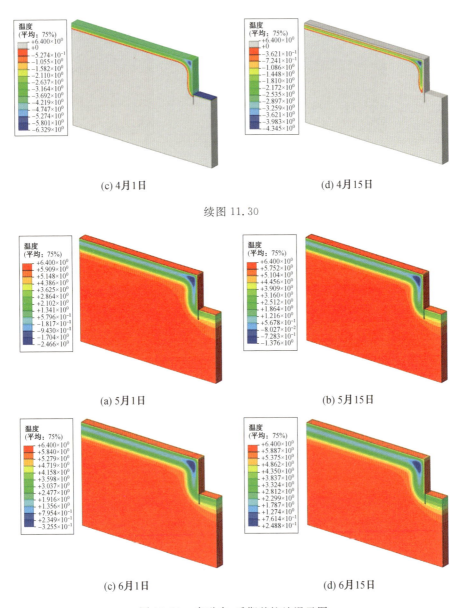

(c) 4月1日　　　　　　　　　　(d) 4月15日

续图 11.30

(a) 5月1日　　　　　　　　　　(b) 5月15日

(c) 6月1日　　　　　　　　　　(d) 6月15日

图 11.31　春融中、后期基坑地温云图

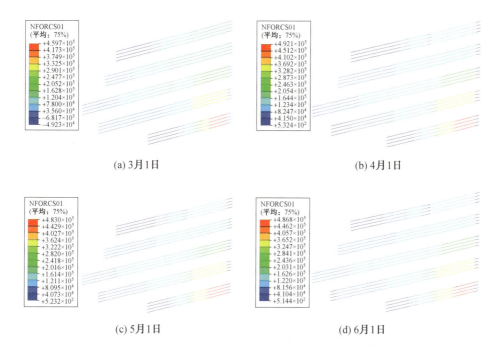

(a) 3月1日 (b) 4月1日 (c) 5月1日 (d) 6月1日

图 11.32　春融期间预应力锚索轴力云图

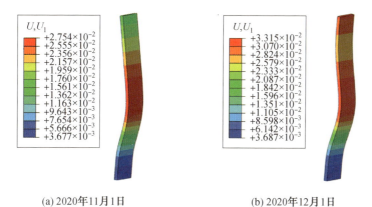

(a) 2020年11月1日 (b) 2020年12月1日

图 11.41　冻结期桩体变形

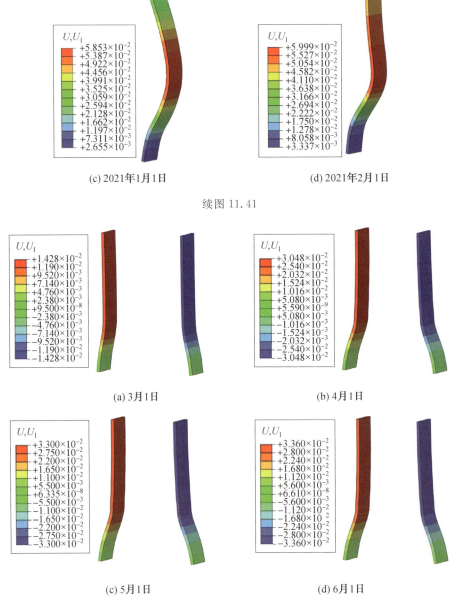

(c) 2021年1月1日 (d) 2021年2月1日

续图 11.41

(a) 3月1日 (b) 4月1日

(c) 5月1日 (d) 6月1日

图 11.42 春融期间桩身变形云图

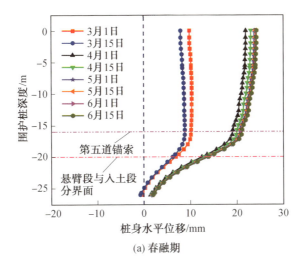

(a) 春融期

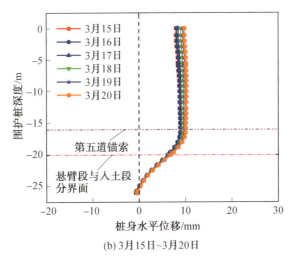

(b) 3月15日~3月20日

图 11.43 春融期间桩身水平位移变化曲线

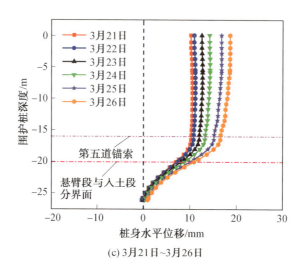

(c) 3月21日~3月26日

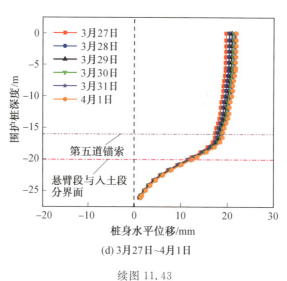

(d) 3月27日~4月1日

续图 11.43